MLSから学ぶ
スポーツ
マネジメント

躍進するアメリカサッカーを読み解く

中村武彦
＋
LeadOff
Sports Marketing

SPORT MANAGEMENT
LEARNING FROM
MAJOR LEAGUE SOCCER

TOYOKAN BOOKS

はじめに

　1996年にアメリカで開幕をしたメジャーリーグサッカー（MLS）。当時，「サッカー不毛の地」に創設されたプロサッカーリーグに注目をしていた人はほとんどいませんでした。それが2007年，元イングランド代表のデビッド・ベッカム氏がLAギャラクシーに移籍を発表してから急激に変わりました。

　自分の育った国で自分を育ててくれたサッカーの仕事に従事し，自分の生まれた国のスポーツ産業に貢献したいと考え，私が人口約4万人の片田舎にあるマサチューセッツ州立大学アマースト校のスポーツマネジメント学科で学ぶために渡米をしたのが2002年でした。

　卒業後MLSに日本人として初めて就職したとき，MLS本部はニューヨークのグランドセントラル駅前にあるビルの中の数十人のスタッフで活気に満ちたスタートアップ企業でした。誰も見向きしない時代からベッカム移籍に伴う嵐を経て，今ではスタッフ数が300名を超え，アメリカにおける5つ目のメジャーリーグと言われるまでに急成長を果たしたのはスポーツの持つ偶然性に寄与したものではなく，ロジカルで計画的なビジネスの賜物でした。その渦中での約15年間で私が体験したことや，目の当たりにしたスポーツビジネスは自分の原点であり，財産でもあります。

　縁あってスペインのFCバルセロナ国際部で働いたときは歴史と伝統とは何かということを骨身にしみて知り，世界的なスーパースター，アレッサンドロ・デル・ピエロと仕事をしたときはそれが何を意味するのか，マーケティングの鬼才と言われるレッド・ブルグループが何を考えているかなど，その後も幸運に恵まれ，今日まで日々学ぶことばかりでした。

　また，様々な方々のご助力のもと，今年は自分がオーナーとなる国際大会パシフィック・リム・カップを創設することができましたが，共通して感じるのはスポーツの持つグローバル性，スポーツという商材の持つ特異性，スポーツ

を取り巻く歴史・文化・社会性，そして何よりも体系立てられたスポーツビジネスというメソッドが存在する，ということでした。

その中でも特に大きく2つ学んだことがあると思っています。1つ目は海外ではこうだからそのまま導入するべきだ，ではなく，冷静にメリットやデメリットを分析し，日本人である自分は日本に何が適用できるのかを検証することが肝要だということです。特に日本という国は，様々な技術や手法の精度を高めることに関して世界的にも長けていると考えています。

次に，アメリカ流にサッカー界を驚かせ勢いに乗るMLS，カタルーニャ地方の絶対的なシンボルであるFCバルセロナ，イタリアでは神と崇められるアレッサンドロ・デル・ピエロなどとの仕事において共通するのは，国や地域ごとに皆が誇りを持って取り組んでいる姿があることでした。そこに私は「日本人」という外国人の立場から関わってきて常に羨ましいと感じていました。

今まで私のキャリアは海外プロパティの国際事業開拓でしたが，これまでの経験を通して日本のスポーツビジネスが世界トップレベルになるために，その発展と国際化に貢献したいと考えるようになりました。

スポーツマネジメントは概念であり，手法であり，あらゆる競技に存在しています。本書では自分自身が一番密接に関わっており，現在までの変遷を理解しているMLSを題材としました。私の経験や所感を交えながらスポーツマネジメントがどう実際に活用されているのか，私たちがニュースなどで見聞きする裏ではどのような経緯があったのかを述べています。これからスポーツ業界を目指す人にとっても，「スポーツマネジメントとは何か」「アスリートと同様にスポーツを支える世界とはどのようなものか」ということについて，少しでも理解していただけるよう可能な限り工夫しました。本書が，スポーツを愛する人，未来のスポーツ業界を支える人々の一助になることを願っています。

平成30年11月
中村武彦

CONTENTS 目 次

はじめに ………………………………………………………………………… 1

PROLOGUE
ベッカム契約のからくり
7

SECTION 1	デビッド・ベッカム，ロサンゼルスに現る…………………………… 8
SECTION 2	ベッカム氏獲得のカラクリ ………………………………………… 12
SECTION 3	メジャーリーグサッカー（MLS）とは …………………………… 16
SECTION 4	順調に拡大するMLSとその方向性 ………………………………… 19
SECTION 5	2014ブラジル・ワールドカップに見えたサッカー人気 ………… 23

CHAPTER 1
スポーツマネジメント発祥の地「アメリカ」
29

SECTION 1	「スポーツマネジメント」という概念の誕生 …………………… 30
SECTION 2	スポーツマネジメントにおける必要な知識 …………………… 34
SECTION 3	なぜ，アメリカで急激な発展を遂げたのか …………………… 42

CHAPTER 2
MLSの発足とサッカー大国アメリカへの過程
47

SECTION 1	北米サッカーリーグの失敗とMLSの創設	48
SECTION 2	リーグ開幕当初の混乱とSUM社の設立	55
SECTION 3	MLSの基本的な構図と有力なオーナーたち	61
SECTION 4	意外な事実。古くから根付くサッカー人気	72
SECTION 5	いまや世界有数のサッカー視聴国に	80
SECTION 6	あなたはサウンダーズを知っていますか？	87
SECTION 7	捉えておくべきMLSの現在地	96

CHAPTER 3
シングルエンテティシステム 〜MLSの特異なリーグ構造〜
105

SECTION 1	シングルエンテティシステムの理念	106
SECTION 2	リーグのコストとしての選手人件費	111
SECTION 3	単一の存在だからこそのメリット	116
SECTION 4	妥当な年俸はいくらなのか	122

CHAPTER 4
Soccer United Marketing 〜SUMの業務とMLSとの関係〜
131

SECTION 1	MLSと二人三脚で歩むSUMとは	132

CONTENTS
目 次

SECTION 2	FCバルセロナとの5年契約	144
SECTION 3	メキシコサッカー協会との蜜月	150
SECTION 4	興行主としての自社大会	160
SECTION 5	多岐にわたるSUMのビジネス	173

CHAPTER 5
「人」に対する投資について
177

SECTION 1	スポーツにおけるROIの代表例	178
SECTION 2	「人」への投資の価値は	183
SECTION 3	MLSにスター選手がいなかった理由	192
SECTION 4	ピッチ内の選手よりも「ピッチ外の選手」	198
SECTION 5	MLSにおいて集められた人材	211
SECTION 6	ベッカムに投資していくら儲けたか	219
SECTION 7	育成投資のエピソード	233
SECTION 8	今後求められる,スポーツ業界の人材	243

CHAPTER 6
「組織・マーケティング」に対する投資について
253

SECTION 1	組織,マーケティングに投資する理由	254
SECTION 2	7.5億円が100億円に	264
SECTION 3	600億円の時価総額	272

CONTENTS
目 次

CHAPTER 7
「設備」に対する投資について
279

SECTION 1	設備に投資する理由	280
SECTION 2	スタジアム保有はサッカー発展のため	288
SECTION 3	地域に根ざしたアメリカのスタジアム	297

EPILOGUE
アメリカサッカー界の未来と展望
305

SECTION 1	アメリカサッカー界の未来とMLSの取組	306
SECTION 2	日本サッカー界とのパートナーシップの構築	315
SECTION 3	まとめにかえて	322

著者紹介 ……………………………………………………………… 333

PROLOGUE

ベッカム契約の
からくり

SECTION 1
デビッド・ベッカム，ロサンゼルスに現る

2007年7月13日，ロサンゼルス（以下LA）。

「皆さま，待ちわびていた瞬間が来ました。この度，ロサンゼルス・ギャラクシーに加入するデビッド・ベッカム氏をロサンゼルス，そして世界の皆様に紹介できることを非常にうれしく，また光栄に思います！」

メジャーリーグサッカー（MLS）に所属するLAギャラクシーの当時ゼネラルマネジャーで，元アメリカ代表のアレクシー・ララス氏が声高に，ベッカム氏の入団会見を開会する挨拶を行いました。黄金と白色の紙吹雪が派手に舞う中，彼の象徴的な背番号の1つである23番のユニフォームを持つベッカム氏

ベッカム氏のLAギャラクシー移籍会見

の笑顔は，瞬く間に世界中で報道されたのです——。

1
32歳のスーパースターが，なぜアメリカに？

　ベッカム氏は「世界一人気のあるサッカーというスポーツを，アメリカにおいても普及させたい」というビジョンを持ち，他国のクラブからもオファーがあったにもかかわらず，スペインの強豪レアル・マドリーからLAギャラクシーへの移籍を決めました。

　移籍当時ですでに32歳になっていたとはいえ，世界一流のビッグクラブであるマンチェスター・ユナイテッド（イングランド）やレアル・マドリーで通算500試合以上に出場してきた経験を誇り，イングランド代表でもキャプテンを務めてきたスーパースターが，なぜサッカー強豪国という認識のないアメリカを移籍先に選択したのでしょうか。

　確かにMLS側としては，スター獲得のための"下準備"を行ってはいました。ベッカム氏が前所属レアル・マドリーの一員としてアメリカ遠征に訪れた際，LAギャラクシーの本拠地であるホームデポ・センター（現スタブハブ・センター）を案内したり，アメリカのファンの前でプレーすることがどのような意味を持つのかを説明し，実際に体験してもらったりすることで，ベッカム氏のMLSに対する関心を高めようと尽力したのは事実です。

　それでも，彼に「サッカーの普及」という大義名分を口にさせるためには，それなりの年俸や待遇を提示できなければ不可能です。キャリアの後半に差し掛かっていたベッカム氏が，選手としての限られた時間を無駄にするとは考えにくく，欧州に比べて発展途上にあるMLSやLAギャラクシーにとっては，ベッカム氏の獲得が険しい道のりだったことは想像に難くありません。しかし裏を返せば，彼らはそれを実現するだけの「スポーツマネジメント」という概念を理解し，そのノウハウを持っていたのです。

PROLOGUE
ベッカム契約のからくり

2
高額年俸を捻出するための考え方

　ベッカム氏の移籍が発表された2007年当時のMLS選手会発表によると，LAギャラクシーが背番号23に保証した支払額は650万ドル（移籍発表時のレートで7億8000万円，1ドル＝約120円）でした。
　では，どのようにしてこれほど高額な年俸を提示することができたのでしょう。
　方法論としては，2つの考え方が挙げられます。
　1つ目は，ベッカム氏に支払う650万ドルという膨大な金額を，ベッカム氏加入によって見込まれる収入増加分で賄うという考え方です。世界トップクラスのスーパースターが加入すれば，レプリカユニフォームや試合観戦チケットの販売数が増えるばかりでなく，スポンサー料やテレビ放映権料など，リーグ全体としても大幅な収入増が期待できるのは紛れもない事実です。
　2つ目は，上記に列挙した収入源を継続的かつ定期的なクラブの売り上げとして確立するため，十分な資金が捻出できた段階でスーパースターの獲得に動くという考え方です。つまり，まずは身の丈を伸ばすことを優先し，クラブが大きくなっていく過程で，それに見合った選手を獲得する戦略です。
　650万ドルという大金の支払いを前提として，一般的なマネジメントの視点から考えると，前者と後者のどちらがより論理的でしょうか。必要な財源を確保してから選手を獲得する後者の方が，リスクが少ないと言えるでしょう。

3
コントロールが不可能な収入増

　1つだけ確実に断定できることがあります。ベッカム氏加入による収入の増加，つまり"ベッカム効果"は，経営サイドではコントロールしきれない要素

であるということです。その効果はあくまで予測であり、650 万ドルの資金調達が 100％保証されているわけではありません。

　3 つの側面から、具体的に説明しましょう。

　まずは、ベッカム氏が年間を通して期待通り活躍してクラブが結果を残したとしても、「具体的な収入増加の金額は未知数だ」という点です。確かにある程度の金額は想定できるでしょうし、スポンサー料やテレビ放映権料はベッカム氏の移籍を前提として、事前に契約の約束を付けておくことも可能かもしれません。しかし、全ては蓋を開けてみなくては分からないのです。

　次に、ベッカム氏が加入してチーム力が格段に上がったとしても、「スポーツの試合は何が起こるか分からない」という点です。リーグ戦やカップ戦でタイトル争いに加わることができれば、観戦チケットの売り上げ増が見込めますが、1 試合ごとの勝敗さえ操作できないのですから、上位に食い込めるかどうかなど保証できるはずがありません。外から勝敗をコントロールするには、八百長のようなスポーツの価値を下げる行為をするしかないでしょう。

　最後に、「そもそもベッカム氏が万全のコンディションを維持して全試合に出場できるかさえも分からない」という点です。シーズン開幕前に大けがを負って全くプレーできない可能性もありますし、本人の気持ちが急に変化してしまうケースだってあり得ます。これはどんなビジネスを経営する者でも、コントロールが不可能な部分なのです。

　これらの理由を踏まえ、経営的な観点から考えると、スター選手の活躍を前提とした資金調達がいかに大きなリスクを抱えるかが分かるでしょう。つまり、前述した「650 万ドルを先に支払い、後で回収する」という考え方は、スポーツビジネスやマネジメントを学んだ人間には選択し難いものなのです。

SECTION 2
ベッカム氏獲得の カラクリ

1
MLSの経営を見る上での誤解

　世界を震撼させたベッカム氏の移籍を語る上で誤解されがちなのは，MLSが"スター選手ありき"で急激な発展を遂げてきたのではないか，そのためにクラブのオーナーである大富豪が，欧州の一部ビッグクラブと同じように大金をはたいているのではないのか，という点です。

　しかし，スポーツビジネス発祥の地であるアメリカを甘く見てはいけません。実はMLSのクラブは，ビジネスとして緻密に経営されています。スポーツビジネスも一般的なビジネスと基本方針は変わらず，自分たちがコントロールできる部分を最大化する策を講じていくのです。

　1996年のリーグ開幕以来，LAギャラクシーをはじめとするMLSの所属クラブは，スター選手の獲得に目を向けることなく，経営基盤の強化を地道に推進し続けてきました。ベッカム氏のようなスーパースターにオファーを出せるようになったのは，その経営努力が数字になって表れてきた結果であり，近年MLSのクラブが力を付けてきた証拠です。

　つまり，前述した「まずは必要な財源を確保する」という2つ目の考え方に基づいているのです。MLSのリーグ戦略やクラブの経営方針を学ぶ上では，この部分の理解が非常に重要です。

　もちろん，ベッカム氏にオファーを出す際には，どれくらいの年俸を払い，

どれくらいの収入が見込めるのか，という想定は必要です。実際，年俸の支払いは1次的には先行投資となるからです。しかし，大前提としてオファーの根拠には盤石な経営基盤があり，さらなるクラブの発展を見据えてスター選手へ投資ができるようになった，というポイントを押さえてほしいと思います。

仮に，創立したばかりのクラブが650万ドルもの借金を抱えてスター選手を獲得し，そのスター選手を生かしてクラブを経営していこうと考えたらどうでしょう。試合で全く勝てないだけならまだしも，スター選手がアキレス腱断裂などの大けがを負ってしまったら，その瞬間に借入金の回収計画が頓挫し，新規クラブはたちまち破綻してしまう可能性が高いと言えます。

リーグ創設当初からMLSに所属するLAギャラクシーにおいて，ベッカム氏加入前の世界的なスターと言えるのは，元メキシコ代表ゴールキーパーのホルヘ・カンポス氏くらいです。Jリーグが開幕したころの日本でも，その奇抜なユニフォーム姿とキーパーの常識を覆すプレーが話題になったため，彼を覚えている方もいるでしょう。

LAギャラクシーに限らずMLSの各クラブは，背伸びをしてスーパースターを獲得することなく，とにかく地道にクラブの規模やチームの戦力を高めてきたのです。

2
獲得前にリスクヘッジは済んでいた

ここまで述べてきたように，ベッカム氏獲得は盤石な経営基盤を元に成立していました。しかし，世界屈指のスポーツ・エンターテインメント会社で，LAギャラクシーのオーナー会社であるアンシュッツ・エンターテインメント・グループ（AEG）社の戦略が，実に手堅かったことも忘れてはなりません。

ベッカム氏のアメリカ移籍が発表された2007年1月11日の直後の3月22

日のウォールストリートジャーナル上で，健康食品を取り扱うハーバライフ社がLAギャラクシーのユニフォームの胸スポンサーとして，年間400万ドルの5年契約を締結したことが発表されたのです。

　ベッカム氏獲得とユニフォームスポンサー締結。これら2つの交渉の関連性はAEG社をはじめ誰からも明言されていないものの，これほどの大型契約がわずか2か月強で決まるとは考えにくいことです。おそらく，2つの交渉は並行して進められていたのでしょう。

　しかも，ここで補足しておかなくてはならないのは，MLSにおけるユニフォームスポンサー権の解禁が，ベッカム氏獲得と同じ2007年だった点です。ユニフォームにスポンサーを付けて広告収入を得る手法は世界の常識ですが，アメリカではモーターレースのナスカーとインディカーで採用している程度で，それ以外では主流ではなかったのです。様々な契約のタイミングが，あまりにも合い過ぎていると思えるのは邪推でしょうか。

　ユニフォームスポンサーで得た400万ドルをベッカム氏の年俸に当てれば，この時点でLAギャラクシーの実質的な支払いは250万ドルに抑えられます。仮に背番号23が期待通りの成果を生まなくても，獲得資金の全てが水の泡になるという事態に陥ることはなく，事前に相当なリスクヘッジができたことになるのです。そうして，"ベッカム効果"に付随するはずの膨大な収入は，その大部分がクラブの増収増益につながるカラクリが出来上がりました。

3
ビジネスとしてのスポーツ

　先のスポンサー契約締結に際し，ベッカム氏獲得の中心人物であり，当時のAEG社の剛腕社長でもあったティム・ライウィキ氏は，「デビッド・ベッカムなしには，このようなスポンサー契約はなかった」とコメントしました。そして，続いて発せられた言葉からは，彼らがあくまでもビジネスの側面を意識し

ていることが明確に読み取れます。

> 　われわれは，LA ギャラクシーというブランドが市場で拡大するために，新たな収益源を開拓する努力をし続けなければいけない。スター選手に投資する金額をきちんと正当化するためにも，次々と新規収益源を再構築し続けなければいけない。ハーバライフ社との契約なども，その一例なのです。

　MLS は 1996 年の開幕以来，チームの勝敗やスター選手獲得という「オン・ザ・ピッチ・プロダクト」に，投資のプライオリティーを置いてはいません。自分たちがコントロールできず，リスクが大きい部分をクラブ経営のコアに据えるのではなく，常に「オフ・ザ・ピッチ」に目を向ける姿勢を貫いてきました。その結果，2007 年のベッカム氏獲得あたりから，長年まき続けてきた種がようやく芽を出し始め，現在の急成長につながっているのです。
　この「オフ・ザ・ピッチ」への投資をはじめ，クラブが盤石な経営基盤を築いた方策，そして MLS がスター選手の集まるリーグになっていった過程などを，本書を通して解説していきます。

SECTION 3
メジャーリーグサッカー（MLS）とは

1
ワールドカップ招致の条件

　本書を通じて詳細を論じていく前に，まずはMLSが成立した経緯や，MLS人気の高まりについて整理しておきましょう。

　アメリカサッカー協会（USSF）が公表している協会史によれば，国際サッカー連盟（FIFA）の進言を受けて，アメリカが1994年のワールドカップ開催国に立候補したのは1986年のことです。それから2年後の1988年に，同大

会の自国開催が正式に決定されました。実はこのワールドカップ招致に当たり，FIFAとUSSFとの間には，ある1つの約束が交わされていました。それが「アメリカにプロサッカー1部リーグを設立する」という条件です。

この約束のもと，1993年にメジャーリーグプロフェッショナルサッカー（後のMLS）が発足し，そのロゴマークなどが公表されます。発表を担当したのは，1994年ワールドカップ運営委員会の会長兼CEO，さらにUSSF会長を務めるアラン・ローザンバーグ氏。そしてワールドカップ開催から2年後の1996年，10チームによるMLSがスタートしました。

開幕23年目のシーズンを迎えた2018年は，23チームが参加して開催期間は3月から12月まで。東西2つのカンファレンスに分かれてリーグ戦を消化した後，プレーオフを経てチャンピオンシップを戦うレギュレーションが採用されています。シーズン途中にカンファレンスをまたいだ交流戦は行われますが，国内に複数の時差が存在するだけに，遠く離れたチーム同士が日常的に対戦しないよう配慮されています。また，MLSは「1部リーグのみ」で完結して

■ 2018年シーズン MLS 所属クラブ

(Eastern Conference)

No.	チーム名	欧文表記	参加年	
❶	アトランタ・ユナイテッドFC	Atlanta United FC	2017	
❷	シカゴ・ファイアー	Chicago Fire	1998	
❸	コロンバス・クルー	Columbus Crew	1996	
❹	D.C. ユナイテッド	D.C. United	1996	
❺	モントリオール・インパクト	Montreal Impact	2012	※カナダ
❻	ニューイングランド・レボリューション	New England Revolution	1996	
❼	ニューヨーク・シティFC	New York City FC	2015	
❽	ニューヨーク・レッドブルズ	New York Red Bulls	1996	
❾	オーランド・シティSC	Orlando City SC	2015	
❿	フィラデルフィア・ユニオン	Philadelphia Union	2010	
⓫	トロントFC	Toronto FC	2007	※カナダ

(Western Conference)

No.	チーム名	欧文表記	参加年	
⓬	コロラド・ラピッズ	Colorado Rapids	1996	
⓭	FCダラス	FC Dallas	1996	
⓮	ヒューストン・ダイナモ	Houston Dynamo	2006	
⓯	ロサンゼルスFC	Los Angeles FC	2018	
⓰	ロサンゼルス・ギャラクシー	Los Angeles Galaxy	1996	
⓱	ミネソタ・ユナイテッドFC	Minnesota United FC	2017	
⓲	ポートランド・ティンバーズ	Portland Timbers	2011	
⓳	レアル・ソルトレイク	Real Salt Lake	2005	
⓴	サンノゼ・アースクエイクス	San Jose Earthquakes	1996 / 2008	
㉑	シアトル・サウンダーズFC	Seattle Sounders FC	2009	
㉒	スポルティング・カンザスシティ	Sporting Kansas City	1996	
㉓	バンクーバー・ホワイトキャップスFC	Vancouver Whitecaps FC	2011	※カナダ

PROLOGUE
ベッカム契約のからくり

いるという特徴があります。もちろん,国内には2部や3部に相当するリーグが存在してはいますが,それぞれが独立したリーグとして成立していて,昇格や降格,入れ替え戦といった制度は存在していません。

2
もはやアメリカは"5大"スポーツ

　リーグ発展の経緯は本書内で詳しく述べるとして,創設から25年に満たないMLSは近年,急速に人気を高めています。例えば1試合当たりの平均観客動員数に目を向けると,開幕2年目の1997年以降は1万5000人前後を上下していたものの,開幕15シーズン目となる2010年以降は,少しずつですが確実に右肩上がりになってきました。

　2017年シーズンは平均2万2106人を記録。これはアメリカ国内4大メジャースポーツであるナショナルフットボールリーグ(NFL),メジャーリーグベースボール(MLB),ナショナルバスケットボールアソシエーション(NBA),ナショナルホッケーリーグ(NHL)と比較しても,NFLとMLBに次いで3番目に多い数字です。2011年以降この順位は3年連続で変わっておらず,サッカー人気が一時的なものではないことを表しています。

　スポーツによってリーグ全体の総試合数が異なるため,4大スポーツとサッカーを総観客動員数という絶対値で比較することは困難です。それでも,国内のスポーツ関係者の間では,「MLSは4大メジャースポーツ入りを果たした」「アメリカには5大メジャースポーツが存在する」などと,MLSやサッカーの存在を高く評価する声が聞こえてきました。

　MLS最大の人気を誇るアトランタ・ユナイテッドFCは昨年,ホームで平均4万8200人の観客を収容しました。しかも,シーズンチケット販売が3万席分でしたから,当日用チケットを販売する前の段階で,すでに座席の約62%が埋まっていた計算になるのです。

SECTION 3
メジャーリーグサッカー(MLS)とは

SECTION 4
順調に拡大するMLSと
その方向性

1
ニューヨークにMLSクラブが誕生

　2018年シーズンからは新たにロサンゼルスFCが加わり，2019年シーズンからはシンシナティFCがリーグ参戦します。2020年からはナッシュビルと，ベッカム氏がオーナーを務めるマイアミの参加が決定しています。

　MLSでは毎年計画的に新規参入チームが出てきており，話題性を持たせるために戦略的にそのPRも仕掛けています。ニューヨーク・シティ・フットボールクラブ（NYCFC）については後述しますが，2017年に加入したアトランタ・ユナイテッドFCがなんといっても大きな話題を作りました。NFLアトランタ・ファルコンズのオーナーであるアーサー・ブランク氏が，アトランタ・ユナイテッドFCも保有し，スタジアムも両チームが共有できるよう天井が開閉式となるメルセデスベンツ・スタジアムを建設しました。MLSとしては満員感を醸成するために約2万5000人程度の収容人数のスタジアムを保有するのがトレンドであった中，アメリカンフットボールの試合時には7万1000人，そしてサッカーの試合時には4万2500人の観客収容人数としたのです。

　最初は懐疑的な目で見る人が多い中，2017シーズンはなんとMLS最高の平均観客動員数となる4万8500人となるリーグ一の人気チームになったのです。開幕戦に5万5297人が駆け付けたのを皮切りに，2018年シーズン（7月

15日）には7万2243人というMLSリーグ史上5位となる1試合あたりの観客動員数記録を達成したのです。チームの顔となるスター選手はいるものの，グローバルなスター選手がいるわけではないのですが，FCバルセロナやアルゼンチン代表を指揮したジェラルド・マルティノ監督を招聘し，前に早い攻撃を繰り出すスタイルがアトランタのファンたちを虜にしています。

　これも本書内で解説をしていきますが，選手の年俸に使える予算が決められているサラリーキャップ制度を採るMLSにおいて，指導者にはこのルールが適用されません。そんな中でアトランタ・ユナイテッドFCは，チーム創設時に最初に契約したのが監督というのがユニークでした。その彼がビッグネームではなくとも若手の優秀な選手を集め，チーム作りを一から行ったのが注目を集めました。また，このメルセデスベンツ・スタジアムの豪華さは桁違いであり，世界中から多くの関係者が視察に訪れています。読者のみなさまもYouTubeなどでこのスタジアムの内部の様子が見れますので，是非ともご覧ください。

　また，もう1つの注目は，2015年に参戦したニューヨークを本拠地とするクラブです。このニューヨーク・シティ・フットボールクラブ（NYCFC）は，MLBのNYヤンキースとイングランドのマンチェスター・シティが，共同で保有することを発表しました。この出来事は，以下の2点で非常に大きな意義があります。

　1つ目は，NYヤンキースとマンチェスター・シティがMLSに支払った「フランチャイズフィー」の金額です。両クラブがフランチャイズを得るために支払った額は1億ドルに上ると言われ，実際にはさらにスタジアム建設に関わる費用などが加算されます。MLSが開幕した1996年当時は，フランチャイズフィーが500万ドルでしたから，実に20倍という凄まじい上昇ぶりです。MLSのビジネス価値が大きく跳ね上がった証拠と言えます。

　2つ目は，そんな金額上昇にもかかわらず，彼らが共同で投資を決断した点です。両クラブには，無理に大金を投じてMLSにフランチャイズを保有する

SECTION **4**

順調に拡大するMLSとその方向性

必要など全くありません。しかし，国内屈指の名門スポーツチームであるNYヤンキースと，世界的なビッグクラブであるマンチェスター・シティが，MLSにクラブを保有することに大きなメリットを見出して投資を決めたのです。決して単なる大富豪の道楽ではありません。

その証拠に，マンチェスター・シティのフェラン・ソリアーノCEOと，NYヤンキースの共同オーナーであるハロルド・スタインブレナー氏は，次のようなコメントを発表しています。

> ニューヨークは，伝説的なスポーツタウンであると同時に，サッカーファンが加速度的に拡大している都市です。そのニューヨークにおけるサッカー熱と，サッカーの成長を後押しできることに興奮しています。同時に，NYCFCの名に恥じることなく，ワールドクラスのチームとして誇りを持てる常勝軍団を構築するため，NYヤンキースというこれ以上ないパートナーを得ることができました。　　　　　　　　　　　　　　　　　　　　　（フェラン・ソリアーノ氏）

> ニューヨーク市場におけるMLSの拡大に寄与することができ，非常に満足しています。ニューヨークのサッカーファンのために特別なものを創出すべく，そして全てのスポーツファンが楽しめる素晴らしいチームをつくるために，マンチェスター・シティと協業できることを楽しみにしています。ニューヨークのサッカーファンは，自身の街でハイレベルなサッカーの試合を楽しむことができるようになるでしょう。　　　　　　　　　　（ハロルド・スタインブレナー氏）

PROLOGUE
ベッカム契約のからくり

2
ベッカム氏でも特例は認めない

　執筆時点では，2018年シーズンは23チームでの戦いですが，ここで忘れてはいけないのは，本書の冒頭で解説したベッカム氏の存在です。実は彼自身がリーダーとなってMLSクラブに投資するという意思を，2013年に現役を引退してからメディアを通して何度も公言しています。その投資先はマイアミというフランチャイズで，「クラブ・インテルナシオナル・デ・フットボル」というチーム名が2018年9月に発表されました。2020年のリーグ参戦を目指しており，MLSサイドもこれを歓迎する姿勢を取っているのです。

　しかし，彼らの足かせとなっていたのがスタジアム建設です。MLSに参戦するためには，クラブとして自前のサッカー専用スタジアムを保有しなければなりませんが，この建設用地の選定が思うように進みませんでした。

　それでもベッカム氏は，「マイアミのMLS参戦は実現するよ。私は『ここにチームを立ち上げたい』と言った。そして，それを必ず実行する」と，強気の姿勢を崩しませんでした。彼ほどの大物が，それほどまでにMLSクラブへの投資にこだわりを持っているのです。

　同時に，ベッカム氏ほどのスーパースターに対しても，特例を認めないMLS側の態度も見逃せません。参入を希望するクラブは，あくまでも「参入基準」を満たさなければならず，リーグ運営側がビジネスの根幹とみなす自前のスタジアムを保有していなければ，特別に許可するようなことは絶対にしないのです。ここにも，MLSが発展してきた理由の一端が垣間見えます。

2014 ブラジル・ワールドカップに見えたサッカー人気

1 スポーツ大国としての威信

　MLSというプロリーグの盛り上がりだけでなく，アメリカ国内におけるサッカーの立ち位置についても触れておきましょう。長らく"サッカー不毛の地"と言われてきたアメリカで，何が起こっているのでしょうか。

　2014年のブラジル・ワールドカップにおいて，アメリカ代表は2大会連続ベスト16という結果を残しました。元ドイツ代表のユルゲン・クリンスマン監督の下，ドイツ，ポルトガル，ガーナといった強豪国がそろうリーグを勝ち点5の2位で突破。決勝トーナメント1回戦では壮絶な延長戦の末ベルギーに敗れたものの，その戦いは闘志を感じさせる素晴らしいものでした。

　大会期間中は，アメリカのサッカー人気が急速に伸びてきたことを肌で感じました。国内には多様な国籍の人が住んでいることもあり，スポーツバーはどの試合でも超満員。テレビ放映権料の支払額や視聴率は国内記録を突破し，ブラジルに渡航したファンの数は世界有数だったと言われています。

　テレビ視聴率に関しては，2010年の南アフリカ・ワールドカップに続いての記録更新でした。ニールセン⁽¹⁾調べによると，ポルトガルとのグループリーグ第2戦は，ESPNとスペイン語放送のユニビジョンを合わせて約2500

---

(1) ［The Nielsen Company］1923年に設立され，主に消費者調査，販売予測，マーケティングROI分析などの業務を行う。

万人が視聴しました。これは，国民的なイベントのNBAファイナルやMLBワールドシリーズよりも多い数です。

　ピッチ上では，MLS所属選手の奮闘が目立ちました。例えばドイツとのグループリーグ第3戦では，先発11人中7名がMLSのクラブに所属する選手でした。国内リーグの選手を中心とした代表チームがワールドカップで結果を出したことは，アメリカという国にサッカーが根付いてきた確かな証拠です。

　こうしたピッチ内外の出来事を総括的に考えると，やはりアメリカは世界一のスポーツ大国だと感じさせられます。ワールドカップという国を挙げたイベントの盛り上がり方や楽しみ方，そして過程よりも結果を重視するお国柄が代表チームの戦い方にも見て取れたからです。

2
新たなサッカー大国へ

　現在アメリカでは，レアル・マドリーやマンチェスター・ユナイテッドなど，ビッグクラブを招いてのインターナショナル・チャンピオンズ・カップが開催されています。観戦チケットが完売になる試合が続出し，ACミラン時代の本田圭佑氏ら日本人選手もメディアに登場しました。

　さらに，これとは別にユベントスが2018年MLSオールスター戦の対戦相手として招待されたほか，2014年にはNYレッドブルズで活躍する元所属選手のティエリ・アンリの名誉試合のため，アーセナルが初のニューヨーク遠征を実施し，2万5000枚のチケットが即完売するという盛況ぶりでした。同年にはミシガン大学のスタジアムで開催された，マンチェスター・ユナイテッド対レアル・マドリーの試合に10万9318人ものファンが詰めかけました。さらに2017年には，FCバルセロナ対レアル・マドリーのクラシコがマイアミで開催され，6万6014人もの大観衆を集めました。

　これまでもアメリカは，サッカープレーヤーの多さは広く認知されていまし

た。しかし、ここまで記載してきた事実に加え、満員のスタジアムに足を運んだり、入場制限されているスポーツバーを目にしたり、メインのテレビ局でサッカーが放送されたりしている状況などから、アメリカがサッカーを観戦するフェーズに突入したことに驚くばかりです。

このサッカー熱が一過性のものなのか、それともアメリカにサッカーの時代が到来したのか。今後の動向に注目が集まります。

MLS 在籍チーム数の変遷

	1996	1997	1998	1999	2000	2001	2002	2003	2004	2005	2006
W	コロラド・ラピッズ										
E	コロンバス・クルー										
E	D.C. ユナイテッド										
W	ダラス・バーン									FC ダラス（改名）	
W	カンザスシティ・ウィザーズ										
W	ロサンゼルス・ギャラクシー										
E	ニューイングランド・レボリューション										
E	NY/NJ メトロスターズ	メトロスターズ								ニューヨーク・レッドブルズ（メトロスターズ買収）	
W	サンノゼ・クラッシュ				サンノゼ・アースクエイクス（改名）					ヒューストン・ダイナモ（移転）	
W											
E	タンパベイ・ミューティニー（2002 年解散）										
E		シカゴ・ファイアー									
E			マイアミ・フュージョン（2002 年解散）								
W										チバス USA（2015 年解散）	
W										レアル・ソルトレイク	
E											
W											
E											
W											
W											
E											
E											
E											
W											
W											

※E：イースタンカンファレンス／W：ウェスタンカンファレンス。

SECTION 5
2014 ブラジル・ワールドカップに見えたサッカー人気

	2007	2008	2009	2010	2011	2012	2013	2014	2015	2016	2017	2018
								コロンバス・クルー SC（改名）				
					スポルティング・カンザスシティ（改名）							
	LA ギャラクシー（改名）											
		サンノゼ・アースクエイクス（新加入）										
	トロント FC（初のカナダ拡張）											
			シアトル・サウンダーズ FC									
				フィラデルフィア・ユニオン								
				ポートランド・ティンバーズ								
				バンクーバー・ホワイトキャップス FC								
					モントリオール・インパクト							
								ニューヨーク・シティ FC				
								オーランド・シティ SC				
										アトランタ・ユナイテッド FC		
										ミネソタ・ユナイテッド FC		
											ロサンゼルス FC	

Prologue
ベッカム契約のからくり

CHAPTER 1

スポーツマネジメント
発祥の地「アメリカ」

SECTION 1
「スポーツマネジメント」という概念の誕生

1
庶民へと広まったスポーツ

　スポーツマネジメントという概念は150年ほど前，イングランドのスポーツクラブ運営において芽生えたと言われています。しかし，スポーツの学問の中では歴史の浅い分野であるスポーツマネジメントが，学術的に体系を整えていくのは比較的に最近の話です。

　当然，欧州諸国との関係が深いアメリカにも，スポーツクラブの存在は伝播しましたが，その国の社会的な背景に物事の在り方は影響を受けるものです。アメリカにおけるスポーツクラブは，イングランドのそれとは違った形で進化を遂げていきました。

　具体的に説明すると，現在でも階級社会が根強く残るイングランドでは，多くの近代スポーツがパブリックスクールでの教育方法として形づくられ，実施対象者も一部の階級に限られていました。それに対して自由の国アメリカでは，実施対象者を限定するような文化はなく，スポーツはより多くの庶民の間で広がっていきました。

　対象者が拡大したことで，スポーツをプレーする人数が増えただけでなく，スポーツを観戦したり，スポーツイベントの運営に参加したり，スポーツに対する関心も一気に広がっていきました。その結果，スポーツは多くの人にとって身近な存在としてアメリカ文化に浸透し，現在に見られる利益重視の興行と

してのコンテンツに進化していったのです。

　アメリカで最も人気のあるスポーツは，アメリカンフットボールです。1920年に創設されたNFLは，2018年シーズン時点で32チームが参加。ナショナルフットボールカンファレンス（NFC）とアメリカンフットボールカンファレンス（AFC）の2つのリーグに分かれ，各チャンピオンが激突するスーパーボールは国民的行事の1つとなっています。

　他にもベースボール，バスケットボール，アイスホッケーをはじめ，多様なスポーツが国民に広く受け入れられてきました。そんなスポーツの規模が加速度的に拡大していく中，スポーツ業界を学術的に体系立てる必要があるのではないか，もっとスポーツに関わる人材の育成が必要なのではないか，という機運が高まってきたのです。

　そうして，「スポーツマネジメント」という学問が，ようやく形を成し始めたのは1960年代後半のことです。スポーツに関連するビジネスの複雑さを深く研究し，一般的なビジネスとの間に生じる違いを分析した上で，スポーツ業界で活躍できる人材の育成に着手するようになりました。

2 学問としての定着

　スポーツマネジメントというアカデミックなコンセプトを確立したと言われている人物が，マイアミ大学の運動指導員ジェームズ・メイソン氏と，ブルックリン・ドジャース（現LAドジャース）のウォルター・オマリー氏です。1966年，彼らの発案で世界初のスポーツマネジメント修士課程がオハイオ大学に開設されました。私が学んだマサチューセッツ州立大学（UMASS）アムハースト校は，2番目に修士課程プログラムが生まれた大学です。

　また，世界で最初の学会組織である北米スポーツマネジメント学会（NASSM）が，『Journal of Sport Management』を刊行したのが1987年。このあたりから

各大学にスポーツ関連の学科が設置されるようになっていきます。

時代の流れと共にスポーツの商業化が進むにつれ、スポーツから派生する権利を販売する専門家や、プロスポーツにおけるリーグ、クラブ、メディア、選手をマネジメントする専門家が、ますます求められるようになっていきました。スポーツというコンテンツの規模が大きくなればなるほど、この分野におけるプロフェッショナル人材が必要になるわけです。

プランケットリサーチ社の算出によれば、現在のアメリカにおいて、スポーツビジネス産業の年間売上は約4850億ドル（約55兆円）と言われています。この巨大産業を支えるべく人材の育成が必要な点に異論はないでしょう。

近年、日本でもスポーツを扱う大学が急激に増えてきました。1993年に順天堂大学がスポーツ健康科学部にスポーツマネジメント学科を新設したことを皮切りに、例えば早稲田大学は2003年に学科の1つだったスポーツ科学科を学部に昇格させました。スポーツが1つの産業として注目を集める中で、今後もこの流れはしばらく続くと思われます。

私が留学していた2000年代前半当時、「スポーツマネジメントって何の学問なの？」と、必ずと言っていいほど知人から質問されました。上記のように、日本でスポーツマネジメント関係の学部が設置され始めたのはごく最近のことで、わずか10数年前まではそれほど認知されていなかったのです。

3
消えなかったサッカー業界への思い

私自身とスポーツマネジメントとの関わりも述べさせてください。

私は学生時代、青山学院大学で体育会サッカー部に所属し、真面目にも学問に精を出していたとは言えませんでした。卒業後は縁あって日本電気株式会社（NEC）に入社し、海外事業本部・北米営業部に配属されました。非常にやりがいのある仕事で、同僚や上司にも恵まれていました。1人の会社員として有

意義な環境だったと今でも感謝しています。

　その一方で,「何とかサッカー関連の仕事ができないか」という強い思いが,私の心の中から消えることはありませんでした。サッカーは学生時代までの私の人生において軸となっていた存在であり,「サッカーを仕事に」という願いは当時から胸に秘めていたのです。

　ただ,サッカーと仕事を結び付けるという発想が乏しく,当時思い浮かんだ仕事はプロ選手かスポーツに関連した広告代理店,スパイクやウエアなどの用具を取り扱うスポーツメーカーくらい。スポーツ業界に関しては無知と言っていい状態でした。

　残念ながら,私はプロとして食べていけるレベルの選手ではなく,NEC時代にはスポーツ業界への転職活動を試みましたが,中途半端な考えの人間が合格するわけがありません。そんなときです。世界的なスポーツマネジメント会社である,インターナショナル・マネジメント・グループ（IMG）社の東京オフィスに関する新聞記事を目にしました。

　スポーツ業界への関心を高めていた私にとって,その記事は非常に興味深い内容でした。「記事にある"スポーツマネジメント"とは何だろう」。これをきっかけにスポーツマネジメントに関して調べ進めていく中で,「どうやら,アメリカにはスポーツに特化したマネジメントの学位があるようだ」と分かってきたのです。

　私は幼少時代をアメリカで過ごした上に,NECでは北米営業部だったため,アメリカに対する思いは人一倍強く持っていました。社会人として,スペシャリストと呼ばれる人材への憧れがあり,海外留学への思いが高まっていた時期でもあったため,アメリカへ留学してスポーツマネジメントの学位を取得することを決めました。

　私がUMASSアムハースト校でスポーツマネジメントを学び始めたのは2002年です。日韓ワールドカップ終了後,8月に渡米した際の記憶は今でも鮮明に残っています。

CHAPTER **1**
スポーツマネジメント発祥の地「アメリカ」

SECTION 2
スポーツマネジメントにおける必要な知識

1
特異性を持つスポーツという分野

　ところで，スポーツマネジメントとは何の学位なのでしょうか。日本では，「スポーツビジネスに特化したMBA」といった表現を耳にすることもありますが，厳密には少し意味合いが異なります。

　具体的に学問の一例を紹介する前に，まずは実際の業務や事例をピックアップしてみましょう。その方がスポーツマネジメントの分野における多様性や，それらの対処に必要な知識がイメージしやすく，同時にスポーツゆえの特異性が数多く存在することが分かると思います。

　初めに，大局的な視点からスポーツの特異性を見てみましょう。

　例えばサッカーのようなスポーツでは，優勝争いを繰り広げる競合他社（チーム）同士が，互いが所属する事業（リーグ）の利益を結束して守り，さらに最大化させるために相互に協力しなければなりません。他の産業では，特定分野の商品の値段をコントロールしようとすると，独占禁止法に違反してしまう場合があります。

　また，スポーツは販売する商品が多様です。観戦チケットをはじめ，スポンサーシップや放映権，ライセンス契約など多岐にわたり，それぞれに関する専門知識を持っていなくてはなりません。スポーツ事業を行うスタジアムにおいても，工場建設などの一般的な誘致とは比較にならないほど，公的資金が投入

されるケースが多いため、スタジアム建設は常に議論の的になります。

さらに、"従業員"である選手たちは、一般的な会社員の給与とは比較にならないほど高額な報酬を受け取り、彼ら・彼女らの一挙手一投足は毎日のようにメディアを通じて世間に伝えられます。スポーツマネジメントに関わる人間は、これらの特異な事例に対処する力を持たなければいけないのです。

2
事前に商品を確定できない難しさ

もう少し、実際の業務を掘り下げて説明していきましょう。次の例として挙げるのは、スポーツマーケティングの分野です。

一般的なビジネスにおけるマーケティングについて、フィリップ・コトラーらは「価値を創造し、提供し、他の人々と交換することを通じて、個人や組織が必要とし欲求を満たすことを意図する社会的、経営的活動である」と定義し、ピーター・ドラッカーは「その目的は販売を不要にすること」と論じています。

しかし、スポーツチームを応援する顧客が望む商品は、贔屓チームが勝利するか否か、よい試合をするか否かに大きく左右されてしまいます。それは無形で主観的であり、試合ごとに絶えず変化してしまう性質を持っています。つまり、商品の内容や質という自分たちが販売するもの自体を、当該チーム自身が確約できない点がスポーツマーケティングの大きな課題なのです。

元 AOL [2] 幹部で、NHL のワシントン・キャピタルズの現オーナーであるテッド・レオンシズ氏は、「AOL では、人事部の人間が『わが社の主席プログラマーが肘を壊して離脱しました』などと報告に来ることはなかったよ。スポーツはコントロールできない運も関与してくる業界だ」と、スポーツビジネ

---

(2) アメリカ合衆国の大手インターネットサービス会社。

スの難しさを表現しています。

　スポーツという分野では，必ずしも顧客が望む商品を提供できないにもかかわらず，先にお金を出してもらわなければなりません。仮にリーグ戦で全敗して最下位になってしまったとしても，観戦チケットを買ってもらったり，スポンサー料を支払ってもらったりしなければ，クラブが倒産してしまうのです。

3
多岐にわたるスポーツの業務

　マーケティングの分野に限らず，こういったスポーツならではの事例は挙げればきりがありません。その他の事例も少し紹介しましょう。

　例えば法律の分野では，本来なら選手たちには職業選択の自由によって就職先を選ぶ権利があるはずなのに，スポーツでは「ドラフト制度」で入団チームが限定されてしまう，といった事態が起こります。また，自分の年俸が必ずしも仕事の成果や成績，市場価値で決まるのではなく，「サラリーキャップ制度」によって上限が設定されているケースも存在するのです。

　オーナーの立場で言えば，リーグ参戦に当たり一定の条件を満たさなければなりません。本来，起業は誰にでも認められている権利であるにもかかわらず，自分のチームを立ち上げてアメリカの多くのプロスポーツリーグに参加するには，リーグの承認を得た上でフランチャイズ権を購入する，という手順を踏む必要があるのです。

　スポーツファイナンスの分野では，ある都市にスポーツチームやスポーツイベントを誘致した際の経済効果を試算したり，スタジアム建設などに税金を投入する場合に，何の税収を利用するべきなのかを検討したりします。

　スポーツソシオロジーの分野では，例えばスポーツにおける差別問題やファンと選手間の相互依存の存在を議論します。また，2001年9月11日のアメリカ同時多発テロの翌日にプロスポーツの試合が組まれていた場合に，自分が球

団責任者なら試合を中止にしたか否か，などという議論もこの分野での取り扱いになるのです。

このようにスポーツマネジメントの世界では，一般的なビジネスやマネジメントに関する幅広い知識を持った上で，スポーツという特異な分野で活躍する力が求められます。

NFLのニューイングランド・ペイトリオッツのオーナーであるロバート・クラフト氏は，あるインタビューで「プロスポーツフランチャイズの経営の仕方など，ハーバードビジネススクールでは教えてくれないよ。私も最初は小突き回されることになった」と，自身の経験を振り返っていました。

私自身，スポーツマネジメントを学ぶために留学を決めたことで将来を限定してしまった感覚に陥りましたが，実際に勉強を始めてみると，スポーツ関連の業務がこんなに多岐にわたるのかと驚いたことを，今でも覚えています。

4
スポーツマネジメントの研究分野

ここで，ようやく具体的な講座内容の説明に入ります。スポーツマネジメントは日本語訳で「スポーツ経営学」と呼ばれます。経営学という大きな概念は，いくつもの分野に細分化されていますから，スポーツマネジメントでは各分野の知識を学びながら，それをスポーツの世界で生かすための力を身に付けていかなくてはなりません。

研究分野の一例を挙げると，マーケティング，スポンサーシップセールス，スポンサーアクティベーション，チケットセールス，イベントオペレーション，スタジアムオペレーション，ロー，ファイナンス，ソシオロジーなどです。「スポーツマーケティング」のように，各学問の名称の前に"スポーツ"という単語を付け足せば，どんな分野でも学問として成立してしまうほど，スポーツマネジメントの対象分野は幅広いのです。

また，プロスポーツチームにおける「職種」という考え方で分類すれば，社長やゼネラルマネジャーらの上位層から，営業や広報などの現場色の強い職種が挙げられますし，チーム外では代理人や広告代理店などが広く知られている存在です。

　これらスポーツマネジメントにおける全ての学問は，自分のチームやイベント，アスリートなどを通して価値を創出し，その商品やサービスを市場に対して提供するために学ぶものであり，他の経営学やビジネスと何ら変わりません。業界ごとに特色が存在するのと同様に，スポーツ業界にも独特の事象が幾多も存在し，スポーツ界においては特異なケースが多い，という話なのです。

5 アメリカで学んだ講座の紹介

　参考までに，私自身が修士課程を経た UMASS アムハースト校のマーク H. マコーミックスポーツマネジメント学部において，就学した講座について簡単に説明しておきましょう。

◆ Sport Marketing

　"スポーツ"を売るということが，一般的な商品を販売する場合と何が違うのか，どんな点に注意しなければならないのか。また，スポーツにはどのような収入源があるのかなど，ケーススタディーを読んだ上で，自分なりの解決策をレポートにまとめました。

　さらに，UMASS 体育会の試合を実際に企画・立案したプロモーションやマーケティングによって，いかに観客の増加とスポンサー料の増収につなげるかという実践的な取組を行いました。実際に，飛び込み営業をしたり，試合中のイベントの企画立案をしたりもしました。

◆ Sport Finance and Business

　スポーツにおける特徴的なお金の流れを広くカバーしました。例えば，アメリカ4大スポーツなどのリーグ構造という大きな観点からリーグの収入源や支出を学んだり，銀行がプロスポーツチームに融資する際の経済効果の測定方法を学んだりしました。学生たちが自分でスポーツに関係する企業を選択し，財務諸表や市場の状況，今後の発展の可能性を分析した上で，自分ならその企業に投資するか否かというレポートをまとめるという課題もありました。

◆ Social Historical Foundations of Modern Sport

　スポーツが差別や問題と，どう向き合ってきたのか。どのような社会的背景に沿って，スポーツが今の姿にたどり着いたのか。それまでの私の理解とは，全く異なる見地からスポーツを考えさせられる講義でした。
　例えば，ある企業のテレビCMにおいて，スラム街でストリートバスケットをしている人は，なぜ黒人なのか。男性カメラマンが男性選手と女性選手を撮る際に，アングルが変わる理由は何なのか。また，スポーツ選手で言うヒーローとは何か，それが近年誕生しにくい理由は何かなど，スポーツを多角的に論じる内容でした。

◆ Sport Management Policy

　一流企業になるための条件や特徴を徹底的に分析する講義でした。テーマはリーダーの資質，企業目標，企業モラル，製品への愛着，企業活動の一貫性，適任者の確保と不適任者の排除などです。教授が一方的に講義をするという形式ではなく，全員が教科書を確実に予習した上で，学生たちがロールプレイングを実践しながら議論を進めていく形式でした。

◆ Sport Organization Behavior and Development

　組織を構築する際に必要な観点は何か。企業や組織の問題点は何が原点にあ

り，それが他の部分にどんな影響を及ぼしているのかなど，構造的・政治的・人事的・象徴的（カリスマ）という4つの側面から組織を分析しました。各側面は別々に問題を抱えているのではなく，よい部分も悪い部分も必ず全てリンクしているという，単なる組織図の理解でとどまらない深い内容でした。

● Applied Sport Marketing Research

UMASSには外部の現場からコンサルティング業務を請け負う部署があり，この講座ではその仕事を学生が講義の中で議論して解決し，依頼を受けた顧客に納品するというものです。講義では基本的なリサーチの意義や方法を学び，実際の作業は講義外で行いました。作業の経過は講義の度に教授に報告し，アドバイスを受けるという流れでした。

テーマの一例としては，UMASSのアスレチック・デパートメントの売上低下やイメージダウンを食い止め，いかに復活させるかというものや，アメリカサッカー協会の公式HPを用いたサッカー女子W杯の盛り上げ方法といったものがありました。

● Sport and the Law

アメリカの法律や法廷の構造，訴訟手順などを細かく学びました。日常のニュースもケーススタディーに取り入れるなど，訴訟大国アメリカならではの講義で，当然ながら専門用語の辞書も欠かせませんでした。どこに訴訟問題に発展する可能性が潜んでいるのかを理解しておくことは，スポーツに関わって働く人が将来，リスクを回避するためにも意義があると思います。

また，契約法（チームと選手，スポンサーと選手の契約など），独占禁止法（ドラフト制度やFA制度の特異性など），労働法（リーグや選手との労使関係など）と，スポーツの特異性がもたらす独特の法解釈などを学びました。

◆ **Sport Labor Relations**

　左記『Law』の中から，労使関係に焦点を絞った講義でした。MLBの歴史と共に選手の労働環境の改善の経緯，FA制度の制定，選手会の役割や仕組み，労働法とスポーツの関係などが主なテーマです。

　講義では，リーグ・チーム経営陣側と選手会側に二分し，MLSのCBA（労使協約）を交渉するというプロジェクトに長い時間を割きました。実際のデータや判例を元に議論をすることで，交渉に必要なものを学びました。

◆ **Economics in Sport**

　スポーツ界におけるお金の流れについて，経済学の観点から分析する講義です。例えば，10億円の選手の給料は本当にチームにとって10億円の価値があるのか。スタジアムが建設されると町に経済効果がもたらされるのか。フランチャイズの価値をどう算出し，数字に反映するのか。チケットのダフ屋は悪い行為なのか，といった内容です。

　スタジアム建設の話で言えば，仮に試合観戦代がそれまで他のことに使われていたのなら，町としての経済効果に変化がないのではないか，そうして得た利益は選手の給料になるけれども，選手が他の町に住んでいたら税収は増えないのではないか，スタジアム建設による雇用創出は一時的なものではないかなど，多角的に議論をかわしました。

SECTION 3
なぜ，アメリカで急激な発展を遂げたのか

1
頻繁に起こるフランチャイズ移転

　ところで，スポーツマネジメントという分野がアメリカで急激に発展を遂げた理由は何でしょうか。欧州やアジアなど，スポーツは世界中に広まっているわけですから，アメリカ特有の要因があると考えていいでしょう。

　その要因の1つである歴史的な事実についてはこの章で触れてきましたが，これに加えて，最大のポイントは「フランチャイズシステム」です。また，他国のプロスポーツリーグで見受けられる2部リーグへの降格や入れ替え戦が存在しないことで，その投資価値が揺るぎないものになっている事実も忘れてはいけません。

　例えば，かつて野茂英雄選手が活躍したLAドジャースがLAを本拠地としていることに，多くの日本人は何の疑問も覚えないでしょう。しかし，ドジャースはもともとニューヨーク州ブルックリンを本拠地としていて，1958年に68年もの歴史を築いたブルックリンからLAに移転したのです。比較的に最近の話で言えば，日本でも2004年に日本ハムファイターズが北海道に移転しましたが，アメリカではこういった本拠地の移転が頻繁に行われてきました。

　これを欧州サッカー界に置き換えて考えてみてください。マンチェスター・ユナイテッドがロンドンに身売りしたり，バルセロナがマドリードに移転した

りすることなど想像し難いでしょう。ところが，サッカーを含めたアメリカの"5大スポーツ"では，1950年代以降で約60近くもの大きな移転が発生しているのです。

2
投資対象としての価値

　フランチャイズの移転が起こりやすい理由は，大きく分けると2つ挙げられます。1つ目は，プロスポーツチームを"投資対象"として見ているから。2つ目は，スポーツの価値を認める地域側が，積極的に誘致を行ったり，反対に追い出したりするからです。

　最初に投資対象という観点から説明しましょう。アメリカではチームやフランチャイズを買収した（投資した）ときよりチームの価値を高めることで，オーナーである個人や企業の資産を増やしたり，時にはチームを転売して売却益を得たりするケースが，他国と比較すると多く見受けられます。

　大企業が広告宣伝の一環としてプロスポーツチームを保有するケースはまれで，MLSにおいてはNYレッドブルズくらいです。前述したリーグ降格がない理由も，自分の力ではコントロールできない降格によってクラブの価値が大きく下がってしまう投資リスクを，軽減させるために工夫されているからです。

　ただ，MLBのタンパベイ・レイズのオーナーであるスチュアート・スターンバーグ氏が，ニューヨークタイムズ紙のインタビューで次のように答えているように，必ずしも売却益のためだけにプロスポーツチームを売買するようなドライな世界ではありません。

　チームのオーナーになる魅力は3つあると思う。1つ目は勝つこと，2つ目は利益を得ること，そして3つ目は満足感に浸ることだ。今のチームの資産価

CHAPTER 1
スポーツマネジメント発祥の地「アメリカ」

> 値がどれくらいか，についてはあまり考えないよ．自分の家と一緒で，チームを売る気はないからね．

　発想としては，不動産や株式の保有に近いかと思います．基本的に自宅は長く住むために購入しますし，株も短期的な売買を繰り返すケースは，あまりスタンダードではありません．プロスポーツチームを保有するオーナーも，地域やオーナー自身の他事業のために長期的な視点を持っています．
　とはいえ，「投資」という目的が明確だからこそ，フランチャイズ移転が起こるのは事実です．よりクラブの価値を上げようと資金をつぎ込み，思うようなリターンが得られない事態が続いてしまい，やむを得ずクラブを手放す，そんな状況に追い込まれる場合があるのです．都合よく同じ地域で新オーナーが見つかればいいですが，見つからない場合は仕方なく他の地域へ移転せざるを得なくなってしまいます．

3
不可欠な地域との連携

　移転が起こりやすい2つ目の理由は，スポーツ大国であるアメリカならではのことです．プロスポーツチームの本拠地があることで，自分たちの地域の知名度や税収の増加が見込めるなど，地域の価値そのものが高まるという考えが根付いているため，地方公共団体側がプロスポーツチームを積極的に誘致するのです．だからこそ，チームと地域との連携がうまくいかないと，他の地域へ移ってしまいやすい環境でもあります．
　NBAチームの移転を題材にした，『ソニックスゲート』というドキュメンタリーをご存知でしょうか．NBAのオクラホマシティ・サンダーは以前，シアトル・スーパーソニックスという名前でシアトルを本拠地としていました．しかし，老朽化したアリーナの改修費用に関して市と合意できなかったことを発

端に，後に訴訟問題にも発展した移転を行いました。

　また，2012年にNBAのブルックリン・ネッツがニュージャージー（NJ）から移転した際も，長らく低迷していたネッツがNJで新アリーナを見つけることができなかったからです。そのため彼らは，新しいオーナーと共にNY州のバークレイズセンターに場所を移してリブランディングをしたのです。

　このとき，去られる側のクリス・クリスティNJ州知事は，「ネッツの試合には行かないよ。私から彼らへのメッセージは『さらば』だ。彼らはNJを去り，ブルックリンに行きたいんだろ？いなくなって清々したよ」と，皮肉を込めてコメントしています。

　このように，プロスポーツチームと地域によるスタジアム誘致は切っても切り離せない関係です。詳細はCHAPTER7で記述しますが，自前のスタジアムの保有はスポーツビジネスを行う上で特に重要なファクターです。だからこそ，オーナーがある地域でのフランチャイズを希望していたとしても，スタジアム用地が確保できなかったり，地元の賛同を十分に得ることができなかったりして，他地域からの誘致の条件提示を受けることもあるのです。

4
新天地でのゼロからのスタート

　アメリカでフランチャイズを保有するタイミングには，①リーグ自体の拡張に合わせた新チーム募集，②独立リーグの立ち上げ，③フランチャイズの身売りが考えられますが，このフランチャイズを保有する際に，経営者たちが考えるべきことは何でしょうか。

　とにもかくにも，まずは移転先の都市で「ゼロから顧客を集めなくてはならない」という点です。仮に移転前に多くのファンを獲得していたとしても，地域密着型のフランチャイズにおいては，新しい土地では完全に新参者です。

　移転先にはすでに他のプロスポーツチームが存在している場合もあるでしょ

うし，遊園地などのエンターテインメントや，カレッジスポーツなどの伝統が根付いている可能性もあります。後発でそれらに割って入っていくには，相当な労力と経営手腕を問われることは想像にかたくありません。

前述したブルックリン・ネッツのように，移転先で歓迎されるケースも多々あります。しかし多くの場合，新しい土地に移ってきたばかりのチームが「今年はリーグ優勝をしますので，応援をよろしくお願いします」と営業したところで，多くの顧客（ファン）を獲得できるでしょうか。多くのスポンサー収入を得ることはできるでしょうか。

現実的な順序としては，移転してきた新チームそのものや，新チームのブランドを認知してもらう段階からスタートするでしょう。そのためには，チームロゴのお披露目イベントや地域を巻き込んだイベントなどを，戦略的に展開する必要があります。

最近では，若者をターゲットにSNSを駆使したデジタル戦略の登用も頻繁に見受けられます。いずれにせよ，確実に約束できないチームの勝利やスター選手の活躍に頼った営業では，地域の人々の関心を得られないのです。

商品力の弱いコンテンツを，いかに拡散していくのか。そのためにはフロントスタッフが優秀でなければいけませんし，商品自体の魅力を着実な方法で高めていくスタッフの働きも欠かせません。

つまり，スポーツチームをゼロから積み上げていく場合，オフ・ザ・ピッチの選手とも言えるスタッフが優秀でなければ話が前に進まないのです。こうした背景の中でプロフェッショナルな人材が必要とされ，スポーツマネジメントが学術的に体系立てられ，それを学ぶための学位へと派生しました。

優秀なスタッフが地道に経営基盤を構築した結果，スター選手やチームの勝敗を左右する優れた選手を獲得できるようになる──。序章で説明したMLS発展の仕組みは，スポーツマネジメントという概念が確立されていく中で生まれた，アメリカ独自の特徴なのです。

SECTION 3
なぜ，アメリカで急激な発展を遂げたのか

CHAPTER 2

MLSの発足と
サッカー大国アメリカへの過程

SECTION 1
北米サッカーリーグの失敗と MLS の創設

1
絶対に欠かせない 2 人のスタッフ

　1993 年，MLS は翌年に行われる自国開催のワールドカップ運営委員会会長兼 CEO であり，アメリカサッカー協会（USSF）会長のアラン・ローザンバーグ氏の指導の下で発足し，3 年後の 1996 年に開幕しました。前述の通り，これは 1986 年にワールドカップの大会招致に際し，USSF が国際サッカー連盟（FIFA）と交わした「自国内にプロサッカー 1 部リーグを設立する」という条件を遂行した結果です。

　それから約 20 年。今では「2022 年までに，MLS は世界のトップリーグの仲間入りをする」と公言するまでに成長しましたが，このような大々的なビジョンを掲げるまでに，MLS は倒産寸前に追い込まれた歴史があるのです。

　MLS の変遷を語る上で，絶対に欠かせない人物が 2 人います。1 人目は，現 MLS 社長兼副コミッショナーであるマーク・アボット氏。リーグを立ち上げ，ずっと育ててきた張本人です。2 人目は，私を MLS に採用してくれたアイヴェン・ガジデス氏。現在アーセナルの CEO を務める彼は，長きにわたってアボット氏と二人三脚で歩んできました。

　1993 年にローザンバーグ氏が MLS を発足させたとき，初の従業員となったのがアボット氏でした。それまでは，レイサム＆ワトキンズ弁護士事務所に所属し，ローザンバーグ氏の下で M&A や法人財務，商法を専門とする提携弁護

士を務めていました。

　当時，弱冠29歳のアボット氏が弁護士事務所内を歩いていると，「MLSの立ち上げを任せられる人物がいないか」というローザンバーグ氏の電話を，たまたま耳にしたのです。英国生まれでサッカー好きのアボット氏は発言者のオフィスに一目散で駆け込み，こう直訴したそうです。

　「3か月で事業計画を書き上げますから，私にやらせてください！」

　結果，「その日を境に，私が弁護士事務所に戻ることはなかったですね」と，アボット氏は当時を回想しています。

2
NASLの失敗から学ぶ

　アボット氏は英国で生まれ，ミネソタ州に移住して育ちました。イングリッシュアクセントがあるというだけで，彼の父は地元に少年少女のサッカーリーグ立ち上げを依頼され，彼も5年間ほどプレーをしたもののプレーヤーとしては長続きしなかったそうです。

　大学はワシントンDCにある名門ジョージタウン大学の国際経済学部にて外交を専攻し，1986年に卒業。3年後にカリフォルニア大学バークリー校の法科大学院を卒業した後は，弁護士事務所で経歴を重ねていました。

　そんなアボット氏がMLSのビジネスプラン策定に取り掛かったわけです。全てをゼロからつくり上げなければいけない中，同氏が最重要課題として意識したのは，「北米サッカーリーグ（NASL）の二の舞になってはいけない」ということでした。

　NASLは1967年から1984年までの17シーズン，アメリカの国内1部リーグとして存在したリーグです。しかし，NASLが1985年に倒産という結末を迎えていたため，アボット氏は「もしMLSが失敗すれば，未来永劫『アメリ

カ国内でプロサッカーリーグ事業は成り立たない』と言われてしまう」という覚悟を持っていたのです。

　国内第5のプロスポーツリーグとして拡大を目指したNASLは，欧州各国のシーズンとは異なりMLBなどと同じ春秋制を採用し，欧州から期限付き移籍がしやすい状況でした。中でも1番人気のNYコスモスは，ワーナー・コミュニケーションズ社の豊富な資金力を後ろ盾に，世界的なスターたちを次々と獲得し，世間の注目を一気に集めていきます。

　元ブラジル代表の神様ペレや，元西ドイツ代表の皇帝フランツ・ベッケンバウアーなどを擁し，ジャイアンツ・スタジアムを本拠地とした際の年間平均観客動員数は4万7000人近くを記録。国内外のどこに遠征をしても大歓迎を受けました。さらにはヨハン・クライフやジョージ・ベストらもNASLに参戦し，一時は30チームにも上る巨大リーグとなったのです。

　しかし，これほどグローバルなスーパースターたちをそろえたにもかかわらず，NASLは1984年シーズンを最後に17年の歴史に終止符を打ち，倒産してしまいました。アボット氏はMLSのビジネスプラン策定に当たり，NASLが失敗に終わった最大の要因は，NYコスモスという特定のチームに人気が限られていた点だという結論に至っています。

　そして，「成功するプロスポーツリーグは，ある特定のクラブだけでなく，リーグも一緒に成功しなくてはならない。クラブのオーナーたちはピッチ上では競合だが，一方でピッチ外ではパートナーである」と表現しています。このことが，MLSの代名詞と言える『シングルエンテティシステム』に反映されます。

　それは，参戦クラブのオーナーは同時にリーグのオーナーでもあるという考えに基づき，アボット氏が生み出したものです。シングルエンテティシステムについては本書内で後程，詳しく解説していきます。

3
弁護士事務所での運命の出会い

　シングルエンテティシステムをコアとし，ビジネスプランを書き上げたアボット氏の次の仕事は，実際にリーグとクラブのオーナーになってくれる投資家を集めて回ることでした。22のフランチャイズより打診を受けたものの，当初はNASLの派手な失敗によるネガティブな印象が強く残り，なかなか思うように契約が進みませんでした。また，1994年アメリカ・ワールドカップと時期が重なっていたため，新設のMLSに積極的に投資しようというオーナーも多くいませんでした。結果，本来はワールドカップ終了後に開幕予定だったMLSのスタートは，2年後の1996年まで延びてしまったのです。

　この当時アボット氏を支えたスタッフが，2人目の重要人物であるガジデス氏です。南アフリカ生まれでアボット氏と同じ年のガジデス氏は，反アパルトヘイト運動に携わっていた父と共に4歳で英国に移住し，ストリートサッカーをしながら育ちました。仲間たちがプロ選手への道を志す中，学問の優先を選択し，若干17歳で世界的な名門オックスフォード大学の法学部に進学します。

　大学卒業後はロンドンで企業弁護士として活躍。1992年にロサンゼルスにあるレイサム＆ワトキンズ弁護士事務所を研修で訪れたことが運命の出会いとなり，ガジデス氏はMLS創設から14年間をアボット氏と共に歩むことになったのです。ちなみに，アボット氏がMLSの初代COOに就任した際，ガジデス氏は副コミッショナーの職に就いています。

　若い2人が新リーグを立ち上げるに当たって，当時の苦労は容易に想像できます。ここでは，アボット氏の回想を引用しましょう。

> 　自分の地元だからと，義理人情で投資してくれるような投資家を引き付ける余裕はありませんでした。われわれはあくまで，投資の見返りを提示できるだけの精巧な事業計画書が必要な，厳しい立場だったのです。そして，プロサッ

カーリーグという壮大なものを立ち上げなければいけませんでした。

そのために世界中から選手を集めて契約し，国内では既存のサッカーリーグだけでなく，インドアサッカーリーグからも選手をかき集めました。正直に言うと，あれほどバックグラウンドが異なる選手たちが，同じレベルでプレーできるのかさえも見当がつきませんでした。

とにかく，次々と迅速な判断が求められました。中にはゼネラルマネジャーやコーチすらいないクラブがあったほどですが，きっと活躍してくれるだろうと信じ，約200名の選手と契約を交わしたのです。

4
開幕から2年目以降のつまずき

2人のスタッフの尽力により，リーグ開幕の5か月前に総勢6名の投資家を集めることに成功しました。各フランチャイズに対してオーナーは500万ドル（当時1ドル＝約100円）を支払うわけですが，参加クラブ数は10だったため，1人のオーナーが複数クラブを保有する歪な形式でした。

リスクを多分に含み，スピード重視な部分はいかにもアメリカ的ですが，1996年に開幕を迎えたMLSは初年度の平均観客動員数が1万7406人と，大方の予想に反して幸先のよい滑り出しを見せました。内部にいたアボット氏でさえ，「よい意味で，周りの予想を完全に裏切ったと思いましたね。それまで国内で抑え込まれていたサッカー需要が表面化したのでしょう」と振り返っています。

しかし，翌年は平均観客動員数が1万4600人台にまで落ち込み，2000年の1万3700人まで右肩下がりの傾向が続いてしまいます。さらに，「シングルエンティティシステムは独占禁止法違反ではないか」と，選手がMLSを訴えるスポーツ界史上でも有名な訴訟が勃発したのです。

5
門外漢の新コミッショナーを招聘

　1999年8月，こうした状況を打開すべく，オーナーたちは議論の末に初代コミッショナーのダグ・ローガン氏の退任を決定。後任として，当時41歳のドン・ガーバー氏を招聘しました。ガーバー氏はロシア系・ポーランド系の血を引く2世としてクィーンズ地区で生まれ育ち，ニューヨーク州立大学オネオンタ校でジャーナリズムと経営学を修了しています。

　大学卒業後，ガーバー氏はキャリアの全てをスポーツビジネスのマーケティング畑で磨いてきました。PR会社でキャリアをスタートし，営業に出向いたNFLに才能を見いだされてリクルートされ，同マーケティング畑に転身したのが1984年。その後は37歳でNFLの国際化，海外事業の開拓を任され，当初は5名だった部署を130名のスタッフが所属する事業に育て上げました。売り上げは250％，利益は400％増という驚くべき成果を残したのです。

　MLSのコミッショナー就任前のガーバー氏は，NFLのシニアバイスプレジデントという立場で国際事業，テレビ放映権，スペシャルイベント，マーケティングの責任者として活躍していました。そんな人材に目を付けたのは，当時MLSのオーナーの1人であり，NFLのニューイングランド・ペイトリオッツのオーナーでもあるロバート・クラフト氏です。

　クラフト氏はNFLのオーナー会議後のカクテルパーティー中にガーバー氏に声を掛け，「君はサッカーについて何を知っているかね？」と問い，「ほとんど知りません」と返されたそうです。しかし，「すぐにそれを変えよう」と言い放ち，彼と同様にMLSのオーナーであり，NFLカンザスシティ・チーフスのオーナーのラマール・ハント氏の下に，新コミッショナー候補としてガーバー氏を連れて行きました。

　サッカーの知識が浅いガーバー氏に白羽の矢が立った理由は，ビジネス的な観点からも明確な根拠があります。クラフト氏の言葉を借りれば，「ガーバー

氏の NFL での実績は，スポーツとエンターテインメントビジネスを発展させる能力の高さを物語っています。また，数兆円規模の事業を扱う幹部としての実績は，MLS 事業を国内外で成功に導けるだけの勤勉さと手腕があることを証明しています」というものです。

　また，MLS のオーナーで億万長者のスチュアート・スボトニック氏は，次のような言葉でガーバー氏を評価しています。

> 　ドンは，アメリカンフットボールという海外では見ず知らずのスポーツを，海外で成功させることができました。この経験は，国内のスポーツファンの間に眠っているはずのサッカー人気に，MLS の成長を重ねることができるでしょう。

　それでも，メディアの反応は手厳しいものでした。
　例えば，ロサンゼルスタイムズ紙は「どう考えても，ガーバー氏をコミッショナーに据えるのは間違いだ」と批判。当時フロリダの 2 チームは倒産寸前で，4 歳を迎える MLS 自体が全米に浸透していない状況の中，サッカーの知見も経験もない人物がコミッショナーに就任しても 10 カ月と持たないだろうと揶揄されたのです。ガーバー氏も「思っていた以上に大変な仕事になりそうだと気が付いた」と，述懐するほどでした。

SECTION 2
リーグ開幕当初の混乱とSUM社の設立

1
なかなか見いだせない打開策

　ここでは，MLS創設当初の様子をもう少し深掘りしてみましょう。そもそも，1996年に12チームでの開幕を想定していたにもかかわらず10チームになってしまった理由は，投資家が思うように集まらなかったからです。しかも，前述の通り名乗りを上げた投資家は6名だけでした。

　さらに，10チーム中8チームはアメリカンフットボールのスタジアムを間借りしなければいけない状況で，シーズンが重なるときはアメリカンフットボールのラインが残ったまま，リーグ戦を行っていました。

　6万人以上を収容する大きなスタジアムに約1万5000人が集まっても，どうしても閑散とした雰囲気は否めず，選手はもちろん，観戦に来たお客さんやスポンサーも，スポーツ観戦独特の昂揚感を味わうことができなかったのです。当然その様子はテレビに映し出されるわけで，「いかに観客席を映さないようにするか」という議論が，MLS事務所内で冗談のように進められていたほどでした。

　そんな中，1998年にはシカゴとマイアミの2つのフランチャイズが新たに加わり，MLSの参加チーム数は12となりました。しかし，1998年フランス・ワールドカップでは，大半がMLSの所属選手で構成されたアメリカ代表が1次リーグで全敗を喫し，国内のサッカー熱が下降線をたどります。

MLSの観客動員数も減少していく状況は，新コミッショナーにガーバー氏を迎えても上昇の糸口が見いだせず，2000年には遂に最低記録となる1試合平均1万3700人まで落ち込みました。メディアではリーグ創設以来，約250億円の累積損失を計上したのではないかと報道されてしまう始末でした。

　決して長くはないMLSの歴史を振り返ったとき，この当時が最悪の時期だったことは間違いありません。リーグ自体の倒産や参加チームの減少といった，様々なネガティブな憶測が飛び交う状況でした。

　当然ながら，MLSのオーナーたちの間でも改善策の議論が盛んに交わされていましたが，彼らの意見は大きく2つに割れていました。一方はプレーレベルの強化ではなく，中長期的な視点でインフラ整備やリーグ経営への投資に力を入れるべきだとし，もう一方は目先の利益を出すために，現状の経費や運営費削減に努めるべきだと主張したのです。

　最低の入場者数を記録した2000年のシーズンは両者が互いに譲らないまま経過していき，結果的には双方の意見を取り入れた折衷案で急場をしのごうとします。選手の年俸増加を凍結すると同時に，観客動員やテレビ視聴率向上を目的にマーケティング費の追加投資を行いました。

2
開幕直前に起こったチーム消滅

　しかし，翌2001年に入っても期待した効果は見られませんでした。苦しい運営状況は依然として改善されず，遂に2002年1月，タンパベイ・ミューティニーとマイアミ・フュージョンというフロリダ州内に本拠地を置く2チームを閉鎖するという，苦渋の決断を下すのでした。

　当時のMLSでプレーしていた選手は，異常な状態を次のように回想しています。タンパベイで長年プレーした元アメリカ代表，スティーブ・ラルストン氏（現サンノゼ・アースクエイクスのコーチ）はマイホームを建て，長女が誕

生したばかりでした。

> チームが移転するかもしれないという話は耳にしていましたが,「もう1月だし,シーズン開幕前に大掛かりな決定は下されないだろう」と,自主トレーニングを一緒にしていたチームメートたちと話し合っていました。しかし,トレーニングから帰る車中,親戚や友達から一斉に電話が掛かってきたのです。チームが解散したというニュースを見たと。もちろん,リーグから私たち選手へ公式に通達される前のことです。

プロ入り3年目の22歳,若手ゴールキーパーとして期待されていたニック・リマンド選手も,大きな混乱に巻き込まれたうちの1人です。

> あのときは,ちょうど代表合宿でカリフォルニアに赴いていました。私は選手間で交わされた会話からチームがなくなった話を聞き,パニックになりました。最初に脳裏をよぎったことは,「シーズン開幕直前に自分が無職になってしまった」という事実でした。

その後,解散したタンパベイとマイアミの選手たちの多くが分散ドラフトによって他クラブへ活躍の場を移します。ラルストン氏はニューイングランド・レボリューションに移籍して長く活躍し,MLS歴代2位の135アシストを記録。D.C.ユナイテッドでプレーしたリマンド氏は,2014年のブラジルワールドカップにアメリカ代表として選出されました。

3
ワシントンDCでの強烈な刺激

私自身が初めてMLSと接点を持ったのは2000年6月です。NEC勤務時代

に出張でバージニア州ハンドンの支店に出向いた際，昼休みに近くの飲食店を訪れたところ，サッカーチームらしき一団が昼食を取っていたのです。当時アメリカのサッカー事情に関して無知だった私が「どこのチームですか？」と話し掛けたところ，「D.C. ユナイテッド」という答えが返ってきたのです。

それからすぐ，私は週末を利用してワシントンDCまで車を走らせ，MLS観戦に向かいました。試合は対カンザスシティ・ウィザーズ（現スポルティング・カンザスシティ）戦。ボリビア代表のマルコ・エチェベリやハイミー・モレノ，アメリカ代表のエディ・ポープ，後に同代表となってイングランドのレディングFCに移籍するボビー・コンベイらがいて，南米色の強い約2万人の観客がRFKスタジアムを埋めていました。

この試合は，例えばバルセロナとレアル・マドリーのクラシコのような世界的なビッグマッチではありません。しかし，アメリカで育ち，サッカーに関わる仕事を希望しながらも明確な道が見つけられないでいた私にとって，非常に強い刺激になりました。

思えば，私がアメリカから日本に帰国した1985年にNASLが倒産。1996年に開幕したMLSの誕生に対し，素直な驚きと多少の興味を持っていたのは事実です。そして，この出張から帰国した1年後にNECを退職し，翌2002年にはマサチューセッツの片田舎へ，スポーツマネジメントを学ぶために移り住みました。

ちなみにUMASS受験での面接の際，「アメリカのスポーツマネジメントのメソッドを身に付けてMLSに就職したいです」と，卒業後の進路に関して自信満々に語った私に対し，教授陣から「ML"B"の間違いではなくて？」と聞き直されるほど，当時のMLSは苦難の真っただ中にいたのでした。歴史と重ね合わせてみれば，当たり前のリアクションだったのかもしれません。

SECTION 2
リーグ開幕当初の混乱とSUM社の設立

4
サッカーユナイテッドマーケティング社の設立

　2002年シーズンを2チーム減の10チームで開幕したMLSですが、そのまま縮小経営に走ったわけではありません。このときオーナーたちが考えていたのは、「国内で開催されるサッカーイベントは成功しているものが多いのに、MLSが苦しんでいるのは納得がいかない」ということでした。そして、このタイミングで発表された1つの策が、リーグ復活に向けた土台となります。

　それが、CHAPTER4で後述する「サッカーユナイテッドマーケティング（SUM）社の設立」です。

　SUM社がどのような会社であるかを簡単に説明すると、アメリカ国内におけるサッカーというプロパティーの価値向上をビジョンに掲げて、MLSのリーグオーナー全員が同じ条件で共同出資したサッカービジネス専門の会社であり、MLSの姉妹会社です。つまり、MLSと違う看板を元に国内の全サッカービジネスを一気に引き受け、サッカーの価値を高めてMLSに還元するという戦略でした。

　彼らが最初に取り組んだ大きな施策に、"国内の全サッカービジネス"という目的が反映されています。2002年から2006年の間に開催される男女のワールドカップにおいて、英語放送のテレビ放映権を40〜50億円で買い取り、その権利を国内のABCやESPNに販売しました。

　放映権を販売しただけでは、従来の代理店と変わりありません。しかし、ワールドカップ放送に際したテレビコマーシャル枠の一部はSUMが販売するという取り決めをしたことに加え、ワールドカップの放映権を転売する際にMLSの放映権を併せて料金交渉をしたのです。ワールドカップという世界的な大イベントを巧みに利用し、国内のサッカー熱、ひいてはMLSというプロサッカーリーグ熱を高める策を講じました。

CHAPTER 2
MLSの発足とサッカー大国アメリカへの過程

> 　ワールドカップの放映権があろうとなかろうと，ABCやESPNとのMLS放映権の契約更新は心配していませんでした。ワールドカップ放映権に関するキルヒ社[3]との交渉に多大な努力を要し，世の中へ発表するのに時間が掛かってしまいましたが，おかげさまで今回はワールドカップとMLSの両方を含んだ契約を交わすことができました。これでもっと包括的で，互いに参加意欲をかき立てる関係を結ぶことができたと思っています。

　当時の記者会見で，コミッショナーであるガーバー氏は放映権契約の確かな手応えを口にしています。また，当時ESPN幹部のマーク・シャピロ氏もMLSとの協調路線を次のように公言し，アメリカのプロサッカーリーグを強力にバックアップしていく意向を次のように示しました。

> 　サッカーは世界で最も人気のあるスポーツです。それをアメリカ国内にも伝えられるよう最大限の努力をするつもりです。MLSなくしてこの商談はなかったですし，ワールドカップのような大規模なイベントを，グローバルな観点とローカルな観点の双方から放送できることをうれしく感じています。
> 　われわれはMLSの放送枠も確保していますし，少しずつ人気が出始めていることを実感しています。国内には物凄い数のサッカー人口がありますので，それが視聴率に表れてくることを期待しています。われわれはMLSが創設したときから支援してきましたし，MLSとガーバー氏を信じています。

　これをきっかけに上昇傾向を示し，観客動員数こそ大きく変わらないものの，リーグ運営が安定していきました。

---

(3) ドイツで有料テレビなどを運営するメディア会社。

SECTION 3
MLSの基本的な構図と有力なオーナーたち

1
長期的な繁栄を目指すために

　まず頭に入れてほしいのは，MLSが非常にクローズドな仕組みを引いているという点です。MLSにチームを保有するに当たっては，リーグの共同オーナーになると同時に，リーグからフランチャイズ権を付与される必要があります。自由にチームを立ち上げて地域リーグなどに参戦し，昇格していった先にMLS参戦が待っているわけではないのです。

　そして，そのフランチャイズ権を得るためには，チームに関する多くの内容項目について，既存のオーナーたちによって構成されるリーグのボードミーティングにて議論された上で，承認されなければなりません。内容は，リーグに対する加盟料の支払い能力，自前スタジアムの保有もしくは建設計画，活動を希望する地域におけるサッカー人気や経済力，チームを保有するオーナーグループの経歴などなど，多岐にわたる厳しいものです。

　このような仕組みを引いている理由は，マーク・アボット氏が書き上げたMLSのビジネスプランにあります。リーグが長期的に繁栄するためには参加チームが繁栄しなければならず，参加チームが長期的に成長するためにはリーグが一緒に成長をしなくてはならない――。この原則を重視しているのです。言い換えれば，特定のクラブだけが利益を出してスター選手ばかりを集め，他チームの動向を考慮しないようでは，リーグ全体として長期的な成功が期待で

CHAPTER 2
MLSの発足とサッカー大国アメリカへの過程

きないという考え方です。

　至って当然の事象として，オーナーの資金力やフランチャイズ都市の経済力などによって，チーム間に大きな格差が生じる危険性があります。ニューヨークやロサンゼルスのような世界的な大都市では，人口や観光客が多いばかりか，スポンサーになり得る大企業やメディアの数も圧倒的に多く，選手たちもそのような大都市でプレーしたいため，地方都市のクラブとはどうしても大きな差が生まれがちです。だからこそ，リーグとしてある程度の均一化を図る施策を採用しているのです。

　前に触れた北米サッカーリーグ時代のニューヨーク・コスモスの例を思い出してください。メディア王と呼ばれるオーナーが保有するチームが世界一の大都市ニューヨークにあり，世界的なスーパースターを次々と獲得しました。彼らの試合が大盛況だったことは紛れもない事実ですが，結果的には他チームとの格差が開き過ぎてしまい，他チームが倒産していってしまいました。

　いくら米国史上最高のスター軍団をそろえても，試合をするためのリーグが成立しなくなってしまえば，そもそも活動ができないという事態に陥ってしまいます。この北米サッカーリーグの過ちを二度と繰り返すまいと固く決心したアボット氏は，リーグとチームが共存共栄する仕組みづくりに腐心しました。

　これこそが，MLS のビジネスモデルの根幹をなす『シングルエンテティシステム』です。詳細は次章で触れますが，一言で表すと「ピッチ上では競合だが，ピッチ外ではビジネスパートナーである」という発想です。自分のクラブの成功がリーグの成功につながり，リーグの成功がクラブの成功につながる。クラブはリーグなくして存在できず，リーグはクラブなくして存在できない，というわけです。

　このシングルエンテティシステムのおかげで，安定したリーグ経営が可能になりました。経営が安定すれば，投資家にとって安心かつ魅力的なプロスポーツリーグに映ります。参画を希望するオーナーが多く集まるようになり，MLS が急進してきた背景には，このようなビジネスモデルがあります。

2
イースタンカンファレンスのオーナーたち

　1996年のリーグ開幕当初は10チームに対して6人のオーナーしかいませんでしたが、2018年シーズン時点では所属クラブ以上のオーナー数が存在する、あるべき姿に整ってきました。しかも、そのオーナーたちが非常に有力な人材であふれている点が重要なポイントです。現在のMLSが投資対象として国内外で高く評価されている証拠であると同時に、今後ますます発展していく可能性を秘めたリーグだと断定できます。

　ここでは若干、羅列になってしまいますが、どのような人材がMLSのオーナーに名を連ねているか一部ご紹介しましょう。実業家として著名な人物だけでなく、スポーツ界で名をはせた人物など、非常に幅広い分野から集まっています。一般の方の多くが耳にしたことがあるような人材が登場します。

● **D.C. ユナイテッド**
◇エリック・トヒル：インドネシア人実業家。イタリアのインテルのマイノリティ・オーナー、インドネシア・ペルシブ・バンドン筆頭株主であり、インドネシア・アストラインターナショナル共同オーナー、マハカ・グループ等のオーナー。東南アジアバスケットボール協会会長。
◇ジェイソン・レビン：投資家、弁護士。スワンシー・シティAFCの共同オーナー。NBAメンフィス・グリズリーズの元オーナー。

● **ニューイングランド・レボリューション**
◇ロバート・クラフト：製紙業、梱包業、不動産業を営む投資家、実業家。2018年フォーブス誌世界長者番付281位。NFLニューイングランド・ペイトリオッツ、ジレットスタジアム等のオーナー。クラフトグループは米最大の製紙企業。

●ニューヨーク・レッドブルズ
◇デイートリッヒ・マテシッツ：オーストリアの実業家。スワロフスキー社等と並んでオーストリアを代表する会社の 1 つである，栄養ドリンク販売会社のレッドブル（RB）社の創業者。RB レーシング，RB ザルツブルグ，RB ライプチヒ等他のオーナー。2018 年フォーブス誌世界長者番付 37 位。

●モントリオール・インパクト
◇ジョーイ・サプート：カナダ人の実業家，イタリアのボローニャ FC 等のオーナー。カナダ最大手，世界でも 10 指に入る乳製品会社「サプート株式会社」の社長兼 COO。

●トロント FC
◇メイプルリーフ・スポーツ＆エンターテインメント：カナダ最大の総合スポーツ・エンターテインメント会社。NHL トロント・メイプルリーフス，NBA トロント・ラプターズ等のチームに加え，エア・カナダセンター，BMO フィールド，リコー・コロシアム，マスターカード・センター，KIA トレーニングセンターなどの施設等のオーナー。

●ニューヨーク・シティ FC
◇シェイク・マンスール・ビン・ザーイド・アル・ナヒヤーン：イングランドのマンチェスター・シティ，オーストラリアのメルボルン・シティ，横浜 F・マリノス等のオーナー。
◇ハル・スタインブレナー：実業家で MLB の NY ヤンキース等のオーナー。NY ヤンキースのオーナーを 37 年間継続してきた高名な実業家ジョージ・スタインブレナーの次男。
◇ハンク・スタインブレナー：実業家で MLB の NY ヤンキース等のオーナー。ジョージ・スタインブレナーの長男。

●オーランド・シティ SC
◇フラビオ・アウグスト・ダ・シルバ：ブラジル人の実業家，作家，プロスピーカー。ブラジルを代表する語学学校「ワイズアップ社」創立者。
◇フィル・ローリンズ：イギリス人の実業家。イングランドのストーク・シティの共同オーナー。オーランド・シティ SC の前身となるオースティン・アズテックスを 2007 年に創設。

●アトランタ・ユナイテッド FC
◇アーサー・ブランク：実業家，慈善家。NFL アトランタ・ファルコンズ等のオーナー。米大手の住宅リフォーム，建設資材，サービスの小売チェーン「ザ・ホーム・デポ」の共同創立者。2018 年フォーブス誌世界長者番付 527 位。

3
ウエスタンカンファレンスのオーナーたち

●ミネソタ・ユナイテッド FC
◇ビル・マグワイア：医者，慈善家。世界各国で，医療保険以外にも医薬品の開発や医療サービス管理業務などのヘルスケア関連事業を展開する医療保険会社として有名な「ユナイテッドヘルスケア・グループ」の元会長兼 CEO。

●コロラド・ラピッズ
◇スタンリー・クロンク：実業家。NBA デンバー・ナゲッツ，NHL コロラド・アバランチ，NFL セントルイス・ラムズ，イングランドのアーセナル FC の筆頭株主等のオーナー。妻は世界最大のスーパーマーケットチェーン「ウォルマート」の共同創立者であるバド・ウォルトンの娘。2018 年フォーブス誌世界長者番付 183 位。

● **FC ダラス**
◇ **クラーク・ハント**：石油業を営む実業家で，NFL カンザスシティ・チーフス等のオーナー。父ラマー・ハントは米スポーツ界の重鎮で，アメリカンフットボールリーグや北米サッカーリーグの創設メンバーの一員。数々のプロスポーツリーグやイベントの創設や興行に尽力してきた超大物で，MLSのオープンカップ（日本でいう天皇杯）は彼に敬意を表し「ラマー・ハント・US オープンカップ」と命名されている。MLS 創設時はコロンバス，カンザスシティも保有。

● **ポートランド・ティンバーズ**
◇ **メリット・ポールソン**：実業家で女子プロサッカーのポートランド・ソーンズ FC のオーナー。アメリカの元財務長官で元ゴールドマンサックス CEO のヘンリー・ポールソンを父に持つ。

● **サンノゼ・アースクエイクス**
◇ **ルイス・ウルフ**：不動産業を営む実業家，投資家。MLB オークランド・アスレチックス等のオーナー，NHL セントルイス・ブルースの元共同オーナー。フォーシーズンズホテルなどを含め，世界中に 18 ものホテルに出資をしていた過去も。

● **シアトル・サウンダーズ FC**
◇ **ジョー・ロス**：映画プロデューサー・ディレクター。20 世紀フォックス，キャラバン・ピクチャーズ，ウォルトディズニースタジオなどの会長を歴任。
◇ **ポール・アレン**：投資家，実業家，慈善家。NFL シアトル・シーホークス，NBA ポートランド・トレイルブレイザーズ等のオーナー。ビル・ゲイツと共にマイクロソフトを共同設立。2018 年 10 月に死去した。
◇ **エイドリアン・ハナウワー**：投資家，実業家。自身の会社をマイクロソフト

に売却するなど幼い頃から何度も起業。2002年に現クラブの前身にあたる独立リーグのチームを買収し，再建。他のオーナーたちを巻き込み，MLSクラブへと育て上げた。
◇ドリュー・キャリー：俳優，コメディアン，プロデューサー，脚本家。『ドリュー・キャリーショー』などの人気ホームコメディ番組を自身で立ち上げる。

● バンクーバー・ホワイトキャップスFC
◇スティーブ・ルクゾ：実業家，データストレージ大手の「シーゲート社」会長兼CEO。ハーバードビジネスレビューで世界ベストCEOの17位にランクイン（2015年）など，様々な経営者として賞を獲得。
◇ジェフ・マレット：実業家，投資家。MLBサンフランシスコ・ジャイアンツの共同オーナー，女子プロサッカーリーグの出資者で，イングランドのダービーカウンティの筆頭株主等のオーナー。Yahoo！創設メンバーの1人で同社拡大の功労者。Yahoo！に在籍した7年間で27カ国にまたがる責任者として20以上もの買収に関わった。男性用のオンラインオーダーメイドスーツ大手「インドチノ」の筆頭株主兼会長など，現在も多くの事業を展開。

● LAギャラクシー
◇フィリップ・アンシュッツ：投資家，実業家。不動産業，石油業，鉄道業などを展開。NBAロサンゼルス・レイカーズ，NHLロサンゼルス・キングス，スタブハブ・センター，ステイプルズセンター，O2アリーナ等のオーナー。2018年フォーブス誌世界長者番付108位。MLS創設時にはシカゴ，コロラド，DC，ロサンゼルス，サンノゼ，NYを保有。スポーツ・エンターテインメント事業を管轄するアンシュッツ・エンターテインメント・グループは世界最大のスポーツチーム，スポーツイベント，スポーツ施設を保有。米最大の油田を掘り当てモービル社に売却。一時は全米で最も私有地を保有する一般人になり，鉄道事業への参画も拡大した。

■ 2018年シーズン　MLS所属クラブと主なオーナー一覧

(Eastern Conference)

No.	チーム名	オーナー
1	シカゴ・ファイアー	アンドリュー・ハプトマン（実業家）
2	コロンバス・クルー	アンソニー・プレコート（投資家）
3	D.C. ユナイテッド	エリック・トヒル、ジェイソン・レビン、ウィル・チャン
4	ニューイングランド・レボリューション	ロバート・クラフト
5	ニューヨーク・レッドブルズ	デイートリッヒ・マテシッツ
6	モントリオール・インパクト	ジョーイ・サプート
7	フィラデルフィア・ユニオン	キーストーン・スポーツ（複数の実業家・投資家による共同オーナー）、ジョン・フィッシャー（実業家）
8	トロント FC	メイプルリーフ・スポーツ＆エンターテインメント
9	ニューヨーク・シティ FC	シェイク・マンスール・ビン・ザーイド・アル・ナヒヤーン、ハル・スタインブレナー、ハンク・スタインブレナー
10	オーランド・シティ SC	フラビオ・アウグスト・ダ・シルバ、フィル・ローリンズ
11	アトランタ・ユナイテッド FC	アーサー・ブランク（実業家）

(Western Conference)

No.	チーム名	オーナー
11	コロラド・ラピッズ	スタン・クロンキ
12	FC ダラス	クラーク・ハント
13	ロサンゼルス・ギャラクシー	フィリップ・アンシュッツ
14	ポートランド・ティンバーズ	メリット・ポールソン
15	レアル・ソルトレイク	デル・ロイ・ハンセン（実業家）
16	サンノゼ・アースクエイクス	ルイス・ウルフ
17	シアトル・サウンダーズ FC	ジョー・ロス、ポール・アレン、エイドリアン・ハナウワー、ドリュー・キャリー
18	バンクーバー・ホワイトキャップス FC	グレグ・カーフット（実業家）、スティーブ・ナッシュ（元NBAスター選手）、スティーブ・ルクゾ、ジェフ・マレット
19	ヒューストン・ダイナモ	フィリップ・アンシュッツ、オスカー・デ・ラ・ホーヤ、ガブリエル・ブレナー
20	スポルティング・カンザスシティ	スポルティング・クラブ（複数の実業家・投資家による共同オーナー）
21	ロサンゼルス FC	ピーター・グーバー、マジック・ジョンソンなどを含む共同オーナー
22	ミネソタ・ユナイテッド FC	ビル・マグワイヤ（医者）

SECTION 3
MLS の基本的な構図と有力なオーナーたち

●ヒューストン・ダイナモ
◇オスカー・デ・ラ・ホーヤ：元プロボクシング選手。バルセロナ五輪ライト級で優勝，プロ史上初の6階級制覇。「ゴールデンボーイ」の異名を持つ。
◇ガブリエル・ブレナー：投資家，不動産業。ウォルト・ディズニー氏の豪邸の元保有者。

●ロサンゼルスFC
◇ヘンリー・グェン：ベトナム系の米国人実業家。ベトナム首相グェン・タン・ズン氏の娘婿。ホーチミンに初のマクドナルドチェーンをオープンさせるなど，同国内への外資企業誘致を積極的に行う国内最大のベンチャーキャピタル事業を展開。
◇ピーター・グーバー：実業家でNBAゴールデンステート・ウォリアーズ，MLBロサンゼルス・ドジャース等のオーナー。マイナーリーグチームでありながら米プロスポーツ史上最長の815試合連続チケット売り切れを記録したデイトン・ドラゴンズを筆頭に，いくつものスポーツチームやエンターテインメント会社を保有し，経営改善を実現してきたマンダレー・エンターテインメントの会長兼CEO。映画『レインマン』や『バットマン』などをプロデュース。
◇トム・ペン：テレビタレント，実業家。
◇ヴィンセント・タン：マレーシア人の実業家，投資家。イングランドのカーディフ・シティ，ボスニア・FKサラエボ等のオーナー。マレーシアのベルジャヤ・グループの創業者であり，マレーシアにおけるマクドナルドのフランチャイズ権を取得。2018年フォーブス誌世界長者番付1533位。
◇ルベン・ナナリンガム：マレーシア人実業家。イングランドのクィーンズパーク・レンジャーズ共同オーナー。
◇チャド・ハーレー：実業家，Youtube共同創立者。
◇マジック・ジョンソン：元NBAプレーヤー，実業家。MLBロサンゼルス・

ドジャーズ等のオーナー。
◇ミア・ハム・ガルシアパーラ：元サッカー女子米国代表選手，実業家。イタリアのAS ローマ理事。
◇ノマー・ガルシアパーラ：ベースボールアナリスト。
◇トニー・ロビンス：職業ピークパフォーマンスコーチ，セルフヘルプ著者，プロスピーカー。

4
加入予定チームのオーナーたち

2018年シーズン以降，すでに3チームのリーグ加入が決まっています。今後もMLSが発展を続ける可能性が表れているだけに，新チームの主なオーナーたちにも触れておきます。

● **クラブ・インテルナシオナル・デ・フットボル（2020年加入予定）**
◇デビッド・ベッカム：元サッカーイングランド代表主将。
◇サイモン・フラー：イギリス人実業家，プロデューサー，エージェント。いくつもの人気テレビ番組をプロデュースし，世界100カ国以上でフランチャイズ化された『アメリカン・アイドル』が代名詞。スパイスガールズ，ビクトリア・ベッカム，ルイス・ハミルトン，アンディ・マレー，ケリー・クラークソン，スティーブ・マクマネマンなど他多数のグローバルスターをマネジメント。ジェニファー・ロペスともパートナーシップを結ぶなど，スポーツ及びエンターテインメント業界で大成功を収める。
◇マルセロ・クラウレ：ボリビア系の米国人実業家。全米4位の携帯電話会社であるスプリント社CEO。50カ国にワイヤレスサービスを提供する「ブライトスター社」創設者。FIFAのフェアプレー，社会貢献委員のメンバー。

●シンシナティ FC

◇カール・リンダー（3世）：アメリカ人実業家。アメリカンフィナンシャルグループの共同最高経営責任者。2006年フォーブス誌長者番付にて133位につけた実業家であるカール・リンダージュニアの息子である。

●ナッシュビル SC

◇ジョン・イングラム：イギリス系アメリカ人実業家であり慈善家。イングラム・コンテンツ社、ライトニング・ソース社、そしてデジタル・イングラム社の会長を務める。

◇ジギ・ウィルフ：ポーランド系アメリカ人の不動産実業家。NFLミネソタ・バイキングスの筆頭株主。5300億円の資産を保有すると言われる。

ベッカム氏らが、マイアミでMLS新クラブを設立

CHAPTER 2
MLSの発足とサッカー大国アメリカへの過程

SECTION 4
意外な事実。古くから根付くサッカー人気

1
本当に「不毛の地」なのか

　「アメリカはサッカー不毛の地」という言葉は，日本では何の違和感も覚えずに使われていることでしょう。しかし，意外に思われるかもしれませんが，実はアメリカ国内でそういった表現を耳にしたことはなく，日本で発生した言葉ではないかと考えられます。実際，広く認知されていないだけで，アメリカ国内におけるサッカー人気は昔から高かったのです。

　現地にサッカーが伝来したのは1860年代と言われていますが，現代サッカーと形式が異なるとはいえ，「みんなで集まってボールを蹴る」という意味では，アメリカ原住民たちがそれ以前から行っていました。1862年にはボストンに国内初のクラブ，「オナイダ・フットボールクラブ」が存在したという記録が残っているだけでなく，アメリカサッカー協会の創設は1913年と，すでに100年以上の歴史を誇ります。

　国内初のプロサッカーリーグである北米サッカーリーグ（NASL）創設は1968年。NYコスモスの繁栄もあり，1977年には同クラブの平均観客動員数が4万人近くに達し，7万7000人という当時の一試合における最高観客動員数を達成しました。

　観客動員数はプロリーグに限らず，セントルイス大学vs南イリノイ大学エドワーズ校の試合では当時の大学サッカー記録の2万2000人を集めました。

1984年のロサンゼルス五輪における男子サッカーの平均観客動員数は何人だったでしょうか。その数，実に4万4000人です。同大会では全試合合計で142万人もの観客がスタジアムを訪れ，フランスvsブラジルの決勝では10万1000人の集客を記録しました。これは，2014年8月に行われたインターナショナル・チャンピオンズ・カップでのマンチェスター・ユナイテッドvsレアル・マドリーの10万9000人という記録が生まれるまで，30年間も国内最高の観客動員数を誇っていたのです。

　ロサンゼルス五輪での大成功が10年後のアメリカW杯開催の引き金となり，W杯でも6万8991人の平均観客動員数を達成しました。その後，2006年のドイツ大会（約5万2491人：歴代3位）や2014年のブラジル大会（約5万2762人：歴代2位）など，W杯優勝経験を持つサッカー大国でも開催されていますが，94年大会の記録は未だにW杯史上最大の観客動員数としてトップの座を維持しています。

　女子サッカー人気も忘れてはいけません。1999年7月に行われたFIFA女子W杯アメリカ大会の決勝（アメリカ0-0／PK 5-4中国）は，3位決定戦（ブラジル0-0／PK 5-4ノルウェー）と同日・同会場だったとはいえ，9万185人という歴代最高の観客数を記録しています。

　この他にも，サッカー人気を証明する記録は枚挙にいとまがありません。1999年のメキシコvsアルゼンチン戦には9万1000人もの観客が集まり，2003年のマンチェスター・ユナイテッドvsセルティック戦では，6万7000人がシアトルのシーホークスタジアムに詰めかけました。「アメリカ代表」「W杯」「五輪」という売れ筋とは無縁の興行試合でも，これだけ多くの注目を集めていることからも，アメリカにおけるサッカー人気の根強さが見て取れます。

CHAPTER **2**
MLSの発足とサッカー大国アメリカへの過程

アメリカ国内における観客動員数トップ30（MLS開幕以降）

順位	観客数（人）	対戦カード		開催年
1	109,318	マンチェスター・ユナイテッド	レアルマドリー	2014
2	105,826	チェルシー	レアルマドリー	2016
3	93,226	FCバルセロナ	LAギャラクシー	2015
4	93,137	FCバルセロナ	LAギャラクシー	2009
5	93,098	マンチェスター・シティ	レアルマドリー	2017
6	92,516	ニューイングランド・レボリューション	チバスUSA	2006
7	92,216	タンパベイ・ミューティニー	レアルマドリー	1996
8	89,134	レアルマドリー	LAギャラクシー	2010
9	88,816	LAギャラクシー	チバスUSA	2005
10	86,641	レアルマドリー	パリ・サンジェルマン	2016
11	86,432	マンチェスター・ユナイテッド	LAギャラクシー	2014
12	81,807	マンチェスター・ユナイテッド	FCバルセロナ	2011
13	81,807	チェルシー	インター・ミラノ	2009
14	78,914	チェルシー	FCバルセロナ	2015
15	78,416	MLSオールスター東軍	MLSオールスター西軍	1996
16	73,123	D.C.ユナイテッド	サンノゼ・クラッシュ	1999
17	72,243	シアトル・サウンダーズFC	アトランタ・ユナイテッドFC	2018
18	72,035	D.C.ユナイテッド	アトランタ・ユナイテッドFC	2018
19	71,874	トロントFC	アトランタ・ユナイテッドFC	2017
20	71,203	チェルシー	ACミラン	2009
21	70,780	チバス・グアダラハラ	FCバルセロナ	2011
22	70,728	マンチェスター・ユナイテッド	MLSオールスター	2010
23	70,550	LAギャラクシー	ヒューストン・ダイナモ	2006
24	70,425	オーランド・シティSC	アトランタ・ユナイテッドFC	2017
25	69,364	ACミラン	リバプール	2014
26	69,225	NY/NJメトロスターズ	LAギャラクシー	1996
27	67,385	ポートランド・ティンバーズ	シアトル・サウンダーズFC	2013
28	67,273	ACミラン	LAギャラクシー	2013
29	67,052	マンチェスター・ユナイテッド	シアトル・サウンダーズFC	2011
30	66,848	FCバルセロナ	シアトル・サウンダーズFC	2009

http://en.wikipedia.org/wiki/Record_attendances_in_United_States_club_soccer#Foreign_clubs
http://www.ussoccer.com/mens-national-team/records/attendance-records/largest-crowds-in-us

SECTION 4
意外な事実。古くから根付くサッカー人気

大会名	会場
2014 インターナショナルチャンピオンカップ	Michigan Stadium, Ann Arbor, Michigan
2016 インターナショナルチャンピオンカップ	Michigan Stadium, Ann Arbor, Michigan
2015 インターナショナルチャンピオンカップ	Rose Bowl, Pasadena, California
国際親善試合	Rose Bowl, Pasadena, California
2017 インターナショナルチャンピオンカップ	Los Angeles Memorial Coliseum, Los Angeles, California
MLS	Los Angeles Memorial Coliseum, Los Angeles
MLS	Rose Bowl, Pasadena, California
国際親善試合	Rose Bowl, Pasadena, California
MLS	Los Angeles Memorial Coliseum, Los Angeles
2016 インターナショナルチャンピオンカップ	Ohio Stadium, Columbus, Ohio
国際親善試合	Rose Bowl, Pasadena, California
2011 ワールドフットボールチャレンジ	FedExField, Landover, Maryland
2009 ワールドフットボールチャレンジ	Rose Bowl, Pasadena, California
2015 インターナショナルチャンピオンカップ	FedExField, Landover, Maryland
MLS オールスター戦	Giants Stadium, East Rutherford, New Jersey
MLS	Stanford Stadium, Stanford, California
MLS	Mercedes-Benz Stadium, Atlanta
MLS	Mercedes-Benz Stadium, Atlanta
MLS	Mercedes-Benz Stadium, Atlanta
2009 ワールドフットボールチャレンジ	M&T Bank Stadium, Baltimore
2011 ワールドフットボールチャレンジ	Sun Life Stadium, Miami
MLS オールスター戦	Reliant Stadium, Houston
MLS	Reliant Stadium, Houston
MLS	Mercedes-Benz Stadium, Atlanta
2014 インターナショナルチャンピオンカップ	Bank of America Stadium, Charlotte, North Carolina
MLS	Rose Bowl, Pasadena, California
MLS	CenturyLink Field, Seattle
2013 インターナショナルチャンピオンカップ	Sun Life Stadium, Miami Gardens, Florida
国際親善試合	CenturyLink Field, Seattle
国際親善試合	Qwest Field, Seattle

CHAPTER 2
MLS の発足とサッカー大国アメリカへの過程

2
アメリカならではの背景

　これだけサッカーが根強く愛されているにもかかわらず，アメリカが「サッカー不毛の地」と呼ばれる理由はどこにあるでしょうか。それには，同国ならではの歴史的な背景が関係しています。

　ここで，元サッカーユナイテッドマーケティング（SUM）のキャシー・カーター氏の言葉を引用してみましょう。MLS の姉妹会社である同社は，アメリカ国内におけるサッカー事業を一手に引き受けており，他の誰よりもアメリカのサッカー事情を分析しています。

> 　アメリカにおいて，サッカーというスポーツは昔から人気がありましたし，国内には数百万単位のサッカーファンがいます。しかも，アメリカは移民が多い国ですから，毎年サッカーが根付いた国々から人々が流入することで，サッカーファンは増え続けているのです。そして移民がアメリカに定住すれば，彼らの二世や三世は自然とサッカーが好きな子どもに育っていきます。
> 　ただ，サッカーを売る仕事をしている私たちにとって難しいのは，コカ・コーラ対ペプシのように，単純に競合他社が分かった上で対策を練ったり，比較したりできるわけではないということです。我々 MLS はまだ若いリーグですし，サッカーというスポーツで仕事をしているため，競合他社が国内に限らずグローバルに存在するのです。

　このコメントからも読み取れるように，アメリカにおいてサッカーというスポーツの将来が明るいとはいえ，2015 年に 20 周年目を迎えた MLS は，まだまだ創設期に過ぎないということです。すでに 100 年近い歴史を誇る欧州や南米のプロサッカーリーグ，アメリカで確固たる地位を築いている 4 大メジャースポーツのプロスポーツリーグと，現時点で比較してしまえば分が悪い

のは言うまでもありません。

　しかもアメリカは北米サッカーリーグで一度，倒産という憂き目を経験しています。ここでMLSが再び失敗に終わってしまうようでは，もはやアメリカではプロサッカーリーグが成立しないと言われかねません。つまり，強力な競合である4大スポーツの存在を前に，負けが絶対に許されないという困難な状況を指して，「サッカー不毛の地」という表現が生まれたのではないでしょうか。世界的なスポーツであるサッカーであっても，簡単に国中の注目を集められるほどアメリカのスポーツ文化は浅くないのです。

3
確実な施策に方向転換

　ではMLSは，どのような戦略を講じているのでしょうか。ポジティブな材料としては，何よりサッカーが世界的なスポーツであるという点です。

　他の4大メジャースポーツは，注目度がアメリカだけに集中しています。野球やバスケットボールは徐々にグローバル化してきているとはいえ，ボールとグローブとバットを持って広場や公園に行けば，世界中どこでもすぐにコミュニケーションが取れる，というレベルではありません。ボール1つで多くの友人ができてしまうサッカーと，大きな差があるのは言うまでもないでしょう。

　一方で，サッカーが世界的なスポーツであることが，障壁として立ちはだかる部分も否定できません。前項では移民の利点について述べましたが，彼らが自分の祖国のサッカーを愛し続けているのも事実ですし，グローバル社会だからこそ欧州のプロサッカーリーグのテレビ放送や，オンラインで視聴可能な国の試合も競合として戦っていく必要性が生じています。

　実際，アメリカ国内におけるイングランド・プレミアリーグの視聴者数に目を向けると，1試合平均で41万4000人もの人々が観戦していると言われています。これは2013-14シーズンの数字ですが，わずか2シーズン前から約2

倍に膨れ上がっているばかりか，NHL の 34 万 2000 人を 20 ％以上も上回りました。その注目度の高さを証明する一例として，2013-14 シーズンから 3 年間の国内放映権を獲得した NBC 社（National Broadcasting Company）は，250 億ドルという多額の放映権料を支払いました。

　テレビやオンラインという点では，日本でも同じ現象が起こっています。Jリーグ創設時，海外のサッカーが放送される機会はほとんどない状況でしたが，今では有料放送の契約さえすれば毎日のようにサッカー強豪国の試合を観戦することができます。20 歳代以下の若い読者であれば，少年・少女時代に欧州トップリーグのスター選手に憧れた経験をお持ちでしょう。しかも，そういった海外リーグの方が国内リーグよりレベルが高いという事実は，残念ながら覆しようがありません。

　このような状況を考慮し，MLS は大きな決断を下しました。MLS が誕生する以前からの年齢層で，いわゆる海外志向のサッカーファンに対して MLS の将来性を売り込む労力を割くのではなく，2010 年ころから若い世代に重点的にプロモーションを行っていく方向に舵を切り始めたのです。MLS が誕生したころに生まれた，あるいは幼かった世代であれば，「自分が生まれ育った国のプロサッカーリーグ」として愛着を持ちやすいからです。

　その第一歩が「MLS デジタル」という部門の設立でした。インターネットやソーシャルネットワークが生活に浸透している，若い世代へ向けた施策です。それは早くも結果に表れており，SUM のカーター元社長は次のように手ごたえを口にしていました。

　現時点で，MLS は若年層のファンベースが最も多いプロスポーツリーグと言われています。特に，MLS の存在が当たり前と感じている 18〜30 歳と，MLS に憧れがあって選手としても活躍することを夢見る 12〜17 歳の 2 つのカテゴリーからは，非常に強い関心を持たれています。この世代はテクノロジーの扱いにも慣れており，我々も彼ら・彼女らと同様にその言語で会話ができないと

SECTION 4
意外な事実。古くから根付くサッカー人気

いけないのです。

　若年層へのプロモーションは，時間が掛かる一方で確実性の高い施策です。今後 10 年，20 年という時を経て，生まれたときから MLS が身近に存在したサッカー少年・少女が成長していけば，「サッカー不毛の地」という表現が聞かれなくなる時代になるに違いありません。

若い世代への施策が結果に表れつつある

CHAPTER **2**
MLS の発足とサッカー大国アメリカへの過程

SECTION 5
いまや世界有数の サッカー視聴国に

1
近年，続々と記録を更新中

　W杯の放映権料に関して，最も多くの資金を投入している国がどこだかご存知でしょうか。イングランド，ドイツ，スペインなど，トップリーグが世界中の注目を集めている欧州の国でしょうか。サッカー王国ブラジルでしょうか。はたまた，国家として急成長を遂げている中国や，経済力のある日本でしょうか。その正解が「アメリカ」と，迷わずに回答できる方は少ないでしょう。

　アメリカが初めてFIFA史上最高額の放映権料を支払ったのは，2007年から2014年に掛けての契約を結んだときです。権利の対象は2010年と2014年のW杯，2009年と2013年のコンフェデレーションズカップ，2007年と2011年の女子W杯の計6大会。これらに関するアメリカ国内の放送権利を，ABCとESPNが英語放送を約100億円で，Univisionがスペイン語放送を約350億で契約し，サッカー界の関心を集めました。

　ところが，その記録は2018年と2022年のW杯に関する放送権料の契約で，あっという間に更新されます。FOXが英語放送の権利を約425億円，そしてTelemundoがスペイン語放送の権利を約600億円で手中に収めたのです。上記の6大会合計で450億円だったのに対し，2つのW杯だけで計1025億円という巨額の契約に膨らみました（1ドル＝100円として算出）。

アメリカ国内におけるワールドカップ放映権料の変遷

	英語放送（$M）		スペイン語放送（$M）	
1990	$7.75	TNT		
1994	$11.00	ABC/ESPN		
1998	$22.00	ABC/ESPN		
2002	$50.00	ABC/ESPN (SUM)	$125.00	Univision
2006				
2010	$100.00	ABC/ESPN	$325.00	
2014				
2018	$425.00	FOX	$600.00	Telemundo
2022				
2026		FOX		Telemundo

出典：https://www.forbes.com/sites/chrissmith/2014/06/09/american-world-cup-rights-fees-soar-along-with-viewership/#7903e6a02d01
※上記をもとに筆者が表を作成した。

　この契約は異常な金額と取れますが，裏を返せば，アメリカ国内においてサッカー人気が急上昇している証拠とも言えます。

　ニールセン調べによると，2010年の南アフリカW杯を通してのアメリカ国内の観戦者総数は1億1100万人で，1大会前のドイツW杯時から91％も上昇しています。ニールセン調べよりは数値が若干下がるものの，FIFAの調査でもアメリカ国内で9450万人もの観戦者総数があったと発表しています。

　さらに4年後の2014年ブラジルW杯では，アメリカvsポルトガルを計2470万人もの人がテレビ観戦したとFIFAが発表しています。アメリカ国内におけるサッカー1試合当たり史上最高人数を記録しました。ESPNによれば，さらに49万人の国内ファンが同試合をモバイルデバイス上でストリーミング観戦したと分析・公表されています。

　アメリカ代表が素晴らしいプレーを見せていたことや，キックオフがアメリカ時間の日曜日午後で観戦に適した日時だったことなど，最高記録をたたき出す要因が複数存在したとはいえ，アメリカサッカーにとって大きな成果である

ことに変わりはありません。2014年W杯では，放送32試合を通じた平均視聴者数がESPNの英語放送で約430万人，Univisionのスペイン語放送で約340万人と発表されました。

「アメリカのファンたちが，W杯にそれだけ注目して大会を追っている証拠で素晴らしいこと。昔は，アメリカ国内でサッカーは人気が出るのかとよく聞かれたものだけど，最近は全く聞かれなくなったことが愉快だよ」と，ESPNプログラミング部門，シニアバイスプレジデントであるスコット・ググリエルミノ氏は，手ごたえを口にして顔をほころばせました。

選手たちも，国内における近年のサッカーの急進を肌で感じていました。10代から代表で活躍し，2014年に8年ぶりにMLSへ復帰したマイケル・ブラッドリー選手は，2014年のW杯を次のように振り返っています。

> 大会期間中，何度も友人や家族からアメリカ国内での盛り上がりに関するメールを受信したり，シカゴのビューイングパーティーに1万人以上ものファンが押し掛けたと聞いたりしたよ。そのたびに，自分たちのことを応援してくれているみんなが，代表のことを，そして代表を応援していることを誇りに思ってもらえるように頑張ろうと，僕たち選手の支えになった。ファンは選手のことをよく知ってくれているし，チームに何が起きているのかをしっかりと追い，母国の代表を応援することを楽しんでくれている。選手として，これ以上求めるものなんてないよ。

テレビ視聴者数の上昇に伴い，招聘される解説者も年々豪華になってきました。これまでは元アメリカ代表選手が1人か2人で務めてきましたが，2010年W杯以降は顔ぶれに変化が訪れています。ざっと振り返っても，サッカー界で名の知れた人材が数多く登場しています。

元アメリカ代表監督のユルゲン・クリンスマン氏，イングランドのエバートンで監督を務め，現ベルギー代表監督であるロベルト・マルティネス氏，AC

SECTION **5**
いまや世界有数のサッカー視聴国に

ミランの中心選手として活躍し，LA ギャラクシー監督も務めた元オランダ代表キャプテンのルート・フリット氏や，レアル・マドリーなどで活躍した元イングランド代表のスティーブ・マクマナマン氏。2014 年 W 杯では元ドイツ代表のミヒャエル・バラック氏，元オランダ代表のルート・ファン・ニステローイ氏，元ブラジル代表のジウベルト・シウバ氏，元アルゼンチン代表のサンティアゴ・ソラーリ氏などが名を連ねていました。2018 年 W 杯でも元オランダ代表のクラレンス・セードルフ氏，元アルゼンチン代表のエルナン・クレスポ氏，元ドイツ代表のローター・マテウス氏，元イングランド代表のイアン・ライト氏，そして元監督のグース・ヒディング氏などが名を連ね，各テレビ局の力の入れようが見て取れました。

2
チケット購入数やWEB利用者数も

　テレビにおける視聴者数のみならず，現地に訪れるファンの数も世界 1 位です。FIFA の発表によると，2014 年 W 杯の総チケット数は 314 万枚。うち 52 ％強に当たる 164 万枚がブラジル国内で購入されましたが，2 番目に多かった国はアメリカで，約 6.5 ％の 20 万 3000 枚が購入されました。2010 年 W 杯に際しても，実はアメリカがホスト国の南アフリカに次いで購入数が多く，13 万枚のチケットが国内居住者の手に渡っています。2018 年 W 杯でも，開催国のロシアに 240 万枚販売されましたが，2 番目はまたもやアメリカで 8 万 9000 枚が大会前に販売されました。

　前述のブラッドリー選手だけでなく，ベテランのカイル・ベッカーマン選手も，2014 年 W 杯におけるファンの力強い後押しをスタジアムで実感し，大舞台を戦う上で大きな力になったと話していました。

他国でのW杯にもかかわらず，まるでアメリカ国内でプレーしている気分

> だったよ。選手としてこれ以上うれしいことはない。試合前の国歌斉唱では，スタジアムが一体となってアメリカ国家を斉唱していて鳥肌が立ったね。子どものころからの夢である大舞台で，アメリカ人のファンで満員になったスタジアムでプレーしたいと思ってはいたけど，ブラジルの会場がアメリカ人で満員になったことには特別な気持ちにさせられた。「アメリカでサッカー人気がどれほど拡大してきたか」という証拠だよ。

　インターネットが普及した現代では，テレビやスタジアムでの観戦に限らず，公式サイトへのアクセス数なども人々の関心を示す重要な指標です。この点でもFIFAが興味深い調査結果を発表しています。

　2014年W杯において，6月26日のグループステージ最終戦のドイツ戦後から，7月1日にベルギーと対戦する決勝トーナメント一回戦までの間に，人口の約11％に当たる3670万人ものアメリカ居住のファンが，W杯公式サイト・公式facebookへのアクセスやW杯公式アプリのダウンロードを行ったのです。あわせて，大会総計でもアメリカ居住者が最も多くのオンラインプロパティーを使用したという結果も出ていました。この数字は，実に全体の23％にも当たります。FIFA関連の公式サイトなどへのアクセスも，2010年から2014年の4年間で207％もの上昇率を見せていることも発表されました。

3
成長を見越した巨額の契約

　焦点をW杯からMLSに移しましょう。76ページのカーター氏のコメントにもあった通り，アメリカ国内にはサッカー人気が古くから存在していましたが，まだMLSにそれが直結しているわけではありません。特にテレビ視聴者数に関しては，MLSはリーグ創設以来低い数値のままです。2013年までの過去10年間における1試合の平均観戦者数は，約22万人から約31万人の間を

MLSの放映権料の変遷

年	放送局	放映権料総額 ($M)	平均年間放映権料 ($M)
2015-2022	FOX/ESPN	$600.00	$75.00
	Univision	$120.00	$15.00
2012-2014	NBC	$30.00	$10.00
2007-2014	ABC/ESPN	$64.00	$8.00
2007-2011	Fox Soccer Channel	$11.00	$2.20
2007-2014	Univision	$79.40	$9.90
2007-2009	AXSTV	$3.25	$1.08

出典：http://www.sportsbusinessdaily.com/Journal/Issues/2014/05/12/Media/MLS-TV.aspx

MLSの視聴者数の変遷

	1試合当たりの平均視聴者数（試合数）						
ネットワーク	2007	2008	2009	2010	2011	2012	2013
ESPN/ESPN2	289,000 (25)	253,000 (26)	299,000 (26)	253,000 (25)	292,000 (20)	311,000 (20)	220,000 (20)
NBCSN						125,000 (40)	112,000 (37)
NBC						521,000 (3)	396,000 (4)
Univision	288,000 (22)	248,000 (24)	229,000 (24)	193,000 (23)	113,000 (30)	66,000 (24)	135,000 (41)
Fox Soccer Channel			53,000 (34)	53,000 (31)	70,000 (27)		

出典：http://www.sportsbusinessdaily.com/Journal/Issues/2014/05/12/Media/MLS-TV.aspx

行き来してきており，2014年シーズンもESPNで約24万人，NBCで約14万2000人，Unimasで約22万3000人と，それほど振るいませんでした。

しかし2015年シーズンに突如として，それまでの5倍に当たる年間計約90億円という，MLS史上最大の放映権料を獲得しました。NBCがイングランド・プレミアリーグの放映権に年間約83.3億円を支払っていることを考えれば，この数字がどれほどのインパクトを持つのかをイメージしやすいでしょう。

90億円の内訳は，国内における英語放送に関してESPNとFOXが2局合計で75億円，スペイン語放送に関してUnivisionが15億円を支払っています。ここで触れておくべきは，対象となる放送権にアメリカ代表の試合も含まれている点です。これは後述するSUMのビジネスモデルの一部ですが，国内トップリーグと代表チームとの相乗効果が大いに期待されます。

> 　今回の契約はアメリカサッカー史上，最も包括的なメディアライツパートナーシップであり，非常に誇りに思う。アメリカでのサッカーの社会的地位，そのパラダイム内におけるMLSとアメリカサッカー協会の位置を示す発表だ。

　ドン・ガーバー氏はこのように述べ，自らコミッショナーを務めるMLSの急進，そしてリーグの人気の土台となるサッカーそのものの定着を，ビジネス的な側面から実感しているようです。
　これまでの実績を振り返れば，計75億円という金額は信じがたい契約です。しかし，ESPNとFOXはMLSの昨今の拡大，そして今後の成長見込みを期待して，法外とも言える放映権料の上昇を懸念しませんでした。
　ESPNのググリエルミノ氏が「長い間，MLSの視聴者数の数値がよい方向に進んではいないものの，我々はまだMLSのことを信じている」と言えば，FOXのゼネラルマネジャー兼COOのデビッド・ネイサンソン氏も「これは今後，成長する分野。(代表も含まれ)パッケージは強化されたものだし，我々のプログラミングもよりインパクトのあるものになる予定です」と，今後の成長に投資する姿勢を明確にしたのです。
　放送局が異常なまでに力を入れている点は，放映権料の契約に関するプレスリリースにも表れていました。FOX，ESPN，Univisionの3社が「アメリカ国内におけるサッカー，MLS，そして代表の発展のために互いに協力していきたい」と，コメントを発表。互いの放送内で他局でのMLSや代表戦の告知や宣伝を実施する，異例のクロスプロモーションプランを明らかにしたのです。

SECTION 5
いまや世界有数のサッカー視聴国に

SECTION 6
あなたはサウンダーズを知っていますか？

1
演出のポイントは満員感

　2017年シーズン，MLSの平均観客動員数は2万2106人に上りました。2015年にはリーグ史上初めて2万人を突破しました。前年から2％の上昇となり，22チームのうち実に11チームが2万人の大台を突破しています。

　中でも，特筆すべきは新規加入のアトランタ・ユナイテッドFCです。シーズン開幕前の時点で早々に3万枚のシーズンチケットが完売し，2017年シーズン終了時にはリーグ1位となる平均観客動員数4万8200人を記録しました。

　また，ワシントン州に本拠地に置く青と緑のクラブであるシアトル・サウンダーズFCは，3万5000人のシーズンチケットホルダーに支えられ，平均観客動員数4万3666人という数字をたたき出しました。この成績は，MLBの2017年シーズンにおける平均観客動員数ランキングに当てはめてみても，セントルイス・カージナルスを超える数値です。グローバルなサッカー界でも世界30位以内にランクインする数値です。ベースボールとはシーズンの試合数に違いがあるため一概に比較できないとはいえ，アメリカで最も人気を誇るスポーツであることは揺るぎません。

　サウンダーズの平均観客動員数は，MLS内では3位トロントFCの2万7647人を大きく引き離す記録です。ホームスタジアムの収容キャパシティーが3万人のため，トロントにとってはいかんともしがたい差ですが，それでも

CHAPTER 2
MLSの発足とサッカー大国アメリカへの過程

メジャーリーグサッカー（MLS）平均観客動員数

	チーム名	平均観客動員数	総動員数	レギュラーシーズン試合数	自前のスタジアムの有無	本拠地観客収容人数	
1	アトランタ・ユナイテッドFC	48,200	819,404	17	○	42,500 (71,000)	
2	シアトル・サウンダーズFC	43,666	742,314	17	△	39,415 (69,000)	
3	トロントFC	27,647	470,005	17	○	30,000	
4	オーランド・シティSC	25,028	425,477	17	○	25,500	
5	ニューヨーク・シティFC	22,643	384,929	17	△	28,743	
6	LAギャラクシー	22,246	378,182	17	○	27,000	
7	バンクーバー・ホワイトキャップスFC	21,416	364,073	17	△	21,000	
8	NYレッドブルズ	21,175	359,977	17	○	25,000	
9	ポートランド・ティンバーズ	21,144	359,448	17	○	22,000	
10	ミネソタ・ユナイテッドFC	20,538	349,138	17	○	19,400	
11	モントリオール・インパクト	20,046	340,783	17	○	20,801	
12	サンノゼ・アースクエイクス	19,875	337,873	17	○	18,000	
13	スポルティング・カンザスシティ	19,537	332,121	17	○	18,467 (25,000)	
14	ニューイングランド・レボリューション	19,367	329,233	17	△	20,000	
15	レアル・ソルトレイク	18,781	319,284	17	○	20,213	
16	D.C.ユナイテッド	17,904	304,369	17	○	20,000	＊
17	ヒューストン・ダイナモ	17,500	297,507	17	○	22,039	
18	シカゴ・ファイアー	17,383	295,511	17	○	20,000	
19	フィラデルフィア・ユニオン	16,812	285,797	17	○	18,500	
20	コロンバス・クルー	15,439	262,469	17	○	19,968	
21	コロラド・ラピッズ	15,322	260,476	17	○	18,061	
22	FCダラス	15,122	257,077	17	○	20,500	
		平均22,126	計8,275,447	計374			

出典：https://soccerstadiumdigest.com/2017-mls-attendance/（※一部筆者が加筆した）
△：アメリカンフットボール，野球場との併用
＊：2018年より使用
（　）人気カードによってはスタジアムを拡張して使用

SECTION 6
あなたはサウンダーズを知っていますか？

スタジアムが大きければよいというものではありません。

　顧客やスポンサーらに優良なスポーツ観戦体験を提供するためには、"満員"の状態を目指すことが最優先だからです。そのためMLSのチームは全て、まずは2万2000〜2万7000人が収容できる程度のスタジアムを建設し、観客の動員数を考慮しながら増設していきます。サウンダーズはNFLのシアトル・シーホークスが使用するセンチュリーリンク・スタジアムでホームゲームを開催するため、本来の観客収容人数は6万7000人という大きな会場です。当然ながら、全席を開放しても満員になるわけではなく、現在でもサウンダーズが使用しているのは約4万席に限られます。それでも、2009年の参戦初年度は2万4500席の使用でスタートし、徐々に座席数を広げてきました。

　海外からビッグクラブを招聘して国際親善試合を開催するときや、対戦カードによってお客さんが通常より増えることが想定される場合に限って6万席を開放するケースはありますが、全席を開放するまでに至ってはいません。それだけのチケット需要が保証されていないからです。サウンダーズの事業部シニア・バイスプレジデント、ギャリー・ライト氏の言葉を聞いてみましょう。

> 　重要な点は、「いかにこの満員感を維持するか」ということです。むやみに座席を開放して空席ができてしまうと、今と同じエネルギーや臨場感が得られず観戦体験がそがれてしまうため、それは避けなくてはなりません。もちろん、クラブがもっと成長し、サッカーを誰もが認知するスポーツに育て上げ、みんなが争うように試合観戦に来てくれるようになり、全席開放しても売り切れる状態まで持っていくことが目標です。今すぐにはできませんが、将来的には実現可能だと考えています。ブエノスアイレスやメキシコシティ、リバプールのようにサッカーを人々の文化として育て上げるために、我々は長期的かつ戦略的に経営していかなければいけないのです。

　ポイントは満員感を重視し、試合に訪れるファンの観戦体験を大切にしてい

る点でしょう。事前に約束できない勝敗に頼ってビジネスをするのではなく，それはあくまで結果論のボーナスと考え，自分たちがコントロールできる範囲内で最大限の演出に工夫を凝らしているのです。

　当然ながらスタジアムが満員だとファンは盛り上がりますし，選手たちも同様にモチベーションが高まります。空席が目立つスタジアムで試合をするより，仮に小さくとも満員のファンの前で試合をする方が，よりよいプレーが期待できます。これはスポンサーにとっても同様で，満員で力強いエネルギーに満ちたスタジアム，そしてチームをサポートしている方が間違いなく気持ちがよいものです。テレビで観戦している人も，画面から満員でよい雰囲気がにじみ出ていれば，今度はスタジアムに足を運ぼうと思うでしょう。

　サウンダーズは巨大なセンチュリーリンク・スタジアムを使用するため，4万人が入っても3分の1以上は空席になってしまいます。しかし，彼らは未開放の上部座席を青と緑のクラブカラーやスポンサーロゴできれいにカバーするなどの装飾を加え，会場に空席がないかのように演出しているのです。

　もちろん，サウンダーズのファンが待ち望んだ新スタジアムだったという点も忘れてはいけません。スタジアムを新設するに当たって行政に提出された提案書には，アメリカンフットボール兼サッカースタジアムと記載されていました。スタジアム新設に関する投票は僅差で可決されたため，アメリカンフットボールのファンだけの力では，生まれなかった建物なのです。

2
適正なタイミングをつかむ

　サウンダーズが短期間で世界有数とも言える人気チームに成長できた要因は，どこにあるでしょうか。

　サウンダーズの成功について，オーナーの1人であるエイドリアン・ハナウワー氏が非常に興味深い内容を語っていました。インタビューアーは，世界的

に著名なペンシルバニア大学のビジネススクールである，ウォートン・スクールのジェリー・ウィンド教授です。ハナウワー氏の言葉を引用しながら，彼がポイントに挙げる4つの重要な事柄について解説していきましょう。

事前に抑えておきたい情報として，ハナウワー氏は2009年にサウンダーズをMLSで復活させた人物です。ここで「復活」という言葉を使った理由は，かつてNASL時代にもシアトル・サウンダーズというチームが存在し，毎試合1万4000人もの人々が観戦に訪れていたからです。つまり，元々シアトルという地域にはある程度のサッカー人気が定着していたにもかかわらず，リーグの倒産によって自分たちのチームを応援できなくなってしまった苦い経験がありました。

そんな背景があったからこそ，ハナウワー氏はポイントの1つ目に「正しい仲間と一緒に，正しいタイミングで参入をすること」を挙げました。

同クラブはハナウワー氏を筆頭に，計4人の共同オーナーが存在します。残りの3人はハリウッドの大物映画プロデューサーのジョー・ロス氏，有名コメディアンのドリュー・キャリー氏，そしてマイクロソフトの共同創始者兼NFLシアトル・シーホークスオーナーであるポール・アレン氏（2018年10月に死去）と，非常にバランスが取れた陣容です。

アレン氏の影響もあり，サウンダーズの立ち上げ時はシーホークスの幹部にも経営に参画してもらっていたようです。「市場に関するデータやアドバイスなど，彼らからの様々な支援は非常に大切なことでした」と，ハナウワー氏は競合他社と巧みにアライアンスを組んだ当時を，こう振り返っています。

参入のタイミングも絶妙でした。同氏いわく，「2009年はシアトルのスポーツ界はどん底」だったのです。NBAのシアトル・スーパーソニックスが本拠地をオクラホマに売却移転してしまい，シーホークスはチーム内の不協和音が影響して成績不振。シアトルの人々は自分たちが心から応援できるスポーツチームを欲している状況でした。「彼らが心機一転するためにも，我々が参入するには絶妙のタイミングであったことは間違いありません」（ハナウワー

氏）。この好機を逃すことなくMLSに参入できた点は，よいスタートを切るために欠かすことのできなかった要因です。

　ハナウワー氏は，2つ目のポイントを「自分たちの顧客を理解すること」だと言い，「シアトルは単に新しいスポーツチームを欲していたわけではない」と続けます。先般から説明している通り，近年のアメリカでは週末になると欧州の試合を観戦するために，朝早くからサッカーパブが満員になるような状況です。サッカーが1番人気ではないにしても，シアトルでも他の都市と似たような傾向がありました。加えてシアトルにはやや反体制的な文化があるため，自分たちの街の，自分たちのプロサッカーチームが必要だったのです。

　サッカーが大好きにもかかわらず，異国のチームの応援しかできなかったコアなファンたちの心を，青と緑のチームはしっかりとつかみました。これは1つ目のポイントに挙がっていた正しいタイミングという観点にも通じます。

　また，NASL時代のサウンダーズを応援していたファンたちは家庭を築き，子どもがいる世代になっていました。アメリカにおけるサッカービジネスの常套手段であれば，すでにサッカーをしている子どもを持つ家庭をターゲットにしていくところですが，サウンダーズは勝負に出ました。ハードコアなスポーツファンである18歳から40歳を，あえてターゲットにしたのです。

　結果，シアトルでは古くからのコアファンに加え，若い世代がゴール裏で大迫力の応援を繰り広げています。「流行に敏感な若者たちがスタジアムに多く集まることで，その家族や友人たちが会場の空気に魅力を感じ，コアなファンに同調して試合観戦に来てくれると考えた結果が，今の満員の状態につながっています」と語るように，オーナーたちの方針は正しかったのです。

　ここで重要な点は，ブランディングを考慮して戦略を遂行したことです。サッカー・マムと呼ばれる母親や，単純にサッカーをしている子どもたちをターゲットにしても，世間への訴求力や拡散力は期待できません。ならば，行動力があり流行を創り出す若者をターゲットにし，サウンダーズやサウンダーズを応援することがカッコイイと思わせられないかと考えました。そういった

若者たちが少しずつ増えていけば，彼らの周辺の人々が徐々に注目するようになり，大きなトレンドを生み出していくのです。

この方策は，アメリカでベストセラーとなったビジネス書『ティッピング・ポイント ── いかにして「小さな変化」が「大きな変化」を生み出すか』（2000年2月，マルコム・グラッドウェル 著，高橋啓 訳，飛鳥新社）の考え方に酷似しています。"伝染"には，口コミによる伝播の役割を担う人々が存在するのです。

3
ファンとのコミュニケーション

残る2つのポイントは，ファンサービスに関する内容です。正しいメンバーで，正しいタイミングで参入し，ファンが求めるものを理解したら，次は実際に顧客に対してサービスを提供していかなくてはなりません。そこでハナウワー氏が挙げる3つ目のポイントは，「お客様最優先」という視点です。

> 我々は，ビジネスパートナーとして顧客と対等にお付き合いさせていただいていますし，シアトルという街において，自分たちをフランチャイズの給仕と考えています。そして，ファンにも我々の組織の一部になってほしいと考えていますし，ファンも我々のブランディングの一部です。

彼らの画期的な取組の1つに，60名のファン代表で構成される「アライアンス・カウンシル」というグループの存在があります。カウンシルのメンバーは約3万5000人のシーズンチケットホルダーの投票によって選出され，4半期ごとにオーナーたちとのミーティングを開催。チームへの提案や経営に関する質疑応答などが議題に挙げられるため，チームの中では非常に意義深い会合として位置付けられています。

ハナウワー氏いわく，クラブにとって重要な問題であるチーム名を決める際に，ファンの声を聞くことの価値を強く実感したそうです。

> 　MLS 参入に当たり，クラブ名を新調するか否かという議論になりました。当時，新しい名前の案が 3 つありましたが，カウンシルからはファン投票を実施すべきだという意見が挙がりました。その結果，投票した 2 万人のうち 1 万 5000 人が，新しい 3 つの案ではなく「サウンダーズ」と記載したのです。我々はこのときカウンシルに心から感謝しましたし，ファンの方が我々より余程チームのことを理解していると勉強になりました。

　また，サウンダーズでは 4 年に 1 度，ファンたちがチームのゼネラルマネジャーの信任投票を実施しています。アメリカのスポーツ界では前代未聞の取組で，周囲は驚きを隠しませんでしたが，同クラブではそれだけファンの声を大切にしていることが表れています。

　一般的には，「どのようにファンやお客さんにお金を出させるか」ということばかりに目が行きがちですが，サウンダーズでは，「どのように彼ら・彼女らを巻き込むか」という点に細心の注意を払っています。カウンシルやファンの信任投票などを行っていては，クラブを運営する上で収拾がつかなくなる恐れもあります。しかし，コミュニケーションの方法や制度を的確に設置したことで，効果的な意見交換の場となっていることは間違いありません。ファンとの対話の場にはオーナーたちが自ら出向き，きちんと対話や説明を行っている点も見逃せないポイントです。参考までに，ハナウワー氏は信任投票で続投が決まりましたが，2015 年からは MLS 随一と呼び声の高いガース・ラガウェイ氏をレアル・ソルトレイクからヘッドハンティングしました。そして，ラガウェイ氏にゼネラルマネジャーのポジションを明け渡し，自らはチーム経営に専念することを発表しました。

　そして最後となる 4 つ目のポイントは，「お客様に本物の体験を提供するこ

SECTION **6**
あなたはサウンダーズを知っていますか？

と」です。ここで言う本物とは，商品や体験の質を表すだけに留まりません。チーム側が定義したり押し売りしたりしたものではなく，ファンが自ら面白さを見出し，自発的に行動してもらえるようなものこそが本物である，という考えが含まれています。

例えば，試合開始90分前にある広場に集結し，マーチングバンドを先頭にチームのスカーフを掲げながらスタジアムまでにぎやかに大行進するイベントは，ファンたちに大人気でサウンダーズの名物になっています。非常にインパクトがあり，みんなが楽しそうに参加しているため，今では多くの注目を集めるパレードに成長しましたが，この企画に関してチーム側からは意見しておらず，ファンたちの自発的な行動によって成り立っています。

「マッチパス」というファンのロイヤリティプログラムも魅力的です。チケットの購入やスタジアムでの物品購入，アウェイ観戦やテレビでの試合観戦，さらにはスポンサーのアクティベーションまで，ファンの行動が多岐にわたってポイントに反映され，そのポイントに応じて特別な体験を提供しています。非公開練習に人数限定で招待し，コーチが練習の解説などを行い，練習後は選手と交流を持てる企画などは，ファンにとっては非常に価値の高い体験で，口コミによって新しい顧客を呼び込んでくれるのです。

ところで，ここまで4つのポイントを解説してきた中で，「強いチームを作ること」や「優勝という結果を出すこと」などについて，1度も言及されなかったことにお気付きでしょうか。スポーツビジネスにおける商品の価値は，勝敗に左右されることを避けられませんが，勝つこともあれば負けることもあるからこそ，勝敗以外での工夫が欠かせません。そして，スポーツにおける勝敗とそれ以外の両方を含めた事業が，スポーツビジネスの醍醐味なのです。

いかに勝敗以外の部分で楽しんでもらうか，いかに自分がチームや地域の一部だと思ってもらうか，いかにファンであることに魅力を感じてもらうか，そしていかに仲間に広げてもらうか。そういったブランディングにフォーカスすることで，スポーツビジネスの肝を学ぶことができるでしょう。

CHAPTER 2
MLSの発足とサッカー大国アメリカへの過程

SECTION 7
捉えておくべきMLSの現在地

1
視聴者数はプレミアリーグの半分以下

　ここまで，アメリカにおけるサッカー人気の高まりやMLSの発足・発展などについて触れてきましたが，『ボストンマガジン』ではMLSの状況について「1.0」「2.0」「3.0」という表現で簡潔にまとめていますので，頭を整理する意味で引用させてもらいましょう。

◆MLS1.0
　子どもにサッカーをさせている母親（サッカーマム）と，その子どもたちがマーケットのメインターゲット。MLS公式サイトの現編集長である元選手のグレグ・ララス氏は「当時は，子どもと一緒にどうぞ！おまけにホットドッグと綿菓子が付くから，自分たちもプレーしているサッカーを観戦しよう！，というノリでした。サッカーマムのために懸命に走り回っているのかと，自分たちのブランドや存在意義が分からない状況でした」と回顧。自前のスタジアムを保有するチームもわずかで，大半がアメリカンフットボールの巨大な会場を借りて試合を実施していた。そのため，MLSとしてはなかなかの観客入りでもガランとした雰囲気は抜けず，より寂しさを助長していた。

◆ MLS2.0

　2003年〜2008年にかけて6チームが自前のスタジアムを建設。しかし，予算面で理想とする建設地の折り合いがつかず，自分たちのフランチャイズとは異なる都市にスタジアムを建設せざるを得ないケースが多かった。せっかく程よいサイズのスタジアムができたものの，本拠地のファンにとっては観戦に出掛けるのが面倒になってしまうこともしばしば。現NBC解説者を務める元選手のカイル・マルティーノ氏は，「1歩前進して，2歩後退したような感覚でした」と回想する。

◆ MLS3.0

　シアトル・サウンダーズFCやポートランド・ティンバーズなどの2009年以降の新規加入チームが，自分たちのフランチャイズである市内また付近にスタジアムを建設。アメリカではなじみの細切れで試合時間が長いプロスポーツとは全く異なる観戦方法や，観戦者が一体となった応援形態が定着。それに魅了された折衷的な感覚を持つ若者（18〜35歳，独身，都会在住，時間と金銭の自由がある）が主なターゲットとなり，チケットが売り切れる試合が続出するようになる。

　"MLS3.0" の状態となった近年では，ようやく理想の姿が見えてきましたが，果たして今後はどうなっていくのでしょうか。確かに明るい兆しがある一方で，他のプロスポーツや欧州トップリーグと比較した際の歴然とした差を理解しておくことも大切な視点です。

　例えば，MLSのテレビ視聴率は横ばいの状態が続いており，その数字も決してよくはありません。片やイングランドのプレミアリーグに目を向けると，NBC社が年間約80億円で放映権料を購入しており，2018年時点で1試合平均約44万9000人が視聴し，その視聴者数は年々上昇しています。また，欧州チャンピオンズリーグやクラシコ（バルセロナvsレアル・マドリー）が放

送されている日はニューヨークのスポーツバーで入場制限がかかるほど，サッカー自体の人気は浸透してきています。

そんな中，平均視聴者数がプレミアリーグの半分以下と言われる MLS は，今後もデジタルや衛星，ケーブルなどの放送技術がますます発達する中で，世界中のスター選手が集まる欧州トップリーグや長い歴史を誇る中南米のリーグに，どう太刀打ちしていくのでしょうか。当然ながら国内では，すでに確固たる地位を築いている 4 大スポーツとも競い合っていかなくてはなりません。さらに，ディズニーワールドが代名詞であるオーランドシティでは遊園地も競合となるなど，国内外において複数の障壁が存在しています。

2
MLS 選手の年俸は安い？

次に，年俸の側面から比較してみましょう。

2018 年時点で MLS 選手の平均年俸は 3733 万円，中央値は 1535 万円です。内訳の説明は後述するとして，アメリカ 4 大プロスポーツリーグと比べると，その差は歴然としています。最も近い NFL とでも 5 倍程の開きがあり，最高額の NBA 選手とでは 11 倍以上も違うのです。チーム数でも MLS は最も少な

アメリカ国内におけるプロスポーツ間の数値比較

リーグ	平均年俸	放映権料	創設年／在籍チーム数
MLS	0.37 (2018)	90	1996 年／20 チーム
NFL	1.9	2,700	1974 年／32 チーム
NHL	2.7	600	1917 年／30 チーム
MLB	3.8	800	1903 年／30 チーム
NBA	4.1	930	1946 年／30 チーム

※平均年俸は 2014 年シーズン（MLS のみ 2018 年。特別指定枠選手の給与も含む），放映権料は 2015 年 5 月時点。単位は共に億円。
参考：https://www.americansocceranalysis.com/home/2015/1/26/visualizingmlssalaries

MLSの平均年俸の推移（スポーツイラストレイテッド誌, NBC, iHeartRadio）

年度	年俸（万円）	中央値（万円）
2007	1,300	700
2008	1,400	700
2009	1,200	700
2010	1,550	700
2011	1,420	675
2012	1,560	742
2013	1,470	750
2014	1,860	800
2015	2,919	1,120
2016	3,167	1,172
2017	3,263	1,350
2018	3,733	1,535

参考：https://www.si.com/soccer/planet-futbol/2014/04/10/michael-bradley-mls-salaries-clint-dempsey-landon-donovan-thierry-henry

MLSの特別指定枠の加入＆昇格選手一覧

年度	主な選手
2007	デビッド・ベッカム, デニルソン, クワテモク・ブランコ
2008	マルセロ・ガジャルド, クラウディオ・ロペス
2009	フレディ・リュングベリ
2010	ティエリ・アンリ, ラファエル・マルケス, ランドン・ドノバン
2011	ロビー・キーン, トーステン・フリングス
2012	ティム・ケーヒル, マルコ・ディヴァイオ, フレデリコ・イグアイン
2013	オバフェミ・マルティンズ, クレベルソン, クリント・デンプシー
2014	ジャーメイン・デフォー, ダビド・ビジャ, カカ, マイケル・ブラッドリー
2015	フランク・ランパード, スティーブン・ジェラード, ブラッドリー・ライトフィリップス, ジオバンニ・ドス・サントス, セバスティアン・ジョビンコ
2016	ティム・ハワード
2017	バスティアン・シュバインシュタイガー, ジョナタン・ドス・サントス
2018	ウェイン・ルーニー, カルロス・ベラ

※2018年の特別指定枠選手総数は52

いため，他が集中投資をしているというわけでもありませんから，リーグに関わる金銭的な規模はいかんともしがたい差です。

　ただし，MLS は全ての財務情報を開示していないため，選手会が公表している数値が元になった年俸には多少の誤差が存在します。その理由は，「アロケーションマネー」という制度があるからです（この中にもまた，細分化された予算が存在します）。MLS ではサラリーキャップによってチーム人権費の上限が決まっていますが，前年度の順位，チャンピオンズリーグへの出場可否，オープンカップの成績，トレード，ドラフト順，移籍金収入など，クラブごとに異なる非公開の予算の確保が認められており，サラリーキャップと合わせてやり繰りできるようになっています。つまり，公表されている金額にアロケーションマネーが上積みされる計算になります。

　また，各チーム 3 名まで可能な特別指定枠選手制度の導入も影響し，2007 年以降は平均年俸が上昇傾向にあります。しかし，その一方で中央値がそれほど変化していない点は課題でした。中央値が上がっていかなくては，ほとんどの選手の年俸が低いままだからです。実際 2015 年シーズン開幕前にリーグと選手会間で労使交渉が行われ，サラリーキャップ自体の増加が決定しました。また，特別指定枠選手とその他の選手とのギャップを埋め，同時に海外との争いに負けないために各種予算がサラリーキャップの他にオーナーたちで議決・導入されたことにより，さらに中央値が上昇するのは間違いないでしょう。

　この中央値に関しては補足が必要です。MLS には「ロスタールール」という独特の決まりがあり，選手はシニアロスターとサプリメンタルロスターの 2 つに区分されています。しかし，サラリーキャップが適用されるのは，実は特別指定枠選手を含む 20 名のシニアロスターのみで，育成枠とも言えるサプリメンタルロスターは対象に含まれていません。にもかかわらず，平均年俸には最低年俸 500〜600 万円の若い選手たちも含まれるため，全体としてはどうしても平均値や中央値が低く算出されてしまうのです。2018 年度シーズン，MLS で 1 億円以上もらっている選手は 46 名に到達しました（2017 年度は 28

名）。

　参考までにシニアロスターだけで年俸を概算し，特別指定選手やサプリメンタルロスターを除いた一般的なMLS選手の実情を見てみましょう。

> ◇前提条件
> 　・サラリーキャップ：4億円（全チーム統一）
> 　・シニアロスター：20名（特別指定枠選手を含む）
> 　・特別指定枠選手の所属人数：平均2.47名（57名／23チーム）
> 　・特別指定枠選手1名のサラリーキャップからの差引額：5000万円
> ◇算出式
> 　①4億円－（2.47名×5000万円）＝2億7650万円
> 　②2億7650万円÷（20名－2.47名）＝約1577万

　特別指定枠選手を除いたことで平均値として考えると下がりましたが，中央値として認識すれば，ほぼ前項の中央値と一緒になります。実際には，これにアロケーションマネーも上乗せになりますし，読者の皆さんの感覚としても年俸が1000万円を超えるか否かのインパクトは大きいでしょう。確かに他スポーツと比較すると大きな乖離があるとはいえ，少しずつ社会的な地位も上がってきています。

3
先行投資が可能な理由とは

　私たちは，「他と比べて自分たちの現状がどうなのか」という考え方に支配されがちです。そんな中でMLSは，目の前の結果を急ぐのではなく，中長期的な視点で先行投資を大切にしています。歴史的な要因から，選手年俸や放映権料などの面で競合他社である他のプロスポーツリーグと差があるのは仕方が

ないと捉え，将来に向けた施策を継続して行っています。

　その成果の1つとして，先にも触れた若年層の取り込みが挙げられます。例えば，ESPN社が実施した『MLSは4大メジャースポーツ入りを果たすか？』という調査記事において，1500名のアメリカ人に31種類のスポーツに関してリサーチした結果，12歳〜17歳の『最も興味のあるスポーツ』でMLSがMLBとほぼ同率で6位に入ったのです。3位と4位に大学スポーツがランクインしているため，プロスポーツの中ではNHLに2倍以上の差を付けて4位となりました。

　調査に参加したルーカー・オン・トレンズ社のリッチ・ルーカー氏は，次のように驚きを隠しません。

> ゼロに等しかったこの世代の人気で，1996年からの短期間のうちにMLBと肩を並べるほどまで伸びた点は驚きです。サッカー人口は昔から多かったですが，一昔前のリサーチではMLSとサッカーの関連性は非常に薄いものでした。興味が多岐にわたる12歳〜17歳の支持を得ることは難しく，MLSにとっては非常にポジティブな結果と言えます。

　同氏も直接的な要因を分析するまでには至っていないようですが，デビッド・ベッカム氏の加入とEAスポーツ社の人気サッカーゲーム『FIFAシリーズ』は，間違いなく大きな影響をもたらしたと解説しています。アメリカンフットボールの人気ゲーム『Madden』では，スポーツへの興味や知識が先行している一方，『FIFAシリーズ』はゲームを通じてサッカーの楽しさや知識を学んでいるため，12歳〜17際への影響が大きいと言うのです。

　そして，MLSの将来に関しても楽観的な見方をしています。

> MLSの人気拡大は続くでしょう。テレビなどを通じて世界中のサッカーにアクセスできる時代に突入し，国内でサッカーが社会的な地位を得て，普段の会

ESPN 社の人気スポーツの調査結果（2013 年 3 月実施）

順位	リーグ	%
1	NFL	38.81
2	NBA	30.11
3	※1	27.53
4	※2	23.82
5	MLB	18.04
6	MLS	17.98
7	NHL	8.86

※1：NCAA アメリカンフットボール（大学）
※2：NCAA バスケットボール（大学）

話で話題に挙がるようになってきました。その影響は当然，自国の MLS にも広がっていくものです。この世代の中で，MLS がさらに支持されていくことは間違いないと思います。

　MLS はこれまで，インフラを整備したり優秀なクラブスタッフを雇ったりすることで，リーグとしての地盤を固めてようやく形が見えてきました。多い年には 250 億円という巨額の赤字を出していたにもかかわらず，中長期的な視点で先行投資をしてこられたのは，資金に余裕がある投資家たちの存在が不可欠です。

　しかし，考えてみてください。どんなに余裕のある投資家でも，何の将来性もない事業に資金を投入し，散財し続ける人がいるでしょうか。そして，そのような人が数十人もうまいこと現れるものでしょうか。優秀な投資家を数多く集めるには，やはり魅力的なビジネスモデルが必要です。投資家たちを十分に納得させ，将来のリターンを提示しなければならないからです。

　CHAPTER3 では，アボット氏が考案したリーグ経営のビジネスモデル「シングルエンテティシステム」について，詳しく解説していきます。

CHAPTER 3

シングルエンティティシステム
〜MLSの特異なリーグ構造〜

SECTION 1
シングルエンティティシステムの理念

1
リーグとチームは共同体

　シングルエンティティシステムという言葉を聞いて，具体的にイメージできる方は少ないでしょう。実は，スポーツ先進国であるアメリカにおいても比較的新しいコンセプトであり，誰しもに通じる考え方ではありません。

　日本語に訳すと，"シングル"は「単独の」「単一の」「1つだけからなる」，"エンテティ"は「存在」「機関」などを指します。つまり，シングルエンテティとは「単一の存在」。MLSが導入するリーグ経営構造は，所属チームがリーグの一部として機能すべきという理念の下に成り立っています。

　もう少し踏み込んだ表現をすると，一般的なスポーツリーグではリーグという機関が存在し，各オーナーが所属するチームはその傘下で独自に経営を行っていますが，MLSでは全てのチームがリーグのオーナーたちによって保有・経営されているのです。これをコミッショナーであるマーク・アボット氏は，「ピッチ上では競合だが，ピッチ外では仲間である」と表現しています。

　例えば，コカ・コーラ社を思い浮かべてみてください。コカ・コーラ社の傘下には，コカ・コーラ，スプライト，ミニッツメイドなど複数のブランドが存在し，同じ社内でも各々が別事業としてマネジメントされています。しかし，市場では同じスーパーに陳列され，売上やシェアを競い合ったりすることになり，ブランド間の優劣が結果に表れてきます。一般消費者の視点からすれば，

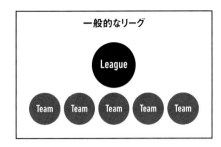

どの会社が何のブランドを展開しているのか分かりにくいでしょう。

それでも，コカ・コーラ社内では互いのブランドの違いを理解した上で，「世界中にさわやかさをお届けすること。前向きでハッピーな気持ちを味わえるひとときをもたらすこと。価値を生み出し前向きな変化をもたらすこと」という同社のミッションは共有されています。そして，いずれかのブランドが一人勝ちすることが目的ではなく，全社としての事業拡大が最終目標なのです。

MLS 創設時の話を思い出してください。アボット氏がビジネスプランを策定する際に念頭に置いたのは，「リーグが長期的に繁栄するためには参加チームが繁栄しなければならず，参加チームが長期的に成長するためにはリーグが一緒に成長をしなくてはならない」という原則です。これは，NY コスモスという特定のチームと他チームとの格差が大きく開き，結果的にリーグ倒産という憂き目に遭った NASL の失敗から学んだことです。

NASL 時代にチーム経営を圧迫した最大の原因に，選手年俸の急激な上昇が挙げられます。選手の獲得競争によって年俸がつり上がり，潤沢な資金力のあるチームしか勝ち残れない現実がありました。これを解決するために MLS では，選手獲得をめぐってリーグ内のオーナー同士が競い合わないことを原則としています。アボット氏にシングルエンテティシステムに行き着いた経緯を改めて聞くと，次のように述懐していました。

当時行ったことの 1 つに，アメリカ国内外のプロスポーツリーグ関係者への

インタビューがあります。その中には日本のJリーグも含まれていますが，私は彼らに「ここまでリーグ経営してきた中で，今変えられるのであれば，何を変えますか」を聞き，他リーグの失敗を学ばせてもらいました。また，MLS創設の初期段階から関与してくれたのが，アメリカンフットボールリーグやNASL設立に関わり，スポルティング・カンザスシティのオーナーであるラマー・ハント氏です（※現在はオーナーを退いている）。彼の貴重な助言も参考にした結果，リーグとして強固な経営基盤を保有することが大切だという考えに行き着いたのです。

シングルエンテティシステムは，チーム単体ではなくリーグ全体の成長に重点を置いています。創設から数年間のMLSは不安定な状態で，実際に創設6年目の2002年には2チームが閉鎖されました。これまでの約20年間はチーム，ファン，選手に至るまでのMLS関係者のゴールが，試合を開催するための安定したリーグの存在だったわけです。現在ではピッチ上の出来事よりリーグ経営が重要視されることに対して批判もありますが，それはMLSが成長してきた証しと言えます。

2
柔軟なルール変更が可能

リーグとチームが二人三脚で歩んでいくからこそ，新チームのオーナーをMLSに迎える際のハードルは高く設定されています。新しいオーナーを迎え入れる際は，現行オーナーたちによる協議でその可否を決定する形式を取っていますが，アボット氏の解説によれば協議の観点は次の3点です。

オーナーとして参画してもらう際には，3つのポイントをクリアしなければなりません。1つ目はオーナー自身に関することで，資金的に問題がないか，

> MLSという事業を仲間と一緒に発展させる情熱と意欲があるか，短期的な見返りではなく中長期的に投資していく気概があるかです。2つ目は自前のスタジアムを保有しているか，もしくは建設の具体的な予定があるかです。そして3つ目は，オーナーが希望するフランチャイズ（都市・地域）におけるサッカー人気，事業としての拡張の可能性を吟味します。

つまり，欧州のように自由にチームを発足し，地域リーグから昇格していくことでトップリーグを目指せるシステムではありません。アメリカ国内では他の4大メジャースポーツも同じような仕組みですし，日本のプロ野球も似た側面があるのではないでしょうか。前述の3つのポイントをクリアした人物は，リーグのオーナーになることができると同時に，「オーナー・オペレーター」として希望した都市にチームを設立することが可能になります。これは北米のプロスポーツ特有のフランチャイズ制度で，日本ではホームタウンや地域保護権と表現されることもあります。現行のMLSのフランチャイズ制度では，該当都市を中心とした半径75マイル（約120km）内において，自チーム関連の行事を独占的に行うことができる決まりになっています。

また，オーナーに求められる具体的な対応は，以下の通りです。

1：リーグの損益分配権を持つ共同オーナーになるべく，リーグ加入費を支払う。
2：自分のチームを保有・運営する「インベスター・オペレーター」として，運営契約を締結する。
3：リーグとして開催する年3回の理事会に各チーム1席が付与され，3分の2の賛成で予算や重大事項が決定される。

このように各チームのオーナーがリーグ経営に参画する利点として，柔軟なルール調整が可能になるという点が挙げられます。シングルエンテティシステムは，リーグに関する一切のことをオーナーたちが協議・決定することができ

CHAPTER 3
シングルエンテティシステム 〜MLSの特異なリーグ構造〜

るメカニズムなのです。これまでも選手との労使協議などで細部を改正してきていますし、今後もルールの微調整は継続的に行われていくでしょう。

> オーナーたちが集まり、プロスポーツに関係する様々な問題を共同で解決していく方法は、どこにでも存在しています。それに、そもそもこのシステムなくして今日のMLSは存在していなかったと思いますし、非常に競争が激しい環境でMLSが成功していくためには、シングルエンテティシステムが不可欠だと思っています。
> 　　　　　　　　　　　　　　　　　　　　　　　　　　　　（ガーバー氏）

　MLSはリミテッド・ライアビリティー・カンパニー（Limited Liability Company/LLC）というコーポレーションとパートナーシップの中間的な性質を持つ事業形態を取っており、日本でいう合同会社に当たります。そのため、シングルエンテティシステムの詳細やリーグ経営に関する数値は一切開示されていません。しかしMLSに約6年間勤務し、その後も選手・国際事業顧問として関わる私が把握している範囲では、アボット氏の理念は一貫しています。

　一方で、ルールが複雑かつ頻繁に微調整されるため、社内からMLS専用の選手代理人ライセンスを発行すべきという意見が出るほど、完璧な理解には困難を極めます。各チームのゼネラルマネジャーや強化担当者も頭を悩ませていることでしょう。リーグのルールを常に頭に入れておかないと適切なチーム強化はできないため、チーム側も日々の勉強が不可欠です。過去にはボラ・ミルティノビッチ氏、カルロス・アルベルト・パレイラ氏、カルロス・ケイロス氏、ハンス・バック氏、ルート・フリット氏など、国外から優秀な監督が何人も来ていますが、特殊なルールを理解できずアメリカを去ってしまっていることも事実です。こういった課題は残しつつも、アボット氏の言葉通り、MLSのベースを説明する上でシングルエンテティシステムは見逃せない存在です。今後、このシステムの在り方までも含めて、オーナーたちによる話し合いが繰り返されていくことでしょう。

SECTION 1
シングルエンテティシステムの理念

SECTION 2
リーグのコストとしての選手人件費

1
選手の給与はリーグ負担

　それでは，MLSに所属するチームは，どの点が競合で，どの点が協業なのでしょうか。リーグとチームごとの，主な収入と支出の表は下記の通りです。

	リーグ	チーム
収入	各チームのチケット売上の1/3	自チームのチケット売上の2/3
	ナショナルスポンサーの売上	ローカルスポンサーの売上
	ナショナル放送の放映権料	ローカル放送の放映権料
	ライセンシングとマーチャンダイジングの売上	各種親善試合などの自主興行
	選手をMLS外に移籍させた際の移籍金の25〜30%	選手をMLS外に移籍させた際の移籍金の65〜70%
		スタジアム収入（飲食，駐車場等）
支出	全MLS所属選手の給与，獲得に際する移籍金など全て	
	全MLS所属選手の保険料	
	公式戦の審判にかかる全ての費用	スタジアム賃料（保有していない場合），スタジアム運営費，試合の運営費
	リーグスタッフの給与や経費類	チームのフロントオフィススタッフ，監督を含む強化部のスタッフ給与や経費類
	リーグの宣伝広告費	チームの宣伝広告費

　ここで特筆すべきは，全選手の給与や移籍金をリーグが管理している点で

す。繰り返しになりますが，MLS はリーグ全体の長期的な成長を最優先事項としています。そこでリーグとして損益のバランスを維持するため，全体の収入に対して選手にいくら使えるかをオーナー間で協議・算出し，「サラリーキャップ」として全チーム平等の上限金額を定めているのです。

　その結果，MLS 所属クラブ間で選手を獲得することについて必要以上に競り合う機会がなくなり，特定選手の年俸が急激に上昇して経営を圧迫する状態を回避できます。もちろんリーグが選手を搾取するような発想ではなく，まずは身の丈に合った経営を行った上で，リーグの成長に伴って選手費用を拡大していく考え方です。

　ビジネスの観点からすれば，MLS は「魅力的なサッカー」や「勝ち負け」を第一の売り物にしてきませんでした。正確に言えば，売り物にすることができませんでした。設立時の解説で触れたように，当初は様々な分野から約 200 人の選手を一気に集めて契約したため，最初から上質なサッカーを見せられるはずがなかったからです。

　MLS では，どの選手がどこのチームに入るかをリーグが決めていると誤解されることがありますが，それは各チームの核となる主要選手が振り分けられた設立時に限った話です。リーグ創設時に母体となるチームが存在していた J リーグとは大きく異なる部分ですが，その後はドラフト会議や各チーム独自のスカウティングで選手を補強しているのが基本的な流れです。

　それでも，サラリーキャップがリーグ経営側の視点に極端に偏っていることは事実です。リーグの収益が伸びないと翌シーズンに選手へ支払われる給与や移籍金が増えませんし，裕福なオーナーが大金を投入して一気にチームを強化することができない仕組みになっています。やはり MLS のリーグ経営の根幹には，ピッチ上の勝敗に頼らないという考え方があるのです。

　リーグとしてもチームとしても，ピッチでの勝敗に左右されない健全な経営が求められるため，資産の大半を選手人件費につぎ込む状態は生まれません。ましてや，ジャイアントキリングという事態が存在するように，良質な選手を

SECTION 2
リーグのコストとしての選手人件費

そろえても勝ち星が約束されているわけではありません。そこがスポーツの醍醐味であると同時に，プロスポーツ経営の難しい部分です。

　また，MLSは英語で言う「Competitive Balance」も重視しています。魅力的なリーグの要素の1つに，実力拮抗が挙げられるからです。例えばスペインでは，FCバルセロナとレアル・マドリー以外が優勝争いに恒常的に加わることはまれで，実力が不均衡な状態です。その2チームは実力と人気の維持のために赤字覚悟でスター選手を買い続けるため，他チームとの経済格差や実力格差がますます広がり，リーグ自体の魅力を失ってしまいます。NASL時代のNYコスモスも同様の現象に陥っていました。

　その状態を回避するため，MLS選手契約部門のエグゼクティブ・バイス・プレジデントのトッド・ダービン氏は，強化代表者会議で次のように発言しています。

> 　全チームが同じ車に乗った上で運転技術やメカニック技術を競うと，誰が本当に腕のいいドライバーかが分かる。あるチームは高性能なスポーツカー，あるチームは今にも壊れそうな車でレースをしてもファンは面白くない。

これについてアボット氏に聞いても，その主旨がぶれることはありません。

> 　ファンが欲しているのは，シーズン前から勝負が決まっていて番狂わせが時々起きる不釣合いなリーグではなく，自分が応援するクラブがいつも優勝する可能性を十分に持っていると感じられるリーグなのです。

　ここまでの歴史を振り返っても，MLSは過去22シーズンで12のチームが優勝経験を持っています（次ページ表参照）。フランチャイズのマーケットが巨大で，オーナーが潤沢な資金を持つNYレッドブルズとLAギャラクシーが，他を圧倒してきたわけではありません（ただしLAギャラクシーが5回で

CHAPTER **3**
シングルエンテティシステム 〜MLSの特異なリーグ構造〜

最多）。2013 年の MLS カップ決勝では，レアル・ソルトレイクとスポルティング・カンザスシティという小さな規模のチーム同士が対戦しました。身の丈に合った選手人件費の中で，所属クラブ間の均衡を保っているからこその結果と言えるでしょう。

MLS の歴代優勝チーム

年度	優勝チーム	年度	優勝チーム
1996	D.C. ユナイテッド	2007	ヒューストン・ダイナモ
1997	D.C. ユナイテッド	2008	コロンバス・クルー
1998	シカゴ・ファイアー（新規参入初年度で優勝）	2009	レアル・ソルトレイク
1999	D.C. ユナイテッド	2010	コロラド・ラピッズ
2000	スポルティング・カンザスシティ	2011	ロサンゼルス・ギャラクシー
2001	サンノゼ・アースクエイクス	2012	ロサンゼルス・ギャラクシー
2002	ロサンゼルス・ギャラクシー	2013	スポルティング・カンザスシティ
2003	サンノゼ・アースクエイクス	2014	ロサンゼルス・ギャラクシー
2004	D.C. ユナイテッド	2015	ポートランド・ティンバーズ
2005	ロサンゼルス・ギャラクシー	2016	シアトル・サウンダーズ FC
2006	ヒューストン・ダイナモ	2017	トロント FC

2
海外移籍は選手の自由意志

　MLS の枠に収まらないグローバルな選手や，現状の待遇に不満を抱いている選手は，サラリーキャップに制限されない給与を提示する海外クラブと契約することも可能です。実際に移民の国であるアメリカでは，欧州や中米との二重国籍を持つ選手が多数いることも相まって，数えきれないほどのプレーヤーが海外リーグに所属しています。

　2015 年初頭に MLS 公式サイトで発表されたアメリカの"海外組"は，他国の 1 部リーグでプレーする選手が 29 名。2 部以下のリーグなど，把握しきれ

ない選手を含めると100名を超えると言われます。アメリカは英語に加えてスペイン語が公用語に近いことや，飛行機を使えば数時間で行き来できるなどの条件面から，欧州のスカウトが頻繁に視察に訪れるようにもなりました。

　それに伴って渡欧する選手の数が年々増えており，MLSというリーグ自体の評価が高まってきた証拠でもあります。しかも，リーグとして安い給与で選手を縛り付けているわけではないため，国外からよりよい条件でオファーがあれば，移籍するか否かは選手の自由な判断に委ねられています。

　ただしMLS以外からオファーがない，または他国から納得のいくオファーがないのであれば，当該選手の市場価値はMLSが提示をする年俸が妥当だということです。いかにもビジネスライクな冷たい考え方ですが，逆に言えば投資やコスト管理に関してビジネスに徹するアメリカらしい側面が表れていると思います。

　自国のトップリーグの選手が海外市場に出た場合，年俸が上がるのか下がるのか。複数のオファーを受ける選手の年俸は上昇するはずですが，必ずしも全員がそうなるとは限りません。ビジネス的な観点で考えると，実に面白い発想です。つまり，MLSの所属選手が海外市場の評価を受けることで，MLSの市場価値やMLSが提示する年俸の妥当性などが見えてくるわけですから，リーグとしても貴重な判断材料の1つになるのです。

CHAPTER **3**
シングルエンテティシステム 〜MLSの特異なリーグ構造〜

SECTION 3
単一の存在だからこそのメリット

1
MLSは独占禁止法違反？

　ここまで，リーグやチームの経営という視点から解説してきましたが，選手の立場からもシングルエンテティシステムを考える必要があります。リーグの中長期的な成長過程において，多くの選手が犠牲になっている面は否定し切れませんし，限られた選手寿命の中で「稼げるときに稼ぎたい」と思う選手の心情が見過ごされてはいけません。リーグとしてもアボット氏とガーバー氏がオフシーズン中に各チームを回り，「MLSやアメリカにおけるプロサッカーの長期的な発展のために，リーグと選手がビジネスパートナーとして一緒に力を合わせて進んでいかなくてはならない」と，選手に説いたことがあるそうです。また，学生が在学中にプロ契約を結ぶ際には，引退後に復学できるようにMLSが残りの学費を積み立てておくという支援策も講じています。

　それでも，稼ぎたいという選手の言い分は当然で，1996年には集団訴訟問題に発展しました。この判例の名前は「フレイザー対メジャーリーグサッカー」と呼ばれ，スポーツ界を代表する判例であると同時に，シングルエンテティシステムを研究する上で避けては通れない出来事です。訴訟の論点は，「MLSが独占禁止法違反を犯しているのではないか」というものでした。

　独占禁止法は「私的独占の禁止及び公正取引の確保に関する法律」の略称で，企業間の自由競争を維持することで市場の健全な発展と消費者利益の保護

を目指す法律です。判例名にも出てくるフレイザー他8名のMLS選手が，リーグ及びリーグオーナー，そしてアメリカサッカー協会などを相手どって連邦裁判所に訴訟を起こしました。

訴えの概要は，次の2点です。

① 協会がリーグと共謀し，アメリカのプロサッカー1部リーグという立場を恣意的に与えたことで，MLSが国内サッカー市場を独占的に操作できるようになった。

② オーナー同士が選手獲得をめぐって競い合わないよう共謀することで，選手の価値を不当に下げている。つまり，アメリカ国内の選手間競争を不当に排除した。

当時この訴訟を弁護士として陣頭指揮したガジデス氏は，「リーグとしての最大の目的は，才能ある選手の海外流出を止め，MLSに留まってもらうことです」と法廷で応戦。最終的には，リーグや協会の正当性を認める判決が言い渡されました。裁判官は，その根拠を次のように説明しています。

> MLSはシングルエンティティシステムを採用しており，その組織の経済的利益のためにオーナー同士が共謀や連合をすることはできないし，していない。しかも既存の市場の競争を減退させたわけではなく，何もなかった所に新しいプロサッカーの市場を創出した。また，国内のプロサッカー1部リーグがMLSだけだとしても，MLSは海外のリーグや国内の独立リーグなどと競争しなくてはならないのです。

さらに陪審員団も「競合がいない状態でも，MLSは最初の5年間で約250億円もの損失を計上している。もう1つMLSと競い合うプロサッカーリーグが存在していたら，おそらく両リーグとも倒産するだけだろう」と，コメントしています。この判決についてアボット氏は，自身の見解をこう語りました。

CHAPTER 3
シングルエンティティシステム 〜MLSの特異なリーグ構造〜

> 独占禁止法で禁止されているのは取引制限に関する同意です。その同意を行うには2つ以上の加担者や団体が必要ですが，シングルエンティティシステムを採用する MLS は1つの団体に過ぎません。他の誰かとの同意・共謀・連合でない限り，自分が何をしたいかは自分自身で自由に決められるため，リーグが自身の判断に基づいて選手給与を設定することに，裁判所が同意したのです。

「フレイザー対メジャーリーグサッカー」について詳しく学びたい方は，『プロスポーツ選手の法的地位──FA・ドラフト・選手契約・労働者性を巡る米・英・EU の動向と示唆』(2003年7月，川井圭司 著，成文堂)を，ぜひ読んでみてください。法的な見解も含め，非常に分かりやすく解説されています。

2
MLS 内の移籍は "社内異動" に近い

身近な例えを用いて，もう少し説明を加えましょう。

例えば，ある企業を思い浮かべてください。企業内には営業部，広報部，総務部など複数の部署が存在しますが，企業で働く社員の契約先は部署ではなく企業であることが一般的で，給与も企業から受け取ります。

ここで，営業部の優秀な社員に対して広報部と総務部から異動の要請があったとしましょう。当然，営業部としても必要な人材です。しかし，結果として異動する・しないにかかわらず，あくまで同一企業内での話のため，当該社員の給与が急上昇することはありません。急成長中の企業や超成果主義の企業であれば否定し切れませんが，通常は考えにくいケースでしょう。

仮にその社員が「自分はもっとできるから給料を上げてほしい」と申し出ても，企業がすんなりと同意することはほぼなく，希望に見合った条件を提示してくれる他社への転職を促すことになるはずです。しかし，他社からそのようなオファーがないのであれば，当該社員にとっては現在の給与体系が適切だと

いう判断になります。社員がいくら部署の担当者に掛け合っても、状況は大きく変わることはないでしょう。

　シングルエンテティシステムを採用する MLS は、1つの企業のようにリーグ（企業）のオーナーが各チーム（部署）を管理・運営しており、選手はリーグに保有されたチームに所属しています。給与は企業であるリーグから支払われ、契約書を交わしているのもリーグです。

　誤解を避けるために、補足すべきは契約に至る流れです。選手が契約する相手は企業であるリーグですが、部署である各チームがどの選手を獲得するかはチームの判断に委ねられています。チームが独自にスカウティング活動をした上で希望選手と交渉することが可能で、リーグから選手獲得の指令が出たり、リーグの判断で選手を配置したりすることは決してありません。

　ただ、チームにはサラリーキャップという平等の制限があります。各チームはその中でやり繰りをしながら選手たちと年俸交渉を行い、話がまとまった段階でリーグと選手が契約を交わします。例えば NY レッドブルズがお目当ての選手を発掘し、年俸などの面で合意に至ったら選手が MLS と契約。そして、同チームでプレーするという図式です。

　シングルエンテティシステムほどの極端な例は MLS だけですが、サラリーキャップやドラフト制度を採用して選手給与という支出をコントロールしている点は、北米における他のメジャースポーツも同じです。ここにもやはり、リーグ経営とチーム経営の共存という概念が根幹にあるのです。サラリーキャップは NFL、NHL、NBA で導入されており、4大メジャースポーツで唯一の例外である MLB では、チームの総年俸が一定額を越えると課徴金を支払う仕組みがあります。選手の福利厚生費や収入が多い球団から得た課徴金は「贅沢税」とも表現できるもので、資金力の乏しいチームへ分配して球団間の格差を是正する配慮がなされています。必ずしも全チームが厳密に平等である必要はありませんが、リーグとしての魅力を維持するために不可欠な仕組みなのです。

CHAPTER 3
シングルエンテティシステム ～MLS の特異なリーグ構造～

3
危険な賭けはしなくていい

　リーグとチームの共存共栄という概念は，北米メジャースポーツの大きな特徴によって支えられています。それは，1部リーグしか存在せず，下部リーグへの降格や入れ替えが存在しないという点です。北米ではスポーツチームの大部分が個人オーナーによって保有されており，投資対象の1つとして評価されています。そんな中，投資対象であるチームの価値が意図的に管理できないピッチ上の勝敗によって大幅に揺らいでしまうと，リスクが高過ぎて投資しにくくなってしまうのです。例えば，100億円で購入した1部リーグのチームが，成績不振で2部リーグに降格したとしましょう。翌シーズンのメディアへの露出機会や観戦チケット代などの低下，リーグからの分配金の減額などは避けられず，チームの価値が一気に半分の50億円まで下がってしまう危険性があります。オーナーにとって降格は何としてでも避けたい事態なのです。

　そこでチームは降格のリスクを回避すべく，経営状態が厳しくとも必要以上の予算を投じて選手を獲得するなど，強化費を最優先事項に掲げてしまいます。しかし，資金を投入し，1部に残留できたならまだしも，2部に降格してしまったら大変です。翌シーズンはチームの価値や収入も半減してしまうため，そこから経営を持ち直すには大変な労力と時間が掛かることでしょう。

　投資対象の価値を自分でコントロールできないというのは，出資者にとっては大きなリスクです。投資をしたことがない方でも，「あなたが購入した株式の価値は，じゃんけんの勝敗によって決まります」と説明されたら，迷いなく投資に踏み切れるでしょうか。万国共通の人間心理として，予測不可能なリスクは取りたくないものです。熾烈な残留争いがリーグ終盤戦を盛り上げる部分は否定できませんが，チームにとってはあまりにも危険な勝負です。

　2部リーグへの降格がないMLSでは，消化試合を減らすためにプレーオフ制度を採用しています。多くのチームにシーズン終盤まで優勝の可能性を残

し，選手だけでなくファンの士気や興味を落とさない工夫をしています。一方で，プレーオフやチャンピオンズシップとは別に「サポーターズシールド」という賞を用意することで，レギュラーシーズン王者への配慮も忘れません。

　実際にオーナーの言葉を聞いてみましょう。2018年から参入しているロサンゼルスFCの筆頭株主ヘンリー・グエン氏は，同チームの共同出資者を募っていた際のエピソードを交え，1部制の利点を次のように説明します。

> 　世界中からスポーツの権力者が集う2012年のグローバルスポーツサミットでMLSのガーバー氏と昼食を共にした際，私がMLSの急進に注目していて，私自身がリーグに参画したいという意思を打ち明けました。その際にロサンゼルスのフランチャイズが空いているという情報を耳にして以来，MLSのことが頭から離れなくなりました。すぐに友人たちに電話し，MLSにチームを持つことに関してどう思うか聞いたところ，彼らは即断してきたのです。「降格がないのか？考えるまでもない。俺もその話に乗った」と。

　結果としてロサンゼルスFCの参入が決まり，彼らがリーグに支払った加盟料は120億円以上と言われています。さらに，同市内の世界的に有名なメモリアル・コロシアムの横に，総工費250億円の自前のスタジアムを建設することになりました。観客収容人数2万2000人のスタジアムを建設することを発表した記者会見で，グエン氏は力強く宣言しました。

> 　世界を代表するサッカーの大聖堂をつくります。ロサンゼルスはグローバルな街であり，大きな可能性を秘めていますから，世界中で親しまれるサッカーの記念碑として，オールドトラフォードやカンプノウのような環境と歴史を併せ持つ建造物をつくりたいと思います。

CHAPTER **3**
シングルエンテティシステム 〜MLSの特異なリーグ構造〜

SECTION 4
妥当な年俸はいくらなのか

1
システムが直面する課題

　ここまではシングルエンティシステムのよい面を中心に解説してきましたが、この先は弱点にも触れておきましょう。非常に優れたシステムのおかげで、リーグの立ち上げから順調に発展してきた一方で、システムが足かせになってしまう部分が出てきたのです。

　現在は1試合の平均観客動員数が2万人を突破し、ほとんどのチームが自前のスタジアムを保有するようになってきました。大型のテレビ放映権料の締結にも成功したことで、MLSは次のフェーズが見えてきました。シングルエンティシステムを生かしてリーグやチームの経営基盤を固め、ついにピッチの質へ投資する段階に入ってきたと言えるでしょう。

　当然、1000万円の年俸が妥当な選手に対して5000万円を支払う必要はありませんが、1億円の価値がある選手に5000万円しか払えないのでれば、優秀な選手の獲得や引き留めは不可能で、リーグとしての魅力アップやレベルの向上は見込めません。

　サラリーキャップによって年俸の制限を加えている現状のルールでは、グローバルな争いに勝ちながらチームを強化し続けることは困難です。海外からの触手が伸びてきた昨今、選手年俸の問題はMLSとして直近で解決策を講じなくてはならない壁ですが、執筆時点で明確な答えは提示されていません。俗

MLS における自前のサッカー専用スタジアム一覧

	スタジアム名	チーム	設立	収容人数
1	マフレ・スタジアム	コロンバス・クルー	1999	20,145
2	スタブハブ・センター	ロサンゼルス・ギャラクシー	2003	27,000
3	トヨタ・スタジアム	FC ダラス	2005	21,193
4	トヨタ・パーク	シカゴ・ファイアー	2006	30,000
5	BMO フィールド	トロント FC	2007	20,195
6	ディックス・スポーティング・グッズ・パーク	コロラド・ラピッズ	2007	18,061
7	リオ・ティント・スタジアム	レアル・ソルトレイク	2008	20,507
8	レッドブル・アリーナ	ニューヨーク・レッドブルズ	2008	25,189
9	タレン・エナジー・スタジアム	フィラデルフィア・ユニオン	2010	18,500
10	プロヴィデンス・パーク	ポートランド・ティンバーズ	2011	22,000
11	BC プレイス・スタジアム	バンクーバー・ホワイトキャップス FC	2011	21,000
12	チルドレンズ・マーシー・パーク	スポルティング・カンザスシティ	2011	18,467
13	BBVA コンパス・スタジアム	ヒューストン・ダイナモ	2012	22,000
14	スタッド・サプト	モントリオール・インパクト	2012	20,521
15	アヴァヤ・スタジアム	サンノゼ・アースクエイクス	2015	18,000
16	アウディ・フィールド	D.C. ユナイテッド	2018	20,000
17	バンク・オブ・カリフォルニア・スタジアム	ロサンゼルス FC	2018	22,000
18	メルセデス・ベンツ・スタジアム	アトランタ・ユナイテッド FC	2017	72,035
19	オーランド・シティ・スタジアム	オーランド・シティ SC	2017	25,500
20	TCF バンク・スタジアム	ミネソタ・ユナイテッド FC	2017	50,805
		平均観客収容キャパシティ		25,656

一部引用：http://pressbox.mlssoccer.com/content/about-major-league-soccer

に言うベッカムルール，2007年に導入された「Designated Player Rule（DPルール）」に関しても，少しずつ課題が露呈し始めています。

　選手の年俸がどのように決まるのか，改めて考えてみましょう。ある1億円プレーヤーがいたとして，彼の年俸が妥当であるかを科学的に証明する根拠はどこにあるのでしょうか。1億円という大金の支払いに対し，チームはそれを上回るリターンを見込めているのでしょうか。この問いに関する明確な回答は難しいと思いますが，多くの場合，選手の価値は市場原理の影響を受けるはず

です。

　例えば上記の１億円プレーヤーに対して，別のあるチームが２億円を提示したとします。さらに，その情報を聞きつけたまた別のチームが，何としても彼を獲得しようと３億円のオファーを出したと考えてください。市場原理に従って複数のチームが選手の獲得競争を行ったことで，年俸１億円の選手の価値が短期間で３倍に膨れ上がったのです。

　基本的に選手の獲得は自由競争であり，チーム強化のために質の高い選手を集めようとするのは当然のことです。問題は，この３億円という額がチームの資金力に対して適切であるか否かの判断が非常に難しいという点と，その選手が加入しても勝利が保証されるわけではないという点です。青天井の獲得競争を同リーグ内で行ってしまうと，互いの首を絞めつけ合う事態に陥ります。だからこそMLSは，シングルエンティティシステムという傘の下で経営してきました。

　この問題はMLSに限ったことではなく，欧州や日本でも現に同じようなルールが導入されています。2009年から欧州サッカー連盟が採用している「UEFA Financial Fair Play（FFP）」は，所属チームの存続を脅かすような選手人件費への投資を回避する目的がありますし，2013年からJリーグで実施された「クラブライセンス制度」も似た役割を果たしています。

　DPルールに話を戻しましょう。これは，全チーム一律で決まっている選手給与の枠を超え，最大３名まで独自の資金で選手を獲得できる仕組みで，LAギャラクシーがデビッド・ベッカム氏を獲得する2007年に導入されました。俗に「ベッカムルール」と呼ばれるゆえんです。

　制度導入はオーナーたちの協議によって認められたわけですが，当然ながらLAギャラクシーの視点だけで判断したわけではなく，リーグ全体にとってどのような効果があるのかが議論されました。忘れてはならないのは，ベッカムという世界的スターを経営の売りにしたわけではないという点です。リーグ創設から10年以上が経過し，インフラ整備をしてきた結果として，ピッチ上の

SECTION **4**
妥当な年俸はいくらなのか

プロダクトに投資し始めてもよい時期に到達していました。

　そして，DPルールがMLSにとって有効だという判断に至ったのは，リーグとして次のステップに進むために，グローバルな注目度や認知度が不可欠だと考えたからです。当時のベッカムはすでにピークを過ぎた選手であると言われていましたが，彼の移籍に関する動向は連日のように世界中で報道されましたし，LAギャラクシーへの移籍を決断したことは大きな驚きを呼びました。

　さらに言えば，彼の移籍によってリーグの信頼度は格段に向上しました。それまでサッカーの質が軽視されてきたMLSにとって，大きなターニングポイントになったのです。DPルール導入後にアメリカの地を踏んだ選手のリストを整理すると，ベッカム氏の影響力が感じられますし，それまで興味を示さなかったファン層がMLSに関心を寄せるきっかけにもなりました。

　ルール導入前は，金満チームがスター選手を獲得することでチーム間格差が生まれるのではないかという懸念もありました。しかし，DPを保有するチームが優勝したのは導入から4年後の2011年シーズンですし，今のところDPと勝利との明確な結び付きは証明されていません。

2
DP1人で約5000万円分

　MLSに限らず，プロスポーツにおけるサラリーキャップの考え方は，一般的に次の3種類に分けられます。

1：選手1人当たりの上限設定
2：チーム全体として上限設定
3：「1」と「2」の併用

　2007年以前のMLSはタイプ「2」でしたが，DPルール導入によってタイプ「3」に移行されました。該当選手の年齢によって金額が調整される細かなルー

MLSの主なDesignated Player基本給（選手会発表）

MLS加入年	選手名	国籍	所属チーム	選手会公表基本給
2011	ロビー・キーン	アイルランド	ロサンゼルス・ギャラクシー	$4,333,333
2012	フェデリコ・イグアイン	アルゼンチン	コロンバス・クルー	$744,000
2013	クリス・ウォンドロウスキ	アメリカ	サンノゼ・アースクエイクス	$650,000
2013	オバフェミ・マルティンス	ナイジェリア	シアトル・サウンダーズFC	$1,753,333
2013	クリント・デンプシー	アメリカ	シアトル・サウンダーズFC	$6,695,189
2013	オマール・ゴンザレス	アメリカ	ロサンゼルス・ギャラクシー	$1,250,000
2014	ジルベルト	ブラジル	トロントFC（on loan to Vasco da Gama）	$1,205,000
2014	マイケル・ブラッドリー	アメリカ	トロントFC	$6,500,000
2014	モーリス・エドゥ	アメリカ	フィラデルフィア・ユニオン	$650,000
2014	ダビド・ビジャ	スペイン	ニューヨーク・シティFC	$2,000,000
2014	リアム・リッジウェル	イングランド	ポートランド・ティンバーズ	$1,200,000
2014	カカ	ブラジル	オーランド・シティSC	$7,167,500
2014	マット・ベスラー	アメリカ	スポルティング・カンザスシティ	$633,250
2014	グラハム・ズシ	アメリカ	スポルティング・カンザスシティ	$631,389
2014	ダマルカス・ビーズリー	アメリカ	ヒューストン・ダイナモ	$779,167
2014	ジャーメイン・ジョーンズ	アメリカ	ニューイングランド・レボリューション（現・ロサンゼルス・ギャラクシー）	$3,252,500
2015	ブラッドリー・ライトフィリップス	イングランド	ニューヨーク・レッドブルズ	不明
2015	スティーブン・ジェラード	イングランド	ロサンゼルス・ギャラクシー	不明
2015	フランク・ランパード	イングランド	ニューヨーク・シティFC	$5,950,000
2015	ジョジー・アルティドール	アメリカ	トロントFC	$6,000,000
2015	セバスティアン・ジョヴィンコ	イタリア	トロントFC	$6,670,000
2007-2012	デビッド・ベッカム	イングランド	ロサンゼルス・ギャラクシー	$4,000,000
2007-2010, 2011, 2011-2012	ファン・パブロ・アンヘル	コロンビア	ニューヨーク・レッドブルズ ロサンゼルス・ギャラクシー, チーバスUSA	$1,630,700
2007-2008	クラウディオ・レイナ	アメリカ	ニューヨーク・レッドブルズ	$1,250,008
2007-2009	クアウテモク・ブランコ	メキシコ	シカゴ・ファイアー	$2,759,086

MLS加入年	選手名	国籍	所属チーム	選手会公表基本給
2007	デニウソン	ブラジル	FCダラス	$879,936
2007-2010	ギジェルモ・バロシュケロット	アルゼンチン	コロンバス・クルー	$463,750
2008	マルセロ・ガジャルド	アルゼンチン	D.C.ユナイテッド	$1,874,006
2008-2009, 2010	クラウディオ・ロペス	アルゼンチン	カンザスシティ・ウィザーズ, コロラド・ラピッズ	$373,333
2009-2012, 2012	ジュリアン・デ・グズマン	カナダ	トロントFC, FCダラス	$1,910,746
2009-2010, 2010	フレドリック・リュングベリ	スウェーデン	シアトル・サウンダーズFC, シカゴ・ファイアー	$1,314,000
2010-2014	ランドン・ドノバン	アメリカ	ロサンゼルス・ギャラクシー	$2,782,222
2010-2012	ラファエル・マルケス	メキシコ	ニューヨーク・レッドブルズ	$4,600,000
2010	ミスタ	スペイン	トロントFC	$987,338
2010-2014	ティエリ・アンリ	フランス	ニューヨーク・レッドブルズ	$5,100,000
2011-2012	フレディ・アデュー	アメリカ	フィラデルフィア・ユニオン	$519,000
2011-2012	トルステン・フリンクス	ドイツ	トロントFC	$2,413,667
2011-2013	ドウェイン・デ・ロサリオ	カナダ	D.C.ユナイテッド	$645,333
2012-2014	ティム・ケーヒル	オーストラリア	ニューヨーク・レッドブルズ	$3,625,000
2012-2014	ケニー・ミラー	スコットランド	バンクーバー・ホワイトキャップスFC	$1,032,496
2012-2014	マルコ・ディ・バイオ	イタリア	モントリオール・インパクト	$2,158,338
2013	ジョゼ・クレベルソン	ブラジル	フィラデルフィア・ユニオン	$495,000
2014	ジャーメイン・デフォー	イングランド	トロントFC	$6,180,000
2015	ジオバンニ・ドス・サントス	メキシコ	ロサンゼルス・ギャラクシー	$4,000,000
2017	ジョナタン・ドス・サントス	メキシコ	ロサンゼルス・ギャラクシー	$2,000,000
2017	バスティアン・シュヴァインシュタイガー	ドイツ	シカゴ・ファイアー	$5,400,000
2018	カルロス・ベラ	メキシコ	ロサンゼルスFC	$6,300,000
2018	ズラタン・イブラヒモビッチ	スウェーデン	ロサンゼルス・ギャラクシー	$1,500,000

参考URL：https://mlsplayers.org/resources/salary-guide

ルがありますが，CHAPTER2でも解説したように，基本的にはDP1人につき約5000万円がチーム全体の上限から差し引かれることになりました。

　例えば，チーム全体として4億円のサラリーキャップが設定された中で23歳以上のDPを3人獲得した場合，「5000万円×3人＝1億5000万円」が全体から差し引かれ，残りの選手の年俸は2億5000万円でやり繰りしなくてはなりません。また，DPではなかった選手でも年俸が5000万円を超えた段階でDPになる決まりになりました。これは生え抜き選手が他クラブに引き抜かれないようにするためには役立っていますが，逆に言えば3選手までしか守ることができず，優秀な選手の引き留めと補強を同時に成立させるのは難しい状況です。

　それを打破すべくMLSは，全クラブに一律の予算を配分する「Retention Fund」という策を2013年から講じています。具体的な金額や項目は非公開ですが，特定の項目をクリアした選手にサラリーキャップやDPにも当てはまらない年俸を支払って契約更改することで，海外からの触手に対抗することが可能になりました。

　Retention Fundを効果的に活用した例として，名門メリーランド大学卒業後の2009年にスポルティング・カンザスシティにドラフト2位で入団し，同チームのエース，そしてアメリカ代表にまで成長したグラハム・ズシ選手が挙げられます。彼は2014年のブラジルW杯で攻撃の核として活躍し，イングランドのウェストハムなどのトライアウトにも参加しましたが，スポルティング・カンザスシティはRetention Fund該当選手として契約更改に成功しました。

SECTION 4
妥当な年俸はいくらなのか

3
選手やファンの意見は？

　しかし，世界的に選手の年俸が高騰していく中で，選手たちの心情も考慮しなくてはなりません。「チームに好きなだけお金を使わせるべきだと思う。そうしたくないチームはしなければいいのだから，全チームが一律で同額しか使えないリーグは非現実的だよ。裕福なチームが拡大し，そうでないチームは落ちていく。それがスポーツの本来の姿だと思う」というアメリカ代表のマイケル・ブラッドリー選手の言葉は，多くの選手の意見を代弁しているのでしょう。

　アメリカのサッカー史を代表する選手であるランドン・ドノバン氏も，MLSが次のフェーズに進むべきだと公言しています。

> 　昔は経営陣を信頼していなかったから，無駄にお金を使わない方がいいと思っていたし，「そんなお金の使い方でいいのか」と疑うことも多かった。しかし，今の経営陣はサッカーのことを理解している。ファンもピッチ上でより魅力的な選手やプレーを観たいと思う段階に突入してきており，この先はピッチ上にもっとお金を掛けるべきだと思うね。

　実は，多くのファンからもサラリーキャップが諸悪の根源であるという論調は絶えません。それでもオーナーたちが考えなくてならないのは，では一体いくらの年俸が妥当なのか，その金額をどうやって設定するのか，年俸が増えれば絶対にプレーの質が上昇するのか，年俸が増えればチケット売上が増加するのかといった，経営的な視点からの課題なのです。

　もちろん，リーグとして手をこまねいているだけではありません。アボット氏は焦らず，しかし確実にMLSを拡大させる意識でいます。「よく考えてみてください。我々は，わずか20年間しか経営をしてきていないのですよ？

たったの20年です。他のプロスポーツリーグと比べれば、まだ始まったばかりなので、リーグの経営基盤を盤石にする時間がもう少し必要です」と。

　ここまで説明してきた通り、MLSはNASLと同じ轍を踏まないことを念頭に、リーグやチームの経営を中長期的に成長させるためにシングルエンティティシステムを採用してきました。言い換えれば、決して選手やサッカーをないがしろにしているわけではなく、この20年間は土台を作る目的でバリヤーを張ってきた結果、選手にお金を掛けられる状態に進化することができたのです。

　そして、何より大事なポイントは、選手年俸への投資をオーナーたちが否定しているわけではないということです。むしろ、ピッチの質に対して継続的に投資していけるように、インフラ整備を優先させてきました。「2020年までに世界トップレベルのリーグになる」と目標を掲げるMLSは、ピッチ上のプロダクトに磨きを掛けていく必要がありますし、前述の選手たちの意見も至って当然です。

　それでも私は、近年のイングランドやスペインで発生している天文学的な移籍金に対して懐疑的な意見を持っています。どんなに大きなチームでも勝敗を左右することはできませんし、それがスポーツビジネスの醍醐味でもあると思うからです。私が考える真の魅力的なチームは、優秀なスター選手にお金を掛けられるほどの十分な収入を安定的に確保できるチームであり、それは一足飛びに実現できるものではありません。

　そういった観点から私は、MLSが歩んできたようにインフラ整備やピッチ外の人材育成などに投資して土台を作ってからピッチ内に投資していくことで、長期間にわたってピッチ内外で強いチームが維持できると信じています。もちろんこれは、昇降格などがないから成り立つものです。自前のスタジアムがあって、優秀なスタッフがそろっていて、ピッチでは常時スター選手たちがプレーしている。そんな魅力的なチーム、そしてリーグを構築していくために、MLSの経営陣が今後どういった手段を講じていくのか、私自身も注目していきたいと思います。

SECTION 4
妥当な年俸はいくらなのか

CHAPTER 4

Soccer United Marketing
〜SUM の業務と MLS との関係〜

SECTION 1

MLSと二人三脚で歩む
SUMとは

1
MLSの枠にとらわれない

　CHAPTER3ではシングルエンティティシステムの解説をしながら，MLS発展の要因や今後の課題に迫りました。ここでは少し視点を変え，MLSと密接に関係する会社の存在と役割について説明していきたいと思います。

　読者の皆さんは，「Soccer United Marketing (SUM)」という会社をご存知でしょうか。SUMはMLSの経営がどん底だった2002年に，MLSの全オーナーが起死回生の戦略として設立を決定したMLSの姉妹会社で，その後のリーグの急進を語る上で絶対に欠かせない存在です。

　SUMは「One Sport. One Company.」というスローガンの下，MLSのオーナー全員が共同で出資して設立。最高経営責任者（CEO）にMLSコミッショナーのガーバー氏が就任しました。SUMの名刺には片面にMLSの肩書が，もう一面にはSUMの肩書があり，姉妹会社とはいえオフィスも人員も同じで2社はまさに表裏一体の関係でした。

　ではなぜ，わざわざ別会社を設立したのでしょうか。事業上の最大のポイントは，MLSに運営，競技，育成，広報などのリーグ運営機能だけを残し，営業部隊やマーケティング部隊をSUMへ移管したという点です。機能の一部を組織の外に出したことで，MLSという1つのプロリーグの枠にとらわれる必要がなくなり，それまで取り扱いができなかったアメリカ国内外におけるサッ

カー事業の展開が可能になったのです。

　私自身も 2004 年から 2009 年まで SUM 国際部に勤務した経験があります。当時所属した部署のビジョンはいたってシンプルで,「北米大陸におけるサッカーというスポーツの価値を高めるために存在する」でした。

　2002 年当時,MLS は 2 チームの閉鎖が決まり,リーグの平均観客動員数は下降線をたどるなど,成長のゆくえが見えない状況でした。一方で,アメリカ国内のサッカー人気は確実に高まっており,MLS としてはその波を捉えきれていない点を重大な問題として把握していました。

　また,アボット氏は「MLS 以外のサッカービジネスが,必ずしもきちんと運営されていないことにも気が付いていた」と言います。そして,「我々が手掛ければもっと大きなポテンシャルを引き出すことができると考えていたの

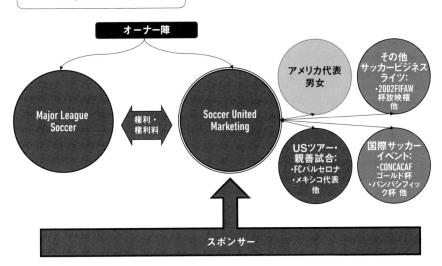

で、それらを MLS と上手に連動させる戦略を構築すべく、姉妹会社として SUM を設立したのです。我々にとって、この判断は大きな転機となりました」とも述べています。

　SUM が手掛けた最初のプロジェクトは、2002 年日韓 W 杯のアメリカ国内における放映権をドイツのキルヒ社から獲得し、MLS の放映権と組み合わせて国内の放送局に販売した案件です。代理店業として早速、国内外のイベントと MLS を結び付けたのです。

2
独自のパッケージで販売力アップ

　執筆時点で SUM が保有するプロパティーには、以下のようなものが含まれます。

- **MLS**：放映権、メディア権、商業権、マーチャンダイジング権
- **アメリカ代表**：放映権、商業権
- **メキシコ代表**：アメリカ国内の US ツアーの放映権、興行権、商業権
- **北中米カリブ海地域（CONCACAF）**：興行権

　この他にも過去には FC バルセロナや、メキシコの名門クラブであるデポルティーボ・グアダラハラ、パンパシフィック選手権、スーパーリーガ、インターリーガなどの興行権も保有していましたし、毎年これらは変遷していきます。ここに記載した案件は、自前の大会や複数年契約という比較的に規模が大きな事業ですが、単年契約やスポット契約まで挙げればキリがありません。私自身も SUM 国際部に所属した 5 年半で、150 以上の国際試合に携わりました。

　MLS の枠にとらわれることなく「One Sport. One Company.」というビジョンを軸としているため、今後も保有する権利は時々刻々と増減していくと考えられますし、全て社内で判断しているので迅速な対応が可能です。つまるとこ

ろ,「アメリカや北米におけるサッカーの価値が高まるのであれば,他の事業やスポーツを取り扱ってもよい」,そんな姿勢が興味深いところです。

ところで,SUM と MLS はどのように連携していて,SUM の存在は MLS にとってどのように有益なのでしょうか。

MLS の営業部隊を SUM に移管したことについては触れました。これにより MLS は,自身の商業権などと引き換えに SUM からライツフィーを受け取ることで,安定した収入源を確保することに成功しました。また,事実上は大きな変化がなくとも,MLS はリーグ運営に専念することが可能になりました。

一方で SUM は,MLS の権利を独占的にマネタイズできる代理店となりましたが,MLS に限った業務の取り扱いでは大差がありません。2002 年当時は MLS 単体で権利が販売できるほどの商品価値がなかったこともあり,業務範囲を MLS 外にも拡大して初期投資を掛け,他の権利と抱き合わせたパッケージ戦略を徹底しました。

繰り返しますが,SUM が掲げるビジョンは「One Sport. One Company.」です。この言葉から推測できるように,「サッカーを活用して事業を展開したい場合は,SUM に相談すれば全て対応可」というワンストップ総合ショップの立場を確立すべく,アメリカ国内のありとあらゆる権利を取りそろえました。幅広い選択肢があるからこそ,多様なコラボレーションが可能となるばかりか,業界内で確固たる地位を築くことができるのです。

例として,カリフォルニア州ロサンゼルス,イリノイ州シカゴ,フロリダ州タンパにて,ヒスパニック系の若年層をターゲットにしている企業をイメージしてください。SUM が同社に商談を行う際は,次のような話をするのです。

「お客様のターゲット層を効果的に取り込むには,サッカーを活用してはいかがでしょう。お客様には FC バルセロナの US ツアーにおけるロサンゼルス試合時の権利と,メキシコ代表の US ツアーにおけるシカゴ試合時の権利が適当で,MLS のリーグスポンサーになれば年間を通したプロモーションが可能です。ロサンゼルスを本拠地とする LA ギャラクシーや,シカゴを本拠地とす

るシカゴ・ファイアーにも紹介しますよ。残念ながらフロリダにMLSチームはないですが、今年はベネズエラとコロンビアの代表がタンパで試合を行いますので、それらを織り込んだ専用パッケージを準備させていただきます。」

FCバルセロナやメキシコ代表の権利は、単独でも人気があって売りやすい商品です。だからこそMLSをパッケージにして提案・販売したり、MLSでカバーしきれない場合はSUMが保有する他の権利を組み合わせたりしつつ、顧客のニーズに合った多様なパッケージを構築しました。また、MLSチームの商談にもつながるように積極的にチームの売り込みをサポートします。

私自身も全米中を行脚していたときは、様々な要望に応えながら臨機応変な対応が求められました。担当者の立場からすれば、各地で試合ごとにスポンサーが変わることは非常に難しく、その都度綿密なスタッフ間の打ち合わせや確認が必要でした。同じFCバルセロナのUSツアーにしても、開催地ごとに多くの条件が変わってくるからです。複数の権利をパッケージにして取り扱うSUMならではの事例ですが、取引先によって多様な商品を上手に組み合わせて販売していた証拠と言えるでしょう。

3
欠かせない所属チームへの配慮

チケット販売においても、商品のパッケージ化は効果的に導入されました。

例えばLAギャラクシーのシーズンチケットを購入すると、LAギャラクシーのレギュラーシーズンの試合に加え、ボーナス試合が2つ付随されたことがありました。購入時点では対戦カードが未定でしたが、シーズンシート購入特典として、国際試合2試合が必ず観戦できる権利を用意したのです。そして、このマッチメーキングはSUMが行います。

また、SUMがNYレッドブルズと協力し、FCバルセロナやメキシコ代表のUSツアーをMLSのリーグ戦とダブルヘッダーで行ったこともあります。当

時はFCバルセロナなどを目当てに来場するファンが圧倒的に多く，本来とは立場が逆転してNYレッドブルズの試合が"おまけ"になってしまうこともありました。しかし，MLSだけでは試合会場に足を運ぶ可能性がなかったファンたちが，地元のチームを見る大事なきっかけを作ることになるのです。

お目当てがFCバルセロナだったとしても，世界的に見ても美しいレッドブル・アリーナに足を運ぶことで昂揚感が得られますし，自分たちが住む街で活動するチームの存在を知ってもらうことが重要なのです。チームとしては，「NYレッドブルズの試合に来たことがなかったけど，サッカーには興味がある」という彼らの商業圏内における見込み客の発掘につながりました。

スポーツマネジメントにおけるチケット販売の基本中の基本として，以下のようなサイクルづくりが不可欠です。

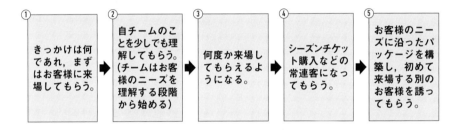

これは，サウス・フロリダ大学のスポーツ・エンターテインメントビジネスマネジメントMBAの創設者であり，スポーツビジネス界でも高名なビル・サットン教授が推奨した「エスカレーター販売方式」です。補足ですが，近年のITの躍進やセカンダリーマーケットの拡大で，「エレベーター販売方式」に進化しつつあります。どういうことかと言いますと，約80年前のスポーツマーケティングの初期はエレベーターどころか「階段販売方式」であり，お客様に来てもらい，徐々に上位層顧客になってもらえるようにする戦略でした。それが徐々にチームが販売するものが多様化していく中で，階段から「エスカレーター販売方式」へと移行し，チームも顧客のニーズに沿って一緒に上に

登っていくものでした。

「エレベーター販売方式」は，更に多様化する顧客のニーズに合わせてエスカレーターのように上がるだけではなく，下がることや，特定のフロアでエレベーターを降りてもらってもよいようにカスタマイズを顧客毎にする販売方式のことを言います。階段や，エスカレーターではとにかくもっと買ってもらおう，そして頂上はシーズンチケットホルダーになってもらうことでした。頂上に辿り着く途中でミニパッケージプランがあり，少しずつシーズンチケットホルダーに顧客を近づけようとするものでしたが，現在はそうではなく，生涯を通じて5試合のミニパッケージホルダーの顧客がいてもよいではないかと変化しています。人生の中で子供が生まれたり，失業をしたりするなど，収入が減ったり試合を観戦する機会が減ったりすることも考えられるので，常に高価なものを販売することだけを目的にしないほうが結果的に長期に渡ってチームを応援しに来てくれるという発想です。建物から出ていってしまう（チームへの関心を失う）のでなければ，エレベーターで降りることは問題なく，適宜上下動してチームとの関わりを維持してもらいたいという戦略です。シーズンチケットは高価ですが，全てを使い切ることができないことも多く，使わないチケットをセカンダリーマーケットなどに出す人は昔から存在していました。今までの階段方式やエスカレーター方式ではチームは顧客を上位顧客にすることを主命題にしていましたが，このセカンダリーマーケットの成長に伴い，さらに進化してエレベーター方式が最近の主流になってきているのです。

このサイクルのスタート地点は，まずはスタジアムに来場してチームを知ってもらうことです。2007年に導入されたベッカム・ルールのねらいの1つにも新たなファン層の開拓が含まれており，実際にベッカム加入後は，それまで見られなかったセレブたちが各会場で観戦するようになりました。

また，チケット以外のパッケージ化の例として，イベントが挙げられます。

FCバルセロナやメキシコ代表の試合に加えて，北中米カリブ海地域王者を決定するゴールドカップ，パンパシフィック杯，スーパーリーガ，インター

リーガなどの国際大会は，SUM が自前で運営して商業権を保有しています。開催地に合致すれば MLS チームが保有するスタジアムを借りて利用料を支払いますし，試合時の駐車場や売店の売上は全てチームのものですから，チームはリーグ戦以外のイベント収入が得られます。

　SUM 事業を行う上でのマーケティング活動費は，SUM から MLS の各チームに支払われます。チームはリーグ戦以外のイベントを利用し，それまでアプローチできなかったメディアなどとの関係性を構築することができ，地元のキーマンとの交流を始めるきっかけが作れます。チケット販売の窓口も請け負うことで新たな顧客情報の蓄積が可能になるなど，チームにとっては多くのメリットが生まれました。

　SUM が独自のイベントや海外チームの US ツアーを立ち上げ，その権利を販売するには先行投資が必要です。SUM が赤字になってしまうと MLS は安定

2017 年のゴールドカップでアメリカは 6 度目の優勝を果たした

CHAPTER **4**
Soccer United Marketing 〜SUM の業務と MLS との関係〜

した収入を確保できなくなるため，リスクのある案件は敬遠されると思われますが，SUMの事業はMLSチームが恩恵を得られるよう配慮しており，様々な角度から互いの連携が図られています。

4
唯一の代行会社として

　SUMが全MLSチームの代わりに国際試合の交渉窓口となることで，非常に大きなメリットが生まれました。マンチェスター・ユナイテッドのような世界的な人気を誇るチームや，ブラジル代表のようなスター軍団がアメリカでツアーを実施する場合も，全ての案件でSUMが興行主となるため，SUMは非常に優位な立場で交渉することができ，MLSチームに有利な条件を引き出すことが可能になりました。

　構造は選手年俸の話と同じです。それまで海外クラブや代表チームを呼んで親善試合を行う際は，複数の興行主（プロモーター）が並行して交渉を行っていたため，価格の競り合いが発生していました。つまり，アメリカに有名チームを招聘するときに必要以上に多額の出演料を支払っていたわけです。

　アメリカに限ったことではありませんが，興行事業を行う際，興行主は試合をするチームに出演料や渡航費を支払った上で，スタジアム賃料を含む運営費などの諸費用を負担しなければなりません。そして，その出費をチケット売上やスポンサード，放映権料，マーチャンダイジングなどによって一気に回収しなければならないため，興行主にとってはハイリスクな事業です。

　現実問題として，価格の競り合いに勝って有名チームを呼んだものの，費用を回収しきれずに破綻してしまうプロモーターが多く発生しました。最たる例としては，2000年に設立されたチャンピオンズ・ワールド社という国際サッカーに関する興行会社で，2003年にマンチェスター・ユナイテッドなど8チームをアメリカに招聘したシリーズを敢行しましたが，継続的に運営することは

できませんでした。

　そんな状況を打破したのが SUM なのです。全 MLS チームを代行して唯一の窓口となることで，海外チームの異常な出演料の高騰を防ぎ，適切な金額にコントロールできるようになりました。SUM としては，MLS チームはサッカーの試合やイベントの運営に長けているため費用の回収見込みが立ちやすく，事業計画書を容易に策定することができます。また，より大きな成功を収めるために SUM は各チームと密に連絡を取り合い，どのタイミングでスタジアムが使用可能なのか，チームがどのようなニーズを持っているのか，地域にどのようなファン層が存在しているのかなど，定期的に分析を重ねていきました。

　地域間のバランスにも配慮し，戦略的に全米各地でイベントを実施しました。ポーランド系移民が多いことで有名なシカゴでメキシコ代表が試合をするなら対戦相手にポーランド代表を招聘したり，横浜 F・マリノスが訪れるなら日本人が多いロサンゼルスを開催地に選んだりしました。その試合運営をMLS チームが担うことで，自分たちのフランチャイズ地域内における未開拓のファン層が，彼らのホームスタジアムを訪れるきっかけになるわけです。

　その段階では MLS のチームに興味があるわけではないですが，サッカーファンであることには変わりありません。新たにファンになる可能性のある人々が，自分たちが活動する素晴らしいスタジアムを一度でも訪れれば，その後の展開が大きく進展する可能性があります。やはりスポーツチームにとっては，スタジアムに来てもらうことが最も重要な施策なのです。

5
ライバルたちの追随

　ここまで解説してきた通り，SUM は北米サッカーの成長を語る上で欠かせない存在です。SUM 元社長のキャシー・カーター氏はフォーブス誌のインタ

ビューに対し，彼女らの役割や今後の展望を次のように語っていました。

> 我々は日々，北米におけるサッカーの価値向上のために活動しています。それは企業とのパートナーシップの締結や，消費者製品に関する戦略構築，ファンに提供するサービスの向上などを含みます。北米で親善試合を実施する海外チームの増加に伴い，我々は彼らといかにパートナーシップを結び，サッカーの価値向上のためにどう活用するかを考えています。放映権も私たちの管轄ですから，いつ・どのように放送し，換金化できるかなども検討中です。
>
> しかし，我々はまだまだティーネージャーに過ぎません。男女ともに代表チームがW杯で優勝できるようになり，W杯や五輪のようなビッグイベント時だけではなく，日常的にMLSが盛り上がるようでなくてはいけないと思います。そのためにも，いかにファンたちとの関係をより築けるか，いかにみんなが憧れるようなブランド構築ができるのかを常に考えています。

北米大陸においてSUMは，サッカービジネスに関して右に出る者がいないほどの最大手に成長したと言っても過言ではありません。創立10年目の2012年には，プロビデンス・エクイティ・パートナーズというアメリカの未公開株投資会社から時価総額5〜6億ドルの評価を受け，自社株の25%を約1億2500万ドルで売却したほどです。

プロビデンス・エクイティ・パートナーズはスポーツコンテンツを中心に投資しており，有名どころではヤンキース・エンターテインメント・スポーツ（YES）ネットワークやユニビジョン・コミュニケーションズなどに出資しています。彼らは当初フィラデルフィアにフランチャイズを保有することも検討をしていましたが，投資の観点からMLSのビジネスモデルやSUMの今後の成長により魅力を見出し，戦略を変更しました。

とはいえ，SUMの課題が皆無なはずはありません。そんな課題の1つに，「販売可能な権利を常に獲得できるわけではない」ということが挙げられま

す。例えば、FC バルセロナとの契約は 2008 年からの 5 年契約が満了した後は更新できていませんし、その時々によって SUM が保有する権利は変わってしまいます。幅広い品ぞろえがあってこそ柔軟なパッケージ販売が可能になるため、複数の権利がないとその販売力が半減してしまいます。

　また、アメリカ国内においてサッカー人気が急騰し、サッカービジネスの可能性が多くの人に知られるようになってきたこともあり、SUM に追随する動きは活発化しています。中でも、最大のライバルは NFL のチームたちです。海外の人気チームを招聘した場合、興行としては大きな箱を持っている方が有利だからです。

　確かに SUM 創立当初、MLS チームが存在しない地域や多くの観客が見込まれる場合、NFL チームとパートナーシップを結んで国際試合を実施しました。FC バルセロナやメキシコ代表の US ツアーなどは、開催州のサッカー観客動員数の記録を塗り替えるほどの盛況ぶりでしたし、それを繰り返すことで NFL チームにノウハウが蓄積していきました。今では彼ら自身が海外のサッカーチームと交渉し、国際試合の興行主となるケースも出てきています。

　また、いくつかの NFL チームや大型スタジアムを保有する大学等と契約し、複数チームを招聘して国際大会を開催する会社も出現しています。例えば、前出のチャンピオンズ・ワールド社の経営陣が NFL のマイアミ・ドルフィンズの子会社として新たにスタートを切り、2013 年からインターナショナル・チャンピオンズ・カップという大会をスタートしました。8 チームで行われる大会には毎年、欧州各国の超有名チームが参戦しています。

　SUM が成功を収めたこともあり、今後もこのような動きは加速していくものと思われます。競争が激化していく中で SUM がどのような存在となり、どのように新たな価値を生み出していくのか。MLS に限らず北米サッカー全体の成長という視点からも、彼らの動向を注視していく必要があります。

SECTION 2
FCバルセロナとの5年契約

1
2006年のツアーをきっかけに

　ここからは，具体的な案件を詳しく解説していきましょう。
　まずは，SUMが2008年にFCバルセロナと締結した契約についてです。私はSUM国際部としてFCバルセロナと交渉した後，FCバルセロナ国際部に転職してSUMと交渉するという双方の立場を経験していますが，彼らの契約は非常にユニークだったと思います。それは，一般的に多く見られる1試合きりの契約ではなく，5年にわたる複数年契約を交わしたという点です。
　アメリカのサッカービジネス全般を一手に引き受けるSUMの主な業務の1つに，海外チームのUSツアーや親善試合の開催が挙げられます。具体的には，アメリカ国内におけるマッチメーキング業務（契約交渉など），海外チームのアメリカ国内におけるマネジメント業務（飛行機やホテル，食事，練習会場，メディア対応など），実際の受け入れ業務（空港や地元行政などとの連携），試合のマーケティング活動，チケット販売，運営，精算業務など，幅広く対応しています。
　通常あるチームが海外ツアーを実施する際は，様々な国でマッチメーキングのエージェントを介したり，自分たちのネットワークを生かしたりしてプロモーターを探します。しかし，アメリカの場合はSUMが一括して窓口になっているため，チーム側にとって非常に分かりやすい構造です。しかも，前述の

ようなきめ細かな業務までカバーしています。

　実は，FC バルセロナもいきなり 5 年契約を結んだわけではありません。2006 年に US ツアーを実施し，SUM と仕事をしたのが始まりです。私は SUM で FC バルセロナを担当しており，ヒューストン会場のベニューマネジャーだった際には 7 万 550 人もの来場者数でした。これは，当時のテキサス州のサッカー観客動員記録を塗り替えるほどでした。

　2006 年のツアーでは，合計 3 試合を実施しました。ここでも平均観客動員数は 8 万 734 人という数字をたたき出しました。この仕事を通じて互いを理解することになり，アメリカや北米をマーケットとして重視していた FC バルセロナが，SUM のオフィス内に支社を構える運びになりました。こうした経緯があって初めて，5 年のパートナーシップを締結するに至ったのです。

　契約内容は，「契約期間内に最低 6 試合は FC バルセロナが US ツアーを実施することを確約し，これに付随する商業権やスポンサーシップ販売権，マーケティング権，PR 権は SUM が独占的にマネジメントする」というものでした。慣例として国際試合のマッチメーキングは予定が組みにくいですが，長期間の枠の中で一定数の試合を組むことを合意しました。

2
計画的なプロモーションが可能

　実は，この「長期間契約」が大きなポイントです。一般的に見られる 1 試合のみの国際試合では，当該チームがアメリカに滞在するのは長くても 1 週間ほどです。これでは，コンディションを整えて試合をこなすだけの一過性の側面が強く，スポンサーの獲得が難しいのです。チームとしても短期間に多くのイベントをこなそうとすると大きな負担になるため，なかなか協力的になれません。

　一方で複数年の契約を結んだ場合，「FC バルセロナ US ツアー」という興行

に対し，契約期間内で継続的にプロモーションを行うことが可能になります。FC バルセロナがアメリカを訪れるのは年に数週間だとしても，イベントに向けて昂揚感を高めるための施策を展開したり，その年のツアーが終わったら翌年に向けた準備をしたりと，計画的・継続的な予算編成やプロモーション内容の検討が可能になります。これはスポンサーにとって大きなメリットで，イベントの成功という観点からも不可欠な要素です。

　さらに，SUM が FC バルセロナとの関係性を強化できたことで，連携の密度が濃くなりました。具体例を挙げると，カンプノウへの観戦ツアーや FC バルセロナによるサッカークリニックなど，US ツアーに限らない他の企画を打つことが可能になったのです。

　読者の方になじみ深い例としては，日本代表の「キリンチャレンジカップ」でしょう。おそらく日本サッカー協会とスポンサー企業の間では，具体的な開催日時や対戦相手は未定でも，毎年必ず日本代表戦を国内で何試合か実施する契約が交わされているはずです。少し先の見通しが立つからこそ，テレビ CM を打って日本代表や自社の認知度を高めたり，大会に絡めた自社のキャンペーンを実施したり，様々な施策を行うことができるため，スポンサーにとっては大きなメリットになります。

　話を FC バルセロナに戻すと，契約期間の 5 年間は一定額の出演料を確保することが可能になります。もちろん，単発の契約を繰り返すことで出演料が高騰していく可能性もありますが，必ずしも世界的なスター集団を維持できるとは限らず，毎年優勝して注目度が高いままかは分かりません。それならば，「複数年」という保証があった方がクラブ経営としては安定しやすいのです。ここにも「勝利」や，「スター選手」に依存をしないビジネス手法を垣間見ることができます。

　当時の FC バルセロナの幹部，ローレン・コレット氏は次のようにコメントしています。

SECTION 2
FC バルセロナとの 5 年契約

> 北米やアジアのツアーに限らず、プロモーターたちが競り合いをしてくれるので、非常に魅力的なオファーはあります。しかし、この10年で北米がカギとなる市場に急成長したと我々は見ていますし、これが続くことを願っています。SUMとのパートナーシップは、目先の出演料よりも我々のブランド拡大という点で、非常に期待しています。

SUMに任せておけばUSツアーに関しては余計な手間や心配が掛からない点も、チームにとってはメリットです。私自身FCバルセロナでは国際部で北米・アジア・オセアニアの3地域のディレクターを務めましたが、北米ツアーは古巣のSUMが管轄していますし、さらにオフィスも同じところにあったため、アジアやオセアニア地域の交渉に重点を置くことができました。

さらに、USツアーはSUMと独占契約を結んだものの、契約期間中にアジアなどの他地域でのツアーを行ってよいという柔軟性も、FCバルセロナとSUMの双方にとって魅力的でした。チームにとっては対北米が世界戦略の全てではないため、あくまでUSツアーという全体の一部を委託したというわけです。

「スポーツビジネスジャーナル」によると、FCバルセロナは2008年度に北

FCバルセロナ USツアー

	2006	5年契約				
		2008	2009	2010	2011	2012
クラブデポルティボ・グアラダハラ	92,650	40,717	61,572		70,080	
ロサンゼルス・ギャラクシー			93,137			
マンチェスター・ユナイテッド					81,807	
ニューヨーク・レッドブルズ	79,002	38,152				
クラブ・アメリカ	70,550				60,087	
シアトル・サウンダーズFC			66,848			
平均観客動員数	80,734	39,434	73,852	-	70,658	-

米で約 14.5 億円〜18.7 億円の売上を立てています。また，ツアーの権利やマーチャンダイジングなどを試算すれば，最終的な売上は約 27.6 億円にもなるそうです。並行して，MLS や LA ギャラクシーのメインスポンサーであったハーバライフ社と 3 年間のグローバル契約を締結するなど，US ツアーを通じて様々な施策を成功させました。

3 バルセロナの縁が NY に

契約締結時，当時の FC バルセロナ会長であるジョアン・ラポルタ氏は，拡大戦略の手応えを次のように語りました。

> 2006 年の US ツアーの大成功に続き，我々のブランドを長期的に北米で拡大していくことができてうれしいです。これは，FC バルセロナの真の北米進出なのです。MLS や SUM の協力があれば，FC バルセロナは北米市場においてさらに認知されると確信しています。

これを受けたガーバー氏は下記のようにコメントしていますが，MLS と SUM の特異な関係性があるからこそ，MLS のコミッショナーが FC バルセロナのブランド向上について公言することが可能なのです。

> FC バルセロナは見ていて面白いプレー，歴史的に輩出される優秀な選手たち，そして結果を残してきた世界的に有名なブランドです。加えて，世界中での献身的な価値ある活動を通して，クラブ以上の存在であることを証明してきました。MLS は FC バルセロナの北米におけるブランド力向上，そして息を飲むようなプレーを紹介することで，彼らの努力やストーリーを広めるお手伝いができることを楽しみにしています。

パートナーシップを通じた双方の関係性の強さは，「FC バルセロナが MLS にチームを保有する」という話し合いが行われ，チームの公式サイトで一度は決定の発表をしたことからも明らかです。しかし，選手の保有権がリーグ管轄であること，候補地のマイアミにスタジアム建設用地が見つけられなかったこと，FC バルセロナは会長が選挙で選ばれるので継続性が不安視されることなどの要因で実現には至りませんでした。

　皮肉にもそのマイアミで，MLS の新クラブ設立を発表したベッカム氏も当初はスタジアム建設用地の確保で難航していました。ちなみに，彼と一緒にマイアミのチームを立ち上げたマルセロ・クラーレ氏は，FC バルセロナがチームを保有しようとした際もパートナーとして名乗りを上げていました。

　2015 年からマンチェスター・シティがニューヨーク・シティ FC を立ち上げたのは記憶に新しいところです。マンチェスター・シティにはシェイク・マンスール氏という強力なオーナーが君臨している点はもちろんですが，見逃してはいけないのは，MLS にチームを保有しようと検討していた当時の FC バルセロナ幹部だったフェラン・ソリアーノ氏が，マンチェスター・シティ CEO を務めているという事実でしょう。

CHAPTER **4**
Soccer United Marketing 〜 SUM の業務と MLS との関係〜

SECTION 3
メキシコサッカー協会との蜜月

1
メキシコ代表は2国の代表チーム

　前項で述べたFCバルセロナの件は、2010年にラポルタ会長、2013年にサンドロ・ロセイ会長が退任した後にクラブの意向が変わり、契約期間満了後の更新はありませんでした。一方、ここで解説するメキシコサッカー協会との契約は2003年からパートナーシップを継続し、SUMの主力事業として大きな利益を出し続けています。メキシコサッカー協会は契約以前もアメリカ国内で親善試合などを実施していましたが、その都度、異なる興行主と出演料などの多岐にわたる交渉を行う必要があり、事業として不安定でした。

　移民の国であるアメリカの中でも、メキシコ人やメキシコ系アメリカ人の占める割合は特に高く、2016年の米国国勢調査局の発表によれば、推定約3634万人のメキシコ人がアメリカ国内に住んでいます。これは全米の人口の11％に相当し、推定約440万人だった1990年から30年強で一気に増加して、今も増え続けています。メキシコの人口は日本とほぼ同じ約1億2000万人ですから、その数がいかに多いかお分かりいただけるはずです。

　また、メキシコに限らずヒスパニック系やラテン系（米国国勢調査局の定義ではキューバ、メキシコ、プエルトリコ、中・南米などを含む）の人口は2016年時点で推定5750万人おり、2060年には全米の3分の1に相当する1億2280万人まで膨れ上がると推測されています。彼らの購買力は約1兆5000

億円とされており，非常に大きなマーケットなのです。

　このような背景から，アメリカ国内でメキシコ代表の人気は実に高く，親善試合のチケットは多くが売り切れてスタジアムは満員に近い状態になります。下記の表をご覧いただくと，2014年にはメキシコ代表の13の親善試合のうち8試合がアメリカで開催され，その観客収容率は平均90％を超えています。試合の開催に合わせて他州からかけ付けるファンも数多く，このような状況からメキシコ代表は「2つの国を代表するチーム」と言われているほどです。

　裏を返せば，ブラジルW杯前にメキシコ国内で開催された親善試合はわずか1試合と非常にいびつな状況でした。2010年から2013年にかけてメキシコ代

2014 メキシコ代表親善試合一覧

日付	対戦相手	観客動員数	収容率	会場	国
2014/1/29	韓国	54,313	75%	アラモドーム（サンアントニオ）	アメリカ
2014/3/5	ナイジェリア	68,212	96%	ジョージアドーム（アトランタ）	アメリカ
2014/4/2	アメリカ	59,066	93%	フェニックス大学（フェニックス）	アメリカ
2014/5/28	イスラエル	80,000	84%	アステカスタジアム	メキシコ
2014/5/31	エクアドル	84,878	100%	カウボーイズスタジアム（アーリントン）	アメリカ
2014/6/3	ボスニア・ヘルツェゴビナ	51,242	83%	ソルジャーフィールド（シカゴ）	アメリカ
2014/6/6	ポルトガル	56,292	82%	ジレットスタジアム（フォックスボロ）	アメリカ
2014/9/6	チリ	67,175	98%	リーバイススタジアム（サンタクララ）	アメリカ
2014/9/9	ボリビア	18,136	100%	ディックススポーティングパーク（コマースシティ）	アメリカ
2014/10/9	ホンジュラス	28,000	100%	ビクトルマニュエルレイナスタジアム	メキシコ
2014/10/12	パナマ			コレギドラスタジアム	メキシコ
2014/11/12	オランダ	15,000	28%	アムステルダムアリーナ	オランダ
2014/11/18	ベラルーシ	5,000	38%	ボリソフアリーナ	ベラルーシ
	アメリカ国内平均	57,414	91%		

表はアメリカ国内で 22 試合を行いましたが，これはアメリカ代表の試合数と同じでした。こうした状況に当然ながらメキシコ国内では不満が多く，年々減少していく自国内での試合数については問題視されています。

しかし，メキシコサッカー協会の代表部ディレクターのヘクター・ゴンザレス氏は，ロサンゼルスタイムズの取材に対して次のように応じています。

> 1 試合で約 2 億円の出演料は，メキシコで試合をする場合の約 3 倍の価値があります。アメリカ国内における親善試合や大会への出場料のおかげで，A 代表ほど恩恵を受けられない他世代の代表の運営資金をまかなうことができるのです。

確かに，メキシコ代表戦をアメリカで実施する場合のチケット価格は最低でも約 26 ドルなのに対し，メキシコでは約 8 ドルまで下落するケースがあります。自国の代表チームの強化のために国外で親善試合を行う。国内のファンからすれば素直に受け入れがたい側面もあり，この状況の是非は難しい判断です。

メキシコサッカー協会と MLS の間でこの 15 年間ほど協業をしてきましたが，メキシコ代表はアメリカ国内にて毎年コンスタントに 4〜7 試合は親善試合を実施してきました。事実 2008 年以降は，実にアメリカ国内で実施した親善試合（61 試合）の数がメキシコ国内のその数（15 試合）の 4 倍にも上り，通常では考えられない状況になっています。

「今まではアメリカに移住をしてきたメキシコからの移民たちが，アメリカンドリームをつかむために一生懸命働く層でした。今はその子供たちである 2 世，3 世が我々の応援をしてくれるのです」と，メキシコサッカー協会ゼネラル・セクレタリーのギジェルモ・カントゥ氏がワシントンポスト紙のインタビューでこの状況を解説しています。過去数年の平均観客動員数は 4 万人〜6 万人。今までは移民が多かったカリフォルニア州やテキサス州の主要都市での

開催が多かったのですが，今ではアトランタ，シカゴ，デンバー，シャーロット，マイアミ，ニューヨーク，オーランド，そしてナッシュビルにまで拡大していると言われます。また興味深いことに，今まではこのファン層をターゲットにしたマーケティングは，全てスペイン語で制作されていました。私がSUMにいたときも，ヒスパニックマーケティングを行う別部隊が存在しました。これはマーケティングに限らず，広報でもチーム対応の運営でもそうでした。しかし，カントゥ氏によれば「今は我々は英語でコミュニケーションをとっています。我々がそうしたかったからではなく，アメリカ国内の我々のファンがその方がよいからです」と世代間の言語の移り変わりについても述べています。本書内でも紹介してきましたが，メキシコ国内のスター選手がMLSに移籍してくるようになったのも，このような時代背景が大きな後押しになっています。

・カルロス・ベラ（ロサンゼルスFC）
・ジオバンニ・ドス・サントス（ロサンゼルス・ギャラクシー）
・ジョナタン・ドス・サントス（ロサンゼルス・ギャラクシー）

3人とも欧州のビッグクラブで活躍をしてきた選手たちですし，ジオバンニ選手はメキシコ代表の「10番」を任されたこともあるほどの選手です。

世代間の違いとしては，チケットの購入方法にも現れています。今までは現金主義で，試合の当日券を購入する傾向にあったメキシコ系アメリカ人たちも，若い世代はほとんどがオンラインの事前販売でチケットを購入するようになっているのです。

メキシコリーグに中々追いつくことの出来なかったMLSも，それが最近は大きく変動してきています。このメキシコ代表人気，そしてアメリカ人の世代交代を通してMLSもメキシコから一目置かれるリーグとなってきたのです。「アメリカ国内のサッカーにとってよいことは，MLSにとってもよいことなのです。この大きなメキシコ系ファン層が自分たちの生まれ育った国のプロサッ

カーリーグである MLS をもっと応援してくれるようになることを願っています」と，MLS スタッフのアルフォンソ・モンデロ氏もコメントしています。

さらにメキシコ代表のミゲル・エレーラ監督も，「メキシコ国民が自分たちの代表チームの試合をもっと見られるように，なぜメキシコ国内で試合をしないのか。それは，我々にとってアメリカが優良市場だからです」と，国外での開催に前向きです。私が SUM 国際部に在籍していた当時は，メキシコサッカー協会と連絡を密に取り，代表チームの強化プランや要望に応じたマッチメーキングを担ってさえいました。

2
わざわざ両サイドから撮影する

ここでの基本的なビジネスモデルは，FC バルセロナと同じです。メキシコサッカー協会が複数年間に北米で規定試合数を実施することに対し，SUM が付随する権利料を支払います。もちろん興行権だけでなく，マーケティング権も付随します。FC バルセロナとの違いは試合の開催頻度で，FC バルセロナは 5 年間で 6 試合でしたが，メキシコ代表は年間で平均 5，6 試合を実施する契約となっています。

スタジアムが毎回のように満員になるため，莫大なチケット収入が得られるだけでなく，スポンサー獲得もスムーズです。例えば 2004 年，日本の株式会社マキタの米国法人 Makita U.S.A., Inc. がメキシコ代表の US ツアーのスポンサーとして SUM と 3 年契約を結びました。

SUM の手法は，この契約をメキシコ代表だけにとどめない点です。MLS のリーグスポンサー，さらに MLS がヒスパニック系ファンをターゲットに全米で展開する「フットボリート」という 4 対 4 のミニサッカー大会のスポンサーをパッケージにしました。マキタ社は過去にプロスポーツリーグとスポンサー契約を結んだことがなかったのですが，SUM のマルチプロパティーアプロー

チがヒスパニック市場への進出をねらう彼らの戦略に合致したのです。

「SUM が構築するプラットフォームに融合させてほしいと思いました。我々はこのパートナーシップを余すことなく活用するつもりです」と，当時のマキタのマーケティング部シニアバイスプレジデントであるケン・ヘフリー氏は，確かな期待を口にしていました。

メキシコ代表の権利を保有することで，その後のコネクションづくりも非常にスムーズになります。SUM としては仮に，ある企業と MLS 関連の権利をパッケージにした契約を結べなかったとしても，メキシコ代表を通じた関係性を少しずつ構築していけば，将来的に MLS の権利も購入してもらえる可能性が高まります。ヒスパニック系をターゲットにする企業，また多様な権利を保有・販売する SUM 双方にとって，メキシコ代表はアメリカ代表に匹敵するブランド力を持っているのです。

こうした状況から，メキシコ代表は 2 組のスポンサー企業集団を持つ特異なチームになりました。それは，メキシコ国内で契約されたスポンサーと，SUM が管轄するアメリカ国内のスポンサーが存在するからです。2018 年時点のアメリカではオールステート保険，AT&T，アディダス，コカ・コーラ，ウェルズファーゴ，デルタ航空，日産自動車，アドバンス・オート・パーツ，ホームデポ，エル・ヒマドール，マキタ，パワーエイド，バド・ライト等が契約しています。ちなみに，SUM がメキシコサッカー協会と契約する以前は，アメリカ国内ではコカ・コーラ 1 社のみという状況でした。

このように多くの世界的企業がスポンサー契約を結んでいることもあり，メキシコ代表関連の事業は SUM，そして MLS の屋台骨に発展してきました。2010 年には，これに目をつけたブラジルのスポーツマーケティング会社であるトラフィック社が年間数億円のライツフィーと，興行から派生するレベニューシェアを提案して，SUM からメキシコ代表のライツを競合したこともありました。公表されてはいないものの，2010 年時点でのメキシコ代表へのスポンサードフィーは最大で約 5 億円にも上る企業もあるそうで，2014 年時

点のスポーツビジネスジャーナル誌の推定によれば，アメリカ国内でのスポンサーシップ総額は年間約51億円に達しています。

　メキシコ代表はそのブランド力の高さゆえ，試合時に「リバース・ブロードキャスト」という放送体制が敷かれる場合があるほどです。これは，複数カメラで双方のタッチライン側から撮影することで，片方のサイドに設置されたメキシコ国内のスポンサー企業の看板と，反対サイドに設置されたアメリカ国内のスポンサー企業の看板を同じように映し，同時刻で放送できるような体制です。一般的にピッチを俯瞰するカメラは一方のサイドからしか撮影しませんが，わざわざ手間と費用を掛けてリバース・ブロードキャストを実施するのです。

　移民が多いアメリカでは，皆が一体感を共有する機会が限られています。ヒスパニック系の人々にとってメキシコ代表の試合は，同胞が一堂に介する絶好の機会です。スタジアムに同じ緑のユニフォームを身にまとい，誰におびえることもなく同じチームを思い切り応援する。こうした社会背景があるため，「彼らを1つにまとめるのは宗教かメキシコ代表か」と表現されるのも納得できます。

　しかし，この状況が少しずつ変化してきました。定住した移民の子孫であるメキシコ系アメリカ人が増加していく中，スペイン語より英語を日常的に使う層が増え続けています。こうした世代的な変化を受けて，SUMやスポンサー企業は再度，戦略を見直す必要があるかもしれません。メキシコ系アメリカ人にアプローチする際に，今までと同じようにメキシコ代表を前面に押し出してよいのか，彼ら・彼女らが応援するのはアメリカ代表ではないのか，宣伝や広告を打つ際にステレオタイプにスペイン語だけでよいのかなど，現地ならではの課題が出てくることでしょう。

3
メキシコ系アメリカ人の活躍

　状況の変化は，ピッチレベルでも現れてきています。分かりやすい例では，ここ数年のアメリカ代表には 7，8 名のメキシコ系アメリカ人選手が選出されており，彼らのような優秀な選手をめぐって MLS とメキシコリーグのクラブ間で獲得競争が生じています（このような獲得競争は，メキシコリーグに限らなくなってきています）。

　LA ギャラクシーの特別指定枠選手で，アメリカ代表でも活躍するオマール・ゴンザレス選手は，絵に描いたようなアメリカ・システムで育成されたメキシコ系アメリカ人選手です。両親はメキシコのモンテレイ出身で，彼はダラスで育ちました。名門メリーランド大学で活躍し，LA ギャラクシー入団後に頭角を現して代表入りしました（昨季は本田圭佑選手とともにパチューカでプレー）。そんなオマール選手は，現状を次のように捉えています。

> 　世代が進むにつれ，もっと多くのメキシコ系アメリカ人たちが我々のアメリカ代表を応援するようになっていくと思います。もちろん，我々のルーツはメキシコにありますから，両国が対戦するときは白黒はっきりしないでしょう。でも，両国の対戦以外では 2 カ国とも応援してくれればと思っています。

　MLS のプレーレベルが上がってきたこともあり，MLS を格下に見ていたメキシコリーグの選手たちの考え方も変わってきました。クアウテモク・ブランコ選手やラファエル・マルケス選手など，メキシコ出身の大スターが MLS クラブに移籍した 2007 年を皮切りに，2015 年にはメキシコ代表の核であるジオバンニ・ドス・サントス選手，そして兄のジョナタン・ドス・サントス選手が LA ギャラクシーに電撃的に加入していますし，さらにロサンゼルス FC にカルロス・ベラ選手が加入しています。

CHAPTER **4**
Soccer United Marketing 〜 SUM の業務と MLS との関係〜

また、CD グアダラハラの若手有望ストライカーのエリック・トーレス選手は、MLS にかつてあった姉妹チームのチーバス USA に期限付き移籍した後に才能が開花し、代表チームに選出されるようになりました。
　「メキシコの方が足元の技術があるけど、MLS はスピードが速くて考える時間を与えてくれないし、フィジカルが強い。僕は、メキシコの細やかな技術とアメリカの強さを手に入れることができた」とトーレス選手が語るなど、メキシコ人選手の MLS へのリスペクトも高まっています。
　さらにメキシコ女子代表に目を向けると、1999 年以降は選手の約半数がアメリカで育ち、アメリカの大学で女子サッカーを経験したメキシコ系アメリカ人です。2015 年にカナダで開催された女子 W 杯でも、23 選手のうち約 10 選手がメキシコ系アメリカ人で、メキシコよりアメリカで実施されたメンバー選考会の方が多かったと言われたほどでした。
　メキシコ代表がアメリカ市場で活気づく現状を、アメリカサッカー協会はどう思っているのでしょうか。ロサンゼルスタイムズ紙のインタビューに対して、サッカー協会スポークスマンのニール・ブーテ氏は、メキシコサッカー協会同様、SUM と契約関係にあるため公には支援している姿勢を見せました。

> 　アメリカは、メキシコでもブラジルでもアルゼンチンでも、どの国の代表チームが来ても問題ないほど広大な土地があり、幅広い人種が存在します。自国のプロサッカーリーグの成長だけでなく、世界トップレベルの試合がアメリカ国内で行われることは、1994 年のアメリカ W 杯開催から増え続ける国内のファンなどに対し、サッカーというスポーツへの興味を向上する上で大きく貢献してくれます。

　SUM とメキシコサッカー協会のパートナーシップは双方にとって意義深いものであり、互いが「Friends off the field」と言い合うように、今後も重要な役割を担っていくに違いありません。これは MLS のシングルエンテティシス

SECTION 3
メキシコサッカー協会との蜜月

テムに際しても「ピッチ外ではビジネスパートナーである」と言われたことと同じセリフです。また、アメリカ代表の商業権も保有する SUM にとって、両国のサッカーの発展や関係性強化による相乗効果は、大きな潮流を生み出すポテンシャルを秘めています。

　2026 年のアメリカ、メキシコ、カナダのワールドカップ共催が決定した背景には、このような歴史的な側面も関係していると言えるのではないでしょうか。

SECTION 4
興行主としての自社大会

1
調整や交渉に手間が掛かる

　ここでは，SUM が数年前まで展開していた事業を紹介します。FC バルセロナやメキシコ代表のようにブランド力を持ったチーム単体の事業ではなく，毎年複数のチームの参加を募り，自分たちで立ち上げた大会を事業として展開していくモデルです。

　この事業を行う上で重要なポイントは，ある程度の年数を掛けてでも，主体となる大会そのもののブランド価値を高められるかということで，ここがこれまでの事業との大きな違いです。一方で，出場チームのマッチメーキング，チケット販売，スポンサー営業，放映権営業，マーチャンダイジングなどの面は共通した業務内容です。

　ブランド力のある大会を立ち上げる際，最も大事なのは「ストーリー」です。なぜその大会を行うのか，どういう存在意義があるのか，といった部分を検証する段階からスタートし，ロゴなどを含めたブランディングを行った上で，事業計画書を策定します。ここでは複雑に考える必要はなく，収入と支出の採算が合うか否かをシンプルに検討すればいいのです。

　その際は SUM 営業部と事前に打ち合わせをし，スポンサー収入やマーチャンダイジングの売上予測などを行います。収入を予測するに当たり，チケット売上は非常に大きなポイントです。そのため，「開催地選定が勝敗を分ける」

と言っても過言ではありません。

　例えば，2つのチームを招聘するに当たって，出場給や渡航費，滞在費，練習などに掛かる諸経費，宣伝広告費等で計8000万円掛かり，スタジアム賃料が4000万円掛かり，支出額の合計を1億2000万円で試算したとしましょう。このときに営業部がスポンサー収入を4000万円で見込んだ場合，大まかに言うと残る8000万円はチケット販売で回収する必要があります。

　次に，どれくらいのお客様が来場するのか試算します。これは過去のデータを基に算出しますが，仮に4万人であれば平均チケット単価は2000円とはじき出されます。そして，それがターゲットとなる客層の予算に適当か否かを検証し，合わないのであれば調整していくのです。

　開催地の選定に関しては，メキシコ代表のUSツアーと似た考え方も1つの方法です。例えば，ポーランド代表を呼ぶときはポーランド系移民の多い「シカゴ」，ポルトガル代表を呼ぶときはポルトガル系移民の多い「ボストン」でスタジアムを押さえられないか検討していきます。

　また，想定される入場者数に適切なスタジアムを，適切な賃料で使用できるかも重要になります。基本的には，MLSのフランチャイズがある都市やスタジアムを優先的に利用することで，各チームに利益が生まれるように配慮します。しかし，どうしてもチケットが多数・多額で販売できない対戦カードのときは，チケット売上の見込みを立て，それに見合った観客収容人数のスタジアムを別途選定し，使用料を交渉します。さらに，対象となるファン層の収入に合わせた平均チケット単価を設定するなど，毎回のように調整が必要となるのです。

　少し話がそれますが，ベネズエラ代表とコロンビア代表の試合をニューヨークで開催した際に面白い経験をしました。現金主義のファンが多く，オンラインでチケットを購入する習慣が希薄だったため，2チームのファン層が多く住む地域に直接出向きました。そして，彼ら・彼女らが日常的に通う換金所や，祖国に海外送金を請け負う旅行代理店などを1つずつ回り，販売手数料を交渉

してチケット販売を依頼したのです。

　最も大変だったのは売上金の回収でした。全てが現金取引のため，自ら出向いて売上金の回収を行うばかりか，お金と売れ残ったチケットをカテゴリーごとに手作業で数える必要がありました。さらに，その現金をマンハッタンのSUM事務所まで持ち帰る方法がありません。数百万円の売上ですから，さすがに自分のリュックサックに入れて地下鉄に乗るわけにはいかず，セキュリティー会社に依頼して装甲車のような車で帰ったこともありました。過去に一度だけ額も大きくなく時間がなかったため，自分のカバンに現金を詰めて持ち帰り，上司にこっぴどく怒られたことは今ではよい思い出です。

　また，アメリカには多様な人種が混在し，異なる言語や媒体から情報を収集しているだけに，試合ごとに異なるマーケティング会社と契約し，対象となる人種の趣味・趣向に合わせたマーケティング素材を制作したことも勉強になりました。これは北米の一般企業も採用する「マルチカルチュラルマーケティング」というもので，様々な人種や層に対して異なる方法でアプローチする手法です。そして，一言で交渉と言っても，人種・民族によって臨む態度や進行の仕方が異なってきます。

2
存在意義確立の難しさ

　SUMはこれまで，次ページの表のような大会を立ち上げ，その権利を保有していました。しかし，執筆時点でSUMが保有している大会はなく，北中米カリブ海地域サッカー連盟（CONCACAF）からCONCACAFゴールドカップ杯を受注するのみとなりました。なぜ，このような状態になったのでしょうか。それは，下記のような理由が考えられます。

・**先行投資額が大きくリスクがある。**

- 出場チームの人気に依存するのではなく，大会のブランド向上のために中長期の投資と回収のプランが整理された事業計画が必要となる。
- 参加チームに魅力がないと，不採算のリスクが非常に大きくなる。
- チームのモチベーションを維持させるために，莫大な賞金や優勝すると大きな名誉を得られるという特典が必要となる。それがないと，チームや選手はタイトな年間スケジュールに余計な試合が増えたとしか感じず，観客に手抜き感が伝わってしまう。

定期的に大会を実施し，必ず人気チームを集めて魅力的な試合を行い，結果的に収益を上げ続けるというのは，やはり労力を要します。大会のブランド力を上げるためには，参加するチームや選手にとって魅力ある特典が必要ですし，お客さんの注目を集める資金や手間も小さなものではありません。各大会が数年で終わってしまった内情を見てみましょう。

まず，インターリーガ杯については，メキシコサッカー協会と協力してリベルタドーレス杯の出場チームを決定するための大会を創出し，メキシコ代表USツアーのようにアメリカ国内できちんと運営することで，より多くの利益を生み出すねらいがありました。しかし代表の試合とは違い，クラブ・アメリ

SUMが立ち上げた主な大会

大会名	実施年	賞金等	参加チーム
インターリーガ杯	2004～2010	リベルタドーレス杯の出場権（1チーム）優勝賞金1億円，出場報酬	メキシコリーグ上位8チーム
スーパーリーガ杯	2007～2010	優勝賞金1億円，出場報酬	メキシコリーグ＆MLSの上位各4チーム
パンパシフィック杯	2008～2009	優勝賞金	2008年：Jリーグナビスコ杯王者，豪Aリーグ3位，MLSリーグ王者，スーパーリーガMLS1位
			2009年：Jリーグナビスコ杯王者，Kリーグ王者，MLS開催地チーム，中国スーパーリーグ王者

カやCDグアダラハラのようなビッグクラブが出場しないときは，予想を大幅に下回る結果になってしまいました。

　年末年始という開催時期も適切ではありませんでした。特に大きな休暇の前後，しかもプレシーズンの時期に，非常に重要な大会への出場権を懸けた試合を実施してよいのかという議論がありましたし，CONCACAFチャンピオンズリーグの存在感の増大が，この大会の重要性を低減させていきました。

　2つ目のスーパーリーガ杯に関しては設立当初，MLSコミッショナーのガーバー氏は次のようにねらいを語っていました。

> 　単なる親善試合ではなく，無視できない優勝賞金を懸けた真剣勝負です。北中米地域が他の大陸と対等になるための施策の一部であり，アメリカとメキシコのライバル心にのっとっています。代表レベルからクラブレベルにもそのライバル関係を波及させられないかと考えており，長期的なプロジェクトの始まりでしかなく，時間と共に成長するものだと思います。

　MLSチームに国際経験の場を提供する目的もありましたが，インターリーガ杯と同様にCONCACAFチャンピオンズリーグの重要度が上がるにしたがって，スーパーリーガ杯の存在価値は下がっていきました。なぜなら，CONCACAFチャンピオンズリーグにMLSのチームも参加しており，大会を開催する意義が薄れていったからです。

　手前味噌ですが，3つ目のパンパシフィック杯は私がSUM国際部時代に手がけた大会で，北米とアジアでコラボレーションできないかと考えたものです。さかのぼれば，UMASS留学時代の卒業論文の一部から発展した企画でしたが，残念ながらわずか2年で中止に終わりました。

　MLSはヒスパニック系ファンへのアプローチに注力し，非常にうまくマーケットを育てていました。その結果としてインターリーガ杯もスーパーリーガ杯も立ち上がっています。そんな中，日本人の私はアメリカ国内のアジア系

ファンも取り込みたいと考えていました。日本とアメリカはアジアサッカー連盟と北中米カリブ海地域サッカー連盟の盟主で，Jリーグが1993年，MLSが1996年に開幕し，互いに似たような課題や成功事例を持ちながら欧州と対等な地位を目指しています。だからこそ，その両リーグが共演できる場はないかと考え続けていました。

そして迎えた2008年の第1回大会。ハワイで開催した大会は，試合内容も魅力的で，大方の予想を覆して単年黒字の大成功を収めました。互いにサッカーでの交流はなく情報も少なかったため，それぞれが自分たちの方が上だと考えていただけに，結果として白熱した展開になったのです。

しかし翌2009年大会は，連続出場したLAギャラクシーのオーナーであるAEGが興行主となり，ロサンゼルス開催となったことで状況が変わりました。SUMとしてはMLSチームの利益を考慮するという趣旨の下，LAギャラクシーと協議した末の判断でしたが，ロサンゼルスはアジア諸国のチームにとってプレシーズンキャンプを行うには遠過ぎたのです。

また，ロサンゼルスは気候もハワイほど温暖ではなく，娯楽の多い都市において地元住民の注目を集められるほどの大会ではなかったことなどから，選手や関係者の評判もよいものと言えず，大会そのものも不発に終わりました。さらに同年，私がFCバルセロナに転職してアジア向けの専従者がSUMにいなくなったため，2010年以降は開催されなくなってしまいました。新興プロサッカーリーグが集中する環太平洋地域の結束を高める中長期のビジョンを維持し，ハワイで継続開催できていたらなどと，今でも複雑な気持ちで思い返す大会です。

こうした経験もあり，SUMは大会を主催するビジネスモデルから徐々に遠のいていきました。少しさかのぼりますが，2009年に世界最大エージェンシーの1つである，クリエイティブ・アーツ・エージェンシー (CAA) 傘下のCAAスポーツとパートナーシップを結び，SUMは部分的に参画するにとどまります。2012年には，CAAスポーツもNFLのマイアミ・ドルフィンズのオーナー

であるステフェン・ロス氏らが経営するスポーツベンチャー会社RSEベンチャーズに事業の権利を売却。そしてRSEベンチャーズの子会社であるレレベント・スポーツ社が，2013年に「インターナショナル・チャンピオンズ・カップ（ギネスカップ）」を創設したのです。

　本書でも取り上げたこのイベントは，毎夏に欧州から8つのビッグクラブを招聘し，全米中で試合を開催する大会で，レアル・マドリーとマンチェスター・ユナイテッドがミシガン大学で対戦した2014年8月2日，10万9318人の観客を集めたことで一躍脚光を浴びるようになりました。執筆時点で私は内情を知りませんが，経験上これだけ豪華なチームを呼び込むには破格の先行投資が必要ですから，それを継続的に回収するビジネスモデルに注目しています。

3
パシフィック・リム・カップ復活

　パンパシフィック杯に触れましたので，この大会と私の夢がその後どうなったのか紹介させてください。

　この大会の原型となったのが，もともとは私がマサチューセッツ州立大学アマースト校時代に執筆した卒業論文に基づいていることに触れましたが，それだけに個人的な思い入れも人一倍あるものでした。2008年にパンパシフィック杯を立ち上げた際の感動は生涯忘れられないものですし，それだけに2009年を最後に，大会が消えてしまったことへの残念な気持ちも同様に忘れられないものでした。一旦はこの大会はもう戻ってこないと諦め，それがその直後のFCバルセロナへの移籍を後押しする大きな要因にもなりました。

　しかし，運命とは面白いものでFCバルセロナを退団後，この本を執筆するきっかけとなったリード・オフ・スポーツマーケティングに転職をした1年後に，ハワイ観光局と，ハワイでカレッジスポーツの興行を行っていたESPN

リージョナル社よりこの大会の復活の話を受託したのでした。大会開催に関するノウハウの提供と，大会に関わるサッカー関連の責任者であるチーフ・サッカー・オフィサー（CSO）という形で 2012 年，「ハワイアン・アイランズ・インビテーショナル」という新しい名称でハワイに再び日米を繋ぐ国際サッカー大会を開催することができたのです。

　2008 年開催時の半分ほどの予算の中での開催は簡単ではなかったですが，横浜 FC の三浦知良選手などが参加したことで，ある程度の成果を残すことはできたのではないかと感じましたし，数年計画で考えていたので，そのための初年度としては手ごたえのあるものでした。しかし，ここでもまた興行の難しさである中長期に立った視点からの投資マインドをどれほど持てるのかという課題から，「2013 年は大会続行をしない」との決断が下されたのです。現場レベルでは手ごたえがあったものの，ESPN 全体で考えた結果，投資対象を 2013 年からは他に回すという判断により，この大会は消滅してしまったのです。2008 年当時と異なり，2012 年は予算編成や，事業収支には一切関知していなかったので大会収支もどのようなものであったのかは今でも分かりません。ただ，さすがに二度目の消滅となると，気持ちの切り替えは難しいものがありました。

　少し間を置いてから，また大会の親を探す営業を徐々に開始していきました。大会のコンセプト，企画，ノウハウは提供すると言っても，興行主を探す営業はそう簡単ではありませんでした。交渉においては必ず「出場するチームは確定できているの？　スタジアムは確保できているの？」と，聞かれます。しかし，元手がなければ参加チームやスタジアムとの交渉も開始できません。一方でチームやスタジアムに話にいけば「お金はギャランティできるの？　予算のめどは立っているの？」と問われ，その間を行き来する日々でした。

　その間には「ハワイに行きたいだけでしょう？　ハワイでサッカーなんてそもそも無理があるんじゃない？」…等ここに挙げればキリがないほどの突っ込みを頂戴しました。そのような中で半分以上諦め始めました。何よりも「中村

CHAPTER **4**
Soccer United Marketing 〜 SUM の業務と MLS との関係〜

君はリスクなし？」と問われると返す言葉もなくなるのでした。しかし、"人生においてやらずに後悔するよりはやって後悔する"、そして、"諦めるよりも信じることに賭ける"という自分の座右の銘を2つ考えたとき、40歳になる手前で人生をかけてでもこれはやらないと一生後悔すると考えたのです。

　1つ明確に分かっていたことは、自分がオーナーにならない限り、大会の命運はいつまでも他人の手中にあるということです。自分が大会の親にならないと、きちんと思ったように育てることはできません。そのためには自分がリスクを取り、大会の興行主にならない限り安定した大会はなく、1年近く逡巡した結果、独立起業することを決断をしたのでした。この動きで迷惑をたくさんかけたことも理解していますし、申し訳ない気持ちでいっぱいでしたが、「40歳手前にこれはやらないといけない」という気持ちは止められないものでしたし、これに賭けて万が一失敗してもその価値があるものだと考えました。

　少し借金をし、ノートパソコン一台からのスタートでした。試行錯誤をしながら大会の復活に向けて色々な営業をできるところからしましたが、そんな簡単ではありませんでした。むしろ、無謀に近いとしか言えませんでした。しかし、それを成し遂げたときのインパクトは大きいと信じ、少しずつできることを始めたのでした。会社を大きくすることと同時に、資金を貯め、大会をどうやって復活させるか。簡単にはやはり進みません。途中で何度か、大手企業が興行を検討しているとのことでハワイ観光局との打ち合わせをもつものの、最後の役員会議を通過しなかったり、世界的なスーパースター選手が出資をするという話があるものの、ハワイでの視察を終えて帰国後やはりなかったことにしてほしいと言われたりしました。ハワイ観光局自身が大会のオーナーになるという話もありましたが、立ち消えになりました。

　2016年には、日本の国際サッカー大会とのコラボレーションで予算を分け合うスキームの話が進み、スタジアムも仮押さえをし、ハワイ観光局の予算も何とか承認を得ることができ、参加チームも内定したものの、大会開催3カ月前に日本での国際大会がなくなったことで、大会発表前にキャンセルとなり、

その後のお詫び周りをしないといけないという事態に見舞われたときは，さすがに心が折れそうになりました。

2017年の夏，仕事とは関係なく折に触れてはお時間をいただいていた株式会社ドームの安田秀一社長とお話しをしていた際に，この話を思い切ってさせていただきました。「社会価値の創造」というドーム社の企業理念や，「現場主義」「自前主義」「世界連携主義」という三大主義と重なる部分があるかもしれないということで，「応援しよう」という思ってもいなかった言葉をいただけたのでした。そこから2カ月間でハワイ観光局や，アロハスタジアムへ再訪問したり，参加チームを集める契約業務に奔走したりしたのでした。すでに秋であったことにより，来春のキャンプ地に関してはどこのクラブも決定しており，参加チームの交渉は難航しました。MLSの下部独立リーグにも話をしたり，そのチームが所属するリーグが裁判で負けて存続が保証できないとなったり，それはもう目まぐるしく物事は移り変わりました。

何よりも運営スタッフ集めも困難を極めました。当時のブルー・ユナイテッド社の社員は自分を含めて4名。そこからこの夢のためだけに集まっていただけた主要運営メンバーは最終的に16名となりました。このメンバーは一生の仲間と思っています。しかし，この16名の内，国際サッカー大会はおろか，サッカーの試合の運営自体初めて経験するスタッフが12名という陣容でした。

■ PRC2018 Founding Member
・奥田哲也（ブルー・ユナイテッド）○
・山本遼太郎（ブルー・ユナイテッド）○
・ハビエル・サンツ（ブルー・ユナイテッド）●
・橋村将来（ブライズジャパン株式会社）○
・井ノ口孝明（エルチェCFインターン，現ブルー・ユナイテッド）*○
・平松嵩（スタジオGボイス，現ブルー・ユナイテッド）○
・マイケル・ストーリー（デスティネーションスポーツハワイ）★

CHAPTER **4**
Soccer United Marketing 〜 SUMの業務とMLSとの関係〜

- ジャスティン・ジョージ（GSイベントハワイ）★
- マックス・アントン（パラダイス・サッカー）★
- ケンジ・トレシュク（元シアトル・サウンダーズFC選手）★
- ヘルマン・スフェラ（元MLS，広報コンサルタント）＊■
- シャント・カスパリアン（元MLS，運営コンサルタント）＊■
- フイ・ヴォ（広報コンサルタント）★
- デイナ・ラウ（運営コンサルタント）★
- 佐藤愛美（リポーター，MC）★
- 中村武彦（ブルー・ユナイテッド）＊●

＊：国際サッカートーナメント運営経験者
●：ニューヨーク　○：日本　★：ハワイ　■：米国内その他

　ただ，集まってもらった仲間は，専門的な能力を持つ優秀な人ばかりでしたので心配はありませんでした。心配は自分がきちんと教えられるのか，ということでした。国際サッカー大会の運営に関しては，経験したことのある4名でそのノウハウを共有していきました。難しかったのは，言語，時差，商習慣の違いの3つでした。スタッフは日本人とスペイン人，アメリカ人の混成でしたので英語に統一したコミュニケーションが必須でしたし，何よりも商習慣が日本式，アメリカ東部式，そしてハワイ式と流れが異なるため，簡単ではありませんでした。また，国際イベントなので色々と非常事態が起きるし，各地に散らばって仕事をしているので絶対的なファミリーのような信頼がないと乗り越えることはできませんでした。

　数枚のビジネスプランで始まったこの計画ですが，様々な相手との折衝や契約締結業務が続き，気がつくと分厚いファイルに収まらないほどの契約書や書類がたまっていきました。「1年で大会がまた消えます」ということが地元の有力者たちから許されない中，プロパティーを育てるという観点からきちんとビジョンやミッション，そしてターゲットを3段階にして設定し，「1年目は

とにかく全ては地元に受け入れてもらうために」とフォーカスしていきました。

> ■ビジョン
> 世界のサッカー市場で「Last Market」と言われる環太平洋地域の潜在価値を顕在化する。
>
> ■ミッション
> ・環太平洋地域の大陸連盟及び，プロサッカーリーグが一堂に会する国際連携を構築する。
> ・PRC の事業価値を最大化する。
> ・「日本発の環太平洋経由の国際大会＝Pacific Rim Cup」の存在価値・意義を発信することで，日本スポーツ界の国際化に寄与する。

1年毎にターゲットを設定し，今度こそはプロパティーを育てるということを主眼におきました。
1. ハワイが誇りに思え，地域貢献できるプロスポーツイベントの構築（2018）
2. 日米が協力し，ハワイが国際的なサッカーイベント開催地になることを目指す（2019）
3. このプラットフォームを拡大し，環太平洋地域のプロサッカーリーグも巻き込むことで，世界的にも権威のある国際大会に成長。この地域のサッカーの発展に寄与する（2020）

「もうこれ以上，親の都合で子供が不憫な思いをすることはないように」と，上記を設定しました。初年度の数値化できる目標として，2012年の観客動員数を上回ることを最低条件としました。つまり，2日間合計で1万人を突破するということでした。チケットを販売開始することができたのが11月の

中旬でしたので，実質 2 カ月半。販売初日は 30 枚程度しか売れず，周囲からもすぐに疑念の声が飛びました。「ハワイは当日券をスタジアムで買うものだ」と言われながらも，若者たちのソーシャルへの傾倒を信じ，限られた予算のほとんどをデジタルマーケティングに費やした結果，ハワイでは珍しくチケット売上の 42 ％がオンラインでの販売につながったなど，予想に反した学びも数多くありました。何よりも 2008 年より信じてくれていた多くの方々のサポートなくしてこれは実現しなかったですし，最終的に観客動員数が「1 万 1659 人」と目標を達成したときの気持ちは一生忘れられません。

　無料の Keiki Soccer Clinic というものを参加チームの選手たちと共にアロハスタジアムで開催したとき，当初は 70 名程度の参加を見込んでいたのですが，募集を開始してわずか 48 時間で枠は全て埋まり，最終的には 300 名近い子供たちが集まったときは感動しました。定員を大幅にオーバーしていましたが，子供たちを最優先に考え，とにかく感謝しながら全員に入ってもらいました。このときもスタッフたちの柔軟な対応には感銘を受けました。喜怒哀楽の詰まった半年でしたので，もっとここに綴りたいのですが，本書との趣旨がずれてしまいますので，またの機会に述べさせていただければ嬉しいです。

　執筆時点では，2019 年の開催準備に入っており，ドーム社とさらによりよいものにするにはどうしたらよいのか，日々ディスカッションが繰り広げられています。

SECTION 4
興行主としての自社大会

多岐にわたる SUM のビジネス

1 ブログ広告までパッケージ化

　本章では，SUM と FC バルセロナとの中長期的なパートナーシップや CONCACAF との協業などを紹介してきましたが，これらほどの長いスパンではなくとも，SUM は MLS や MLS チームのメリットを考慮して国際試合を実施するビジネスも行っています。

　顕著な例としては，海外から有名チームを招待して開催する MLS オールスター戦の出場チーム調整業務です。1996 年から始まったオールスターは当初，東西カンファレンスの対抗戦が基本でしたが，2004 年を除く 2002 年以降は「MLS オールスターズ vs 有名チーム」という構図になりました。海外チームはマンチェスター・ユナイテッドやチェルシーなどのイングランド勢が中心ですが，2014 年は圧倒的な強さで世界の注目を集めたバイエルン・ミュンヘンを招待しています。

　他にも，前章で少し触れたコロンビア代表やベネズエラ代表，またイングランド，アルゼンチン，ブラジルなどの代表チームのアメリカ国内における親善試合をスポットで開催しています。現在では少し数が減ってきたようですが，私が SUM 国際部に在籍していた当時は，年間 30 試合近くを手掛けたシーズンもありました。

　その他のユニークな事業展開としては，MLS，アメリカサッカー協会，アメ

リカ国内の主要なユース団体，さらには著名なサッカーブロガーのブログや大手サッカー総合サイトなどのウェブ広告を，一手に引き受けています。これはパッケージ化の最たる例ですが，他国ではあまり見られない施策だと思います。

実際の成果として，ESPN 社，FOX 社，NBC スポーツ社などの大手スポーツ専門サイトのサッカーページへのアクセス数を上記ウェブページが上回っており，サッカーに関する宣伝広告を希望する企業からすれば，「SUM と交渉すれば有効で幅広い選択肢が用意されている」という構図をつくり出しました。一時は海外チームのアメリカ国内における宣伝広告もパッケージに梱包されていたほど，手広く事業展開しています。

ここまで見てきたように，SUM は MLS に縛られることなく，北米におけるサッカーに関する事業を国際的に行っています。あくまでもアメリカ国内におけるサッカーのプロパティーの価値を高めることが第一の目的で，結果として MLS に利益が還元されるという考え方を理解していただければよいでしょう。

また，CHAPTER5 以降でも詳しく解説していきますが，MLS や SUM が「投資」という発想を強く持っていることが重要なポイントです。MLS が行った SUM というビジネスインフラに対する投資は，MLS の基盤づくりにおいて非常に重要ですし，SUM 社の価値が高まる中で外部から出資を得ることが可能となり，今度はその資金を MLS に投資することができています。

スポーツビジネス界において，投資という感覚を持ちにくい中，投資とリターンに対する考え方やノウハウがあり，それを実行できるだけの資金のある専門家をオーナーに持つ MLS の強さが垣間見えます。自前の大会を保有する事業などは継続しませんでしたし，他にも撤退している事業は多々ありますが，経営という視点においては，その判断の速さも大事な部分です。

最後に SUM のビジネスのポイントを整理し，この章を締めくくりましょう。

SECTION 5
多岐にわたる SUM のビジネス

◆ **SUM のビジネスのポイント**

1：「MLS 発展のためにサッカーというプロパティーの価値を高める」との明確なビジョンの下，MLS に限定しないサッカービジネスを手掛ける SUM 社を軸に，人種の坩堝であるアメリカを捉える国際的な事業展開を仕掛けている。
2：キャッシュのみならず，その他の無形財産に関しても，MLS や MLS クラブにメリットが行き届くように考えられている。
3：MLS 単体では弱くとも，巧みにパッケージ化してマルチプラットフォームを構築し，お客様のニーズに合わせてカスタマイズしている。
4：出資オーナーも含めて外注ではなく，自前で大半のことを手掛けるため，事業進出及び撤退のスピード感があり，商品に懸ける情熱が高い。
5：北米にサッカーのワンストップショップを構築する「One Sport. One Company.」の理念の下，お客様への利便性も高めている。

CHAPTER 5

「人」に対する投資について

SECTION 1
スポーツにおけるROIの代表例

1
アカデミーに対してさえも

　読者の皆さんも,「ROI（Return On Investment）」という言葉は聞いたことがあると思います。日本語では「投下資本利益率」と言われ,投資した資本に対して得られる利益のことを指します。これは組織を経営する上で常に考えるべきポイントであり,スポーツ界でも避けては通れない項目です。

　とはいえ,スポーツ界においてはROIが測定しにくいのは事実です。スポーツビジネスは,選手や強化スタッフの年俸といった投資額が必ずしも反映されない勝敗に左右されるビジネスであり,育成に関わる投資のリターンが正確に数値化しづらい部分があるからです。確実性の低い勝利に対する投資はリスクが高く,ともすれば博打と言えなくもありません。また,育成組織をNPO法人として運営するプロスポーツチームが多いのは,ビジネスとして明確に評価することが難しいからかもしれません。

　例えば,MLS強化担当者会議で下部組織に関する議題が挙がった際,オーナーたちから「下部組織を持つことは構わないが,その投資は何年後にいくらになって返ってくるのか」と,ビジネス的な観点から質問がありました。MLSの担当者が「アカデミーに関しては数値化できません」と答えると,オーナーたちは「では,大学から選手を獲得する現行制度のままでいいのではないか」と答えたのです。

他国では信じがたいやり取りに思えますが，アメリカでは育成に関しても費用対効果を常に意識しています。そこでMLSの強化担当者は，オーナーたちに対して次の3点から下部組織を持つ有用性を説明しました。
　1つ目は，育成した選手を他クラブに売却した際に利益が生まれるという点。2つ目は，よい選手を育成できれば高額な移籍金で他クラブから選手を獲得する必要がなくなるという点。3つ目は，NYヤンキースやFCバルセロナのように複数の選手がトップに昇格すれば，中長期的にクラブの経営も強化も安定する上，ファン・サポーターやスポンサーも獲得しやすくなる点です。
　この説明によってビジネス経験豊富なオーナーたちを完全に納得させたかは定かでありませんし，個人的には突っ込みどころも多々あると感じています。それでも，MLSは2007年よりアカデミーの活動をスタートしていますから，ある程度の理解は得られたのでしょう。また，投資のマインドセットを相互に明確にして取り組んだことも大きかったと思います。
　しかし，ふたを開けてみると指導者たちの経験不足がネックになりました。よい育成には指導者の質が必要不可欠なため，MLSの強化担当者は育成に関して，全チームのアカデミー担当者を世界的に評価の高いフランスへ留学させる提案をしたのです。「フランスサッカー協会は年代ごとに育成のコーチライセンスを発行しています。フランスの育成は世界的に定評があるため，全チームの担当者を留学させる費用を投資してください」と。
　これもオーナーたちの理解を得ることに成功し，今ではフランスサッカー協会と提携しています。MLSの指導者は毎年，フランスの育成拠点であるクレールフォンテーヌを訪れるとともに，リーグが雇用したフランスサッカー協会の指導者がニューヨークに常駐して，MLS全チームを巡回しています。
　率直に言って，MLSのロジックには少し無理があったと思いますが，ここで抑えてほしいポイントは，スポーツ界でも常にROIを意識して資金を投入しているという部分です。逆に資金の投入を依頼・提案する立場としては，ROIに焦点を当てた論理でオーナーに対して説明しなければならないのです。

2
12.5 億円が 2000 億円に

　投資という意味で分かりやすいのは、チームや選手の売買に関する事例でしょう。つまり、いくらで買って、いくらで売ったのか。差し引きで一体どれほどの損益が発生したか一目瞭然です。アメリカのプロスポーツ界ではチームの移転に伴う売買に関するニュースを頻繁に耳にします。そのときに論点となるのは、購入・売却した金額が適正なのか、元のオーナーがいくらで購入していくらで売却したのか、という部分です。それは、つまりビジネスとしていかに得をしたかが重要だということです。例えば、2014年に元マイクロソフト社CEOのスティーブ・バルマー氏が、LAクリッパーズをNBA記録の約2000億円でドナルド・スターリング氏から買収した話は有名です。何しろ、1981年にスターリング氏が同チームを買収した金額は約12億5000万円でしたから、スターリング氏は実に200倍もの利益を獲得したのです（※運営費や他の出費を考えない場合）。ESPN社の算出によると、2000億円はLAクリッパーズの2014年度における年間売上予測の約12.1倍にあたるため、バルマー氏が同チームの事業だけで投資額を回収するには相当な時間を要することになりそうです。参考までにフォーブス誌では、LAクリッパーズだけでなくNBA各チームの資産価値を毎年算出しています。興味のある方は、同誌の公式サイト（www.forbes.com）にある「NBA Team Valuations」をご覧ください。

　また、チームの売買を取り仕切る会社の存在にも触れておきましょう。例えばインナー・サークル・スポーツ社は、スポーツに特化した投資銀行のような立場を取っています。具体的には、世界中の様々なスポーツチームやエージェンシーのファイナンスアドバイザー、チームの所有権の売買やM&Aのアドバイザーを務めています。同社にはスポーツにおけるROIの専門家が多く在籍し、どのようなフランチャイズやスポーツアセットに投資したらよいか、的確なアドバイスまでしてくれるのです。

3
禁止になったTPO

　次に取り上げるのは，選手の売買に関して頻繁に問題視されていたサード・パーティ・オーナーシップ（TPO）です。これは，チームでも選手本人でもない第三者が選手の保有権の一部または全部を持つというもので，2015年5月1日をもってFIFAが禁止した仕組みです。博打の側面が強いため，私は投資でないと思いますが，スポーツの投資を語る上で頻出する用語でもあります。

　例えば，チームAにスター選手を獲得するための資金が足りず，投資ファンドのような組織や個人である第三者から不足分を借りて当該選手を獲得した場合，借入金額に合わせて選手の保有権を投資ファンドに譲渡するのです。そして，将来的にチームAが当該選手を別のチームBに移籍させた際に，保有権の割合に応じて投資ファンドに移籍金の一部を支払うことになります。

　具体的に言えば，次のような流れです。チームAが10億円，第三者投資ファンドが10億円，計20億円で選手を獲得しました。各50％の出資比率のため，選手の保有権は50％ずつです。3年後に当該選手が30億円でチームBへ移籍したら，チームAと第三者投資ファンドは15億円ずつ獲得し，ROIとしては双方とも50％で5億円を得ることになります。

　上記のように，将来的に獲得した選手の価値が上がり，獲得金額よりも高く他クラブに売却することができれば，双方とも利益が得られるため悪い話ではありません。しかし，少し考えれば大きなリスクを抱えていることに気が付くでしょう。分かりやすい話では，選手の価値が落ちて移籍金が下がったり，契約満了で移籍金が発生しなかったりしたらどうなるでしょう。チームはもちろん，第三者も投資額が回収できなくなります。

　ビジネスとして投資している第三者にとって，損をするリスクは最も避けたいものです。このように考えると，TPOの問題点が理解しやすいでしょう。つまり彼らが何をするのかというと，チームの経営や強化に全く関係のない立

場にもかかわらず，当該選手の移籍に介入してくるのです。事実として，第三者が当該選手の価値が高いタイミングでの移籍をチームに強要し，チームや選手にとっても不幸だと思える移籍が多く見受けられました。投資としての側面が強くなるばかり，移籍本来の目的が見失われてしまったのです。

もっと極端な例では，第三者が移籍先を勝手に探してきて，先の例で言えばチームAとチームBの間で暗躍し，不当な利益を得ることさえできてしまいます。資金的に裕福ではない中南米で多く発生している事案で，2013年にネイマール選手がサントスFCからFCバルセロナに移籍した際にも，移籍金などに関して様々な報道が行われました。

ある報道によれば，FCバルセロナへの移籍で発生した76億円以上と言われる移籍金は，全てサントスFCが手にしたわけではなく，約40％（約30億円）は様々な第三者に支払われたとも言われています。ネイマール選手の移籍金で大きな利益を得ようと画策したサントスFCは，TPOを利用して同選手の保有権を複数の第三者に切り売りすることで資金を獲得し，ネイマール選手と可能な限り高額で長期の契約を結んでいたのかもしれません。

MLSの下部に位置するNASLでも，ブラジルのトラフィック社が複数チームのオーナーとして君臨していた時代がありました。先のFIFAの汚職事件後に撤退していますが，NASLにはトラフィック社が保有権を持つ中南米の選手が多く所属し，次の移籍先を探す状況もありました。

当然のことながら，選手たち自身がよりレベルの高いリーグや，より高給を取れるクラブでのプレーを望んでいることは否定できません。しかし，あまりにビジネスの側面が強くなり過ぎてしまうと，スポーツ本来の在り方から乖離してしまうリスクがあるのではないでしょうか。

この項では，「スポーツにおける投資」における代表的な例を紹介しました。次項では，アメリカのスポーツ業界で特徴的な例である，「人への投資」について説明していきましょう。

SECTION 2
「人」への投資の価値は
―スポーツビジネスの根幹―

1
ドン・ガーバー氏の招聘

　前項では、スポーツ業界におけるROIの代表的な例を紹介しましたが、ここでは、MLSに限らず北米のスポーツビジネス全般に言える「スタッフへの投資」に関して述べていきます。「ビジネス」を行う上で優秀なスタッフを集めたり、育成をしたりすることはスポーツビジネスに限らず、どの分野でも行われている、ごく当たり前のことだと思います。

　ただ、スポーツビジネスに関しては、本書の最初に紹介した通り、スポーツマネジメントが北米で生まれ、特に業界の特異性に合わせたユニークな面が数多く存在することで発展してきた、という歴史があります。スポーツビジネスの場合、お客様に提供する商品の中に「昇降格」があったり、「勝利を目指す」ことに占めるウェートが大きく、そのために選手などへの投資が大きくならざるを得ないという難しさがあります。

　しかも、選手などにお金をかければ絶対に勝てるというものでもなく、コントロールが効かないというジレンマを常に抱えているのです。そのため、「負けたときでもお客様に喜んでいただかなくてはならない」という永遠のテーマがスポーツビジネスには存在するのです。つまり、お客様を満足させ続けるためには、選手以外の「ピッチ外の選手」への投資が必要不可欠なのです。優秀な「ピッチ外の選手」の獲得は、ピッチの上で活躍する選手と同等に、チーム

CHAPTER 5
「人」に対する投資について

にとっては大事な人材となってきます。

　MLSに焦点を当ててみると，リーグが創設した当時は，スター選手も皆無で，チームそのものが存在しませんでした。アマチュアでもセミプロでも確固たるものが北米に存在しなかったので，優秀な選手は海外に活路を見出していました。さらにMLS創設時には，「NASLの失敗」と同じ轍を絶対に踏まないという大前提が存在していました。そのため，長期的な視点でリーグを繁栄させるということを考えており，限られた原資を最初から選手に投資し，勝利を追い求めるということに対しては，初期の投資家グループも非常に慎重でした。

　一方で，勝利のため，選手にお金をいくらでも使えるようにするためには，それだけの利益を生み出す組織を構築しなくてはならず，それが「人への投資＝優秀なビジネスマンの採用」につながっています。何か特別なことであるかのように，大げさに述べていますが，これもごく当たり前の話だと思います。

　さて，MLSにおける「人材への投資＝優秀なビジネスマンの獲得」の最たる例は，1999年にNFLよりヘッドハントされた現MLSコミッショナーのドン・ガーバー氏の招聘が挙げられます。彼の年俸は公表されてはいないものの，推定約5億円とも言われており，2005年から現在まで，スポーツビジネスジャーナル誌が毎年選定する「スポーツ業界における影響力がある人物50選」に選出され続けています。

　2014年には，ガーバー氏が2018年までの5年の契約延長をしたことが発表されました。そこでガーバー氏は，MLSを牽引してきたことへの評価と自信を示すコメントをしています。

> MLSに来てから結んだ初めての5年契約です。それまではいつも3年契約でした。その理由は，自分を含めて関係する方々皆に柔軟性を持たせるためでした。ここまでMLSはまだ若く，不安定でした。しかし，今MLSの経営は安定しはじめ，相互に長期的に腰を据えて取り組める時代に突入したと判断し，5

SECTION 2
「人」への投資の価値は ―スポーツビジネスの根幹―

> 年という長期契約をすることにしました。その先のことはまた3，4年後にじっくりと考えます。20年間も同じ仕事をするというのはどんな仕事であっても長すぎますからね。

　これだけプレッシャーがかかる仕事であると同時に，各チームのオーナーから解雇を告げられるかもしれない状況下で，「推定年棒5億円」という金額が高いか，安いかについては様々な考え，意見があるかと思います。MLSがガーバー氏を招聘して以降，シングルエンテティシステムの理念を採用し，本書のCHAPTER6，7で解説していくような事業を展開することで，経営は上向きに変わっていきました。その実績を鑑みると，5億円の年俸は「安い」と言えるのではないでしょうか。

　一方，他のリーグのコミッショナーたちの推定年俸は破格です（243ページ参照）。NBCスポーツは「NFLのグーデルコミッショナーの報奨は，リーグの成功と彼のリーダーシップを反映したものであり，彼の秀でた実績は我々の試合，事業の継続的な発展，そして業界内におけるNFLのリーディングポジションを強化し続けてきているからこそである」という，アトランタ・ファルコンズのオーナーであるアーサー・ブランク氏のコメントを引用し，「NFL32チームのオーナーたちは，自ら指名したコミッショナーの成果に満足し，払いたいと決めた額が『35億円』なのだ。グーデル氏の指導のもと，実際にNFLは何千億円もの利益を生み出している事実の前にこのような年俸を否定することは難しい」と総括しています。出資者が自分たちにとって十分な利益を回収してくれる人材であれば，年俸がそれに比例して上昇していくのです。

2
人材は活発に流動していく

　このように，プロアスリートと同様に，コミッショナーを含むビジネスマン

たちも「成果報酬制度」が設けられており、契約年毎に交渉が行われ、契約更新、はたまた別離が日常茶飯事で行われています。

　前述のようなコミッショナーたちと比較すると限りなくスケールが小さい話になってしまいますが、私がMLSに在籍した6年間は、年度末に上司とのレビューセッションがあり、その年の出来に合わせた話し合いを行い、ボーナス支給額、そして翌年の目標設定を交渉し、両者同意の上でサインをしました。時には、大きく変動するボーナスの影響で前年度より年俸が落ちてしまった年もありました。達成できそうにない目標を求められれば、議論をし、現実的な目標に落とし込んでいきます。また、金額には出てこないような有意義な無形財産を得ることができたということのアピールも積極的に行います。相互に目標設定と評価が入り混じる、このレビューセッションは新鮮でした。そのため、「いくら稼がないといけない」「お金に換算できないけれども、付加価値をどのように出すべきか」ということを常に考えさせられる環境であったことは、今でもよい経験になっています。初めてMLSの正社員になった年、年俸も低く、初めて売上を上げた際に、「年俸分を稼いだから今年解雇になることはないだろう」と密かに安堵したことがありました。

　余談ですが、MLSの上司の中には、自身の年俸や待遇を交渉するために代理人を立てている人がいました。このことは、私にとって大きな驚きでした。

　私が6年間MLSに在籍していた中で、約30名ほどの同僚が去っていきました。解雇になった者、よい条件でヘッドハントされていった者と様々です。オフィスをもう1人の同僚とシェアしていたのですが、出張から戻ったらいなくなっていた、というショッキングな出来事にも遭遇しました。

　もちろん年功序列という考えはないため、自分より年下の上司もいましたし、自分よりも遥かに年齢が上の部下もいました。成果主義がよく、年功序列が悪いということを言うつもりはありません。それぞれによい面、悪い面があるかと思います。ただ、人材への投資という観点で考えていくと、「MLSで働くためには、プロアスリートと同じようなマインドセットでいないといけな

SECTION 2
「人」への投資の価値は―スポーツビジネスの根幹―

い」という意識は徹底的に植え付けられました。

　また，MLSでは，いろいろと面白いバックグランドを持つ人材を採用してきました。もちろん，これはMLSに限った話ではなく，他のリーグでも同様です。

　次に，「MLSの人材がヘッドハントされた例」をいくつか紹介したいと思います。関係者を震撼させた最たる例は，自分の最初の上司でありインターン生であった自分を引き上げてくれ，本書内でも何度も登場している現アーセナルCEOのアイヴェン・ガジデス氏でしょう。MLS設立時のキーパーソンであり，長らくアボット氏と二人三脚で歩んできて，ガーバー氏の側で副コミッショナーとして支えてきました。彼が，2008年にアーセナルFCの公式サイト上でCEOに就任したことが発表された日の朝，MLSのオフィス内は騒然となりました。

　当時のアーセナルFC会長のピーター・ヒル・ウッド氏は「アイヴェンの実績はファーストクラスだ。アイヴェンの歴然とした豊富なビジネスの識見と，フットボールに関する深い造詣は，アーセナルFCの秀でた地位を継承するだけでなく，フットボール界及び国際市場において我々の評判を強化するだろう」と，声明を発表したのです。

　また，2013年には，弱冠31歳のティム・ベズバチェンコ氏が，MLSのリーグオフィスの選手契約部門からトロントFCのゼネラルマネジャーに大抜擢されました。ベズバチェンコ氏は，独立リーグでプロ選手として活躍後，ロースクールに進学し，弁護士になり，そこからMLSのリーグオフィスに転職をしてきた人物でした。「トロントFCが必要としているニーズ全てを満たす，非常にユニークな判断である。サラリーキャップなど選手獲得に際して必要なマネジメント力と分析力を全て兼ね備えており，チームを長期的にどう構築すればよいかを理解している。我々と同様に彼自身もすぐにチームに好影響を与えてくれると信じている。ティムのMLSに関する知見をトロントFCに持ち込めることを楽しみにしているし，最も重要な仕事となるトロントFCのサポー

ターたちのために勝てるチームづくりに早速彼と一緒に着手したい」というメイプルリーフスポーツ＆エンターテインメント社社長のティム・ライウィキ氏の声明からも、ベズバチェンコ氏の評価の高さがうかがえます。

続いて、その2年後にまたもや同じリーグオフィスの選手契約部署の同僚で、36歳のアリ・カーティス氏がニューヨーク・レッドブルズのスポーティングディレクターにヘッドハントされました。彼はMLSでプロ選手としてのキャリアを終えた後、JPモルガン銀行に入社し、その後MLSリーグオフィスのコミッショナー室で活躍後、選手契約部門のディレクターとして勤務しているときに、ニューヨーク・レッドブルズから白羽の矢が立ったのでした。

このように、同じMLSのリーグ内であっても活発に人材は流動していきます。当然、その年俸は跳ね上がり、フロントオフィスのスタッフでも選手よりも年俸が高いことは珍しくありません。こんな私でも、FCバルセロナの国際部より声を掛けてもらえました。「自分の評価をしてもらえた」ということに対して、純粋に嬉しかったことは一生忘れないと思いますし、今後も選手同様に、自己研鑽の気持ちを忘れてはいけないこと、常に新しいものを提供できるようなビジネスマンであり続けたいと考えるきっかけにもなりました。

3
MLSスタッフの多様性

MLSにどのような人々が働いているのかと言えば、まさに千差万別です。

スポーツマネジメントを修学していなくとも、優秀なスタッフも多く、それぞれのニーズに合わせて様々な分野からスタッフが集まってきます。「エントリーレベルの人材への投資」という観点から述べると、日本のように皆が一同に就職活動を実施する期間は設けられておらず、在学中から積極的にインターンシップ制度を利用します。これは学生が実際に将来どのような業界や会社で働きたいと思うのか、ということを確認する機会となっており、同時に企業側

もこの人材は雇用するに値するだろうかとお互いに観察し合う期間と考えられています。

企業側はもちろん，仕事を教えても採用につながらないケースの方が多く，ノウハウへの投資となります。学生側も，普通にアルバイトをするよりも時給は少ないので，自分への時間の投資と言えます。余談ですが，若者のスポーツ業界への憧れに付け込んで，インターンと称して煩雑で面倒な作業だけを押しつける企業もあるので，学生たちは，気を付けなくてはいけません。そのような事案に対応すべく，多くの大学では企業と連携し，単位取得の一環としてインターンシップを行うような仕組みが整備されてきています。

若い世代への投資にも，実は多くのコストが発生します。終身雇用制度がそれほど一般的ではないアメリカでは，若年層はまだフットワークも軽く，自分自身のキャリア形成を模索していることが多いからです。突出した成果を残せば年齢に関係なく出世していきますが，そうでない場合は年俸もそこまでよくなく，いろいろと経験を積もうと大体2〜3年で転職をしていくなど，若年層人材の流動性は高いのです。そのため，企業側としては優秀な人材を確保すべく，多くの投資を行うこととなります。これもまた，他のプロスポーツリーグやチーム，エージェンシーなどからの人材の出入りも日常茶飯事ですし，スポーツマネジメントを修学していなくとも，金融機関，小売業，法律事務所などから人材を獲得するなど，その業種・背景は千差万別です。

さらに幹部クラスになると，特に大きなお金が動くことになります。MLS内の幹部人材に関しては，本章のSection5で紹介します。例えば，ここまで紹介してきたMLS幹部のマーク，アイヴェン，トッドなどは皆弁護士です。他の企業の幹部をヘッドハントすることも多いですが，MBA同様に，弁護士もアメリカらしくビジネス界に多く，そのような人材を確保するにはそれなりの金額の投資が必要となってきます。

もちろん，MBAを修学した人，弁護士であればよいと言うものではありません。資格ビジネスではないですし，MBAにしてもロースクールにしても千

差万別です。アメリカ法曹協会によると，2018年時点でアメリカ国内の弁護士の総数は133万人となっており，MBAに至っては把握するのは困難なほどの多さです。エコノミスト誌によると，2010年以降毎年MBAの学位を修得して卒業する学生の数は20万人と言われています。

少しプロスポーツから離れますが，おもしろい例として，2010年にミシガン大学のアスレチックデパートメントのアスレチックディレクターに，ピザのチェーン店で有名なドミノピザの会長兼CEOであったデイブ・ブランドン氏を招聘し，話題になりました。その際，彼はスポーツビジネスジャーナル誌のインタビューで次のように述べています。

> 今でこそあちこちで聞くようになりましたが，私のような一般企業のCEOを大学スポーツにヘッドハントしたのは当時はあまり慣例がなかったと思います。ただし経営する点では同じで，求められる資質は一緒です。収入を増加させないといけません，経費を管理しないといけません，資金を集めないといけません，雇用しスタッフを育てないといけません，様々な規約に従わないといけません。引退した指導者などが，私の今の立場に就いていた時代はもう昔の話です。唯一大きく異なるのは，ファン全員が自分でもこの仕事をやり遂げられると思っているだけでなく，それを声に出して言ってくるので，何をしてもどこからか批判を受けます。後は，仕事はいくらでもあるということです。前職では数千億円規模のグローバルな会社を経営していたのですが，今の方が休みがありません。ドミノピザの場合，最も優秀な企画やアイディアは現場から生まれてきました。ここでも同じことです。現場に足を運び，会議室で出てくるよりも遥かに優れたアイディアをいつも拾うことができています。

この後，同大学のアメリカンフットボール部の不調などが続き，2014年に辞任し，2015年より子供向け玩具の大手チェーンのトイザらス社のCEOに就任しました（2018年5月に辞任）。

SECTION 2
「人」への投資の価値は―スポーツビジネスの根幹―

ここでは，サッカーチームが，毎年選手や監督などの補強を行うのと同様に，フロントスタッフも適材適所に「多様な人材」が補強されていくことを事例を通して述べてきました。両者は「チームに貢献する」という同じ目的をもったチームメートであるのです。唯一異なるのは，勝敗というコントロールできないものを通してチームに貢献するのか，ビジネスというある程度まではコントロールできるものを通してチームに貢献するのか，ということです。

　冒頭でも述べましたが，これは MLS に限った話ではありません。MLS に関して言えば，まだ 20 年そこそこのプロリーグであるので，まずは「リーグとクラブの共存」という長期的な視座に立ち，スポーツビジネスの根幹の強化が現時点では目立っているということになるかと思います。その先には，選手を含む「勝敗への投資」というフェーズが待っています。勝利を目指さないスポーツなど面白くありません。それを目指し，順を追ってフェーズごとに MLS がリーグ主導で進めてきている現状は，非常にユニークであり，興味深いと考えられます。

CHAPTER 5
「人」に対する投資について

SECTION 3
MLSにスター選手が いなかった理由

1
MLSにおけるスター選手の変遷

　2018年シーズン開幕前において，MLSにおける有名な選手たちを思い浮かべると，以下のような名前が並びます。

- ・セバスティアン・ジョヴィンコ（トロントFC）
- ・ダビド・ビジャ（ニューヨーク・シティFC）
- ・アシュリー・コール（LAギャラクシー）
- ・ズラタン・イブラヒモビッチ（LAギャラクシー）
- ・バスティアン・シュヴァインシュタイガー（シカゴ・ファイアー）
- ・ジオバンニ・ドス・サントス（LAギャラクシー）
- ・ジョナタン・ドス・サントス（LAギャラクシー）
- ・カルロス・ベラ（ロサンゼルスFC）
- ・ウェイン・ルーニー（D.C.ユナイテッド）

　このようなグローバルなオールスター選手リストは，20年前にMLSが創設されたときには誰一人想像できなかったことです。それが現在では特別指定枠選手が50名を超え，平均年齢も29歳まで落ちてきています。

　MLSが開幕した1996年，世界的に著名な選手はどれほどいたでしょうか？ 少し難しい質問かもしれませんが，あえてワールドワイドな名前のある選手

を挙げるとするならば，前述した元メキシコ代表のホルヘ・カンポス氏，他には元メキシコ代表のウーゴ・サンチェス氏，元イタリア代表のロベルト・ドナドニ氏，元コロンビア代表のカルロス・バルデラマ氏あたりになるでしょうか。詳しいファンの方であれば，ボリビアのスター選手であったマルコ・エチェベリ氏など，他にもいろいろな選手を挙げられるかもしれません。

2
選手獲得のために

　MLSは，母体となる責任企業や，日本リーグのように既存の形があったわけではなく，全てゼロからの立ち上げでした。

　トッド・ダービン氏は，「1996年3月に開幕すると決まっているのに，1995年の6月時点で選手はおろか，監督すら1人もいませんでした」とインタビューにおいて，当時を振り返っています。

　また，元アメリカサッカー協会会長で，当時MLS設立に携わっていたスニル・グラティ氏も「1日で4カ国回ったこともありました。朝一番でドイツでアンドレアス・ブレーメ氏と交渉し，続いてミラノの空港でロベルト・ドナドニ氏と交渉を。その足でロンドンに飛び，ボブ・ホートン氏と監督としての交渉をした後，NYに戻りそこでMLS幹部たちにディナーで報告をしました」と，どれほどゼロから立ち上げるのが大変かであったかをスポーツイラストレーテッド誌で述懐しました。

　選手との契約については，1995年に，アレクシー・ララス氏などの「マーキープレーヤー」，いわゆるスター選手とリーグがサインを開始しました。チームごとに1994年のFIFAワールドカップアメリカ大会で活躍をしたアメリカ代表選手たちと，外国籍スター選手の計4人をアサインしました。

　また，カンポス氏を獲得する際には，今では考えられないような逸話もありました。1996年にメキシコ代表がサンディエゴに親善試合に来た際，MLS幹

部は極秘にカンポス氏に接触を試みましたが、その交渉は困難を極めました。

「なかなか面会してくれないので、スタジアムの裏口から半ば強引に侵入し、試合ラインナップに行こうとする途中で、彼を捕まえMLSに関して話がしたいと直談判したのでした。滅茶苦茶でしたね」と、当時コミッショナーのローゼンバーグ氏は証言しています。それほど、スター選手との契約は困難を極めたのです。

また、FIFA公式サイト上では、ララス氏が当時の不安定な中でのチャレンジを次のように回想したのでした。

> 私は、ワールドカップが一個人の人生に与える影響がどれほどのものかを見せる生き証人だ。1994年のワールドカップは私の人生を変えた。あの夏がなければ今ここでFIFAのインタビューに答えていることもなかっただろう。いろいろなチャンスを与えてくれたし、私のように決して才能に恵まれていたわけではない選手でも、タイミングよく、自分に与えられた機会を活かすことができれば大きなことを成し遂げられると教えてくれた。
> ワールドカップ出場と並んで、セリエAのACパドヴァでの活躍が私のサッカー選手としてのキャリアのハイライトだ。イタリアでプレーする初のアメリカ人になれたこと、そして、その後に続くアメリカ人たちを観ると誇りに思うし、何よりも人として成長できた。その中で、新しくできるMLSに参加するために帰国したことは、大きなリスクを伴ったが、その選択をしたことに大きな誇りを持っている。

その後、本書内（CHAPTER2・51ページ）でアボット氏がコメントをしていたように、リーグに招待された約250名の選手たちのトライアウトが実施されたのですが、この選手たちを集めるにも一苦労であったようです。当時、トッド・ダービン氏と共に選手集めに奔走したデイビッド・ダー氏は、「欧州リーグ、インドアリーグ、セミプロ、カナダリーグ、51週間出張して観れる

SECTION **3**
MLSにスター選手がいなかった理由

ところは全て回りました。それこそ全ての石をひっくり返しましたし，滑稽でしたよ」と，トライアウトに選手を集めるために，ギリギリまで視察を行っていたことを語っています。

また，ガジデス氏も「トライアウト初日，突然ふらりと自分のところに来た人がいたので，『招待制だから勝手に入られては困ります』と追い返そうとしたところ，聞けばボスニアからの難民で，元ボスニア代表のサイド・ファズラジッチ選手だったのです。彼は，スパイクだけしか持っておらず，私も仕方がなく参加させたのですが，その後 D.C. ユナイテッドにドラフトで指名されたのでした」という，今では予想もできないエピソードを回想しています。この話からも，選手集めにどれほど苦心したかが見て取れます。

トライアウト後，第 1 回 MLS ドラフト会議が開催され，このうち 160 名の選手が 10 チームに指名されました。最後に大学生を対象にしたドラフト会議も行われ，初期メンバーが出そろいました。MLS 歴代 2 位のアシスト数を誇るスティーブ・ラルストン氏はタンパベイ・ミュニティと契約をし，その年の新人王を獲得するのですが，「代理人なんているわけもなく，交渉の余地もない。タンパの関係者が迎えに来て，車の中で契約書にサインしました」と述べています。

また，タンパベイ・ミュニティの契約選手の中には，マーケティング目的の俳優や，スポンサーのコマーシャルに出演している者も存在しました。しかし，当然，それでは試合にならず，「最初の 1 カ月で使い物にならない選手 7 名くらい解雇にしたよ」と，元アメリカ代表監督のブルース・アリーナ氏も当時の混乱している様子を話しています。

3
当時のサラリーキャップ

当時のチーム当たりのサラリーキャップは「1 億 2000 万円」と設定されて

おり，選手1人当たりの上限額は「1900万円」となっていました（本書執筆時では，MLSにおけるサラリーキャップは，約4億4000万円，選手1人当たりの上限額は約5000万円）。

　この1億2000万円を20名前後で均等に配分をしたとした場合，平均年俸は約600万円となります。このお世辞にも高いとは言えない年棒に加え，前述の契約に関するエピソードから，どれほど選手集めに苦労したかが分かります。

　MLSの歴史的初ゴールを決め，アメリカ代表のエースストライカーでもあったエリック・ウィナルダ氏は，「お金なんてほとんどなかったよ。試合後にチームメートとファストフードに行けば，お互いに『お前のおごり？』と決まって聞いていた。1円単位まで大事だった」と，切実な経済状況を語っています。

　またロベルト・ドナドニ氏も，練習場はおろか，用具係もいない状況下に対して，「子供の頃に日曜日に友達と公園でサッカーをしていたときのようだ」と，コメントしているほどです。このような状況でスター選手を招聘することは容易ではありませんでした（公には出ていませんが，マーキープレーヤーたちに対して，肖像権の買取りなど，他の方策を用いてサラリーキャップ外で対価を支払っていたのではないかと考えられています）。

　余談となりますが，スポーツイラストレーテッド誌上での当時の関係者たちのインタビューにて，現在LAギャラクシーのオーナーであるフィル・アンシュッツ氏が，MLSの共同オーナーとして参画することを機上からの電話会議にて同意していたものの，「あのワールドカップでオーバーヘッドキックをした選手を自分のチームに獲得することが条件」と言い，それにより当時メキシコリーグで活躍をしていたアメリカ代表のマルセロ・バルボア氏と交渉しなくてはいけませんでした。このような話からも当時の選手集め，リーグをゼロから立ち上げる大変さがうかがい知れます。

　MLS開幕当時は，1994年のワールドカップの余韻や，物珍しさ，自国プロ

サッカーリーグへの期待の高さなどで1万7000名近い平均観客動員数をはじき出したものの、そこから一気に下降線をたどりました。その当時、自前のスタジアムを保有するクラブは皆無に等しく、2002年にはタンパベイ・ミューティと、マイアミ・フュージョンが解散することになりました。

この危機的状況下で討議された結論は、「①MLSの大前提である『北米サッカーリーグの倒産を繰り返してはいけない』ということ」「②どん底の状況下で付け焼き刃の対応をしても一時的なしのぎにしかならないこと」「③目先の解決策よりも長期的に事業を拡大するために、リーグ主導で安定した中長期的な視点でインフラ整備やリーグ経営への投資に注力すること」というものでした。

辞書（『大辞林』第三版）で「投資」と調べてみると「利益を得る目的で、資金を証券・事業などに投下すること。『新事業に－する』」とあり、このときのこの決して簡単ではなかった難しい判断が、今のMLSの盛況につながっていると感じます。

投資をするからには持続性が必要ですし、その先に見返りがないと投資とは言えません。それ故、まだリーグが始まったばかりのこの頃は、数年しか持続性がない、そして当たり外れがある「選手への投資」は極力後回しにし、長期的な持続性と、回収への布石となるところに投資を継続したことが重要な点です。その1つが「人材に関する投資」です。このことについての詳細は、次項で解説していきます。また、もう1つは「インフラへの投資とその重要性」です。このことについては、CHAPTER7で解説していきます。

CHAPTER 5
「人」に対する投資について

SECTION 4
ピッチ内の選手よりも「ピッチ外の選手」

1
経営はバランスよく

　長期的に安定したプロリーグを経営するためには盤石な経営基盤が必要であり，勝利やスター選手に全てを委ねるわけにはいきません。勝利やスター選手はリーグ経営，チーム経営の上に乗せるものであり，まずは，その受け皿と先立つものを生み出す仕組みが必要となります。

　MLS設立時のアメリカにはスター選手もほとんど存在せず，そこに使える資金は限られていました。その結果，経営者が投資をするのは必然的に「スタッフとなる人材」に向けられます。

　例えば，あなたがレストランを経営するとしたらどうでしょうか。資金の全てを名シェフや，一流の食材に投資することはないでしょう。経営のバランスを考え，内装（スタジアム），お店を切り盛りするマネジャー，ウェイターやウェイトレスなどの人材，宣伝広告，メニューのデザインなどにも投資をするでしょう。「限られた原資全てを料理の美味しさに！」「美味しい料理を出せば店は汚くても，不愛想でも，行列ができる！」という，料理の味に特化した戦略を選ぶ人もいるかもしれません。しかし，コストがかかりすぎて収支が合わなかったり，シェフが突然倒れてしまったりするなどのリスクが伴います。そのため，安定した経営を考えるならば，徐々にレストランを拡大できるようにしていき，その後，経営が安定してきた段階で，より腕のよいシェフや，より

よい食材の仕入れ量を増やすことで，上質なレストランに発展させていくのではないでしょうか。リーグ経営，チーム経営もこれと同じようなものです。

2 マイナーリーグの経営戦略

　ここで，野球のマイナーリーグに目を向けてみましょう。一流のベースボールを観たいのであれば，メジャーリーグのチームのスタジアムに行けばよいのであり，マイナーリーグベースボールの質は，当然メジャーリーグベースボールと比較をすれば劣ります。しかし，ベースボールの質が劣るからといってビジネスも劣るかといえば，そのようなことはありません。むしろ，私はピッチ上のプロダクトに依存しないスポーツビジネスの原型が，各種マイナーリーグには詰まっているのではないかと考えています。マイナーリーグにおいて，815試合連続でチケットを完売させたデイトン・ドラゴンズなどは日本のメディアでも取り上げられ，知っている読者もいることでしょう。ここでもスタジアムをはじめとするインフラにいろいろな仕掛けがされているのですが，それは後述します。

　また，あまり知られてはいませんが，マイナーリーグベースボールのチームのオーナーには，世界的な有名な投資家であるウォーレン・バフェット氏なども名を連ねます。マイナーリーグベースボールでは，選手の人件費は全てアフィリエイトのメジャーリーグチームが負担をしています。MLSのシングルエンティティシステムと同一ではないですが，選手の人件費を心配しなくてよいという考え方は類似していると言えます。フォーブス誌調べによりますと，約160チームあるマイナーリーグベースボールチーム中，トップ20チームの平均資産価値は約22億円，平均年商は約11億円，全チームの平均年商は約4億円と算出しているほどです。仮に22億円の投資に対して毎年4億円の売上と言うことであれば，資本利益率18％という計算となります。

MLS設立時も似たような状況でした。特にMLSの場合，ライバルはアメリカ国内に存在するものではなく，様々な海外のリーグでした。テレビのチャンネルをつければ世界中のプロサッカーリーグの試合が観戦できます。また，スポーツバーに行けば仲間とともに楽しみながら，プレミアリーグや，ラ・リーガ，セリエA，メキシコリーグにアルゼンチンリーグを観戦もできます。最近では，インターネットを通しても世界一流のサッカーを視聴することができます。MLSがサッカーの質で海外のリーグと勝負できないことは自明の理であり，カンポス氏，サンチェス氏，バルデラマ氏，ドナドニ氏，ララス氏などのプレイヤーだけで太刀打ちできないことは想定していました。
　そのとき，さらにお金を積んで海外のサッカーで育ったアメリカに移り住んだ移民，またはよく観戦をしている目の肥えたファンを獲得することに勝負に打って出たかと言えば，答えは「否」でした。それではNASLが倒産に至った，選手へのマネーゲームの二の舞になってしまいます。それを回避し，どれだけ長く永続的に健全な経営をしていけるリーグを構築するのかというビジョンを持っていたので，そのような勝負には出ませんでしたし，あくまでも経営的見地から投資をしているオーナーたちもMLSがその路線に出ることを許しませんでした。
　よい選手がいて，よい試合を開催できれば，スタジアムに多くの観客を呼び込めることには異論はないと思います。しかし，マイナーリーグのように，そのようなコンテンツがなく，提供できない場合にはどうするのでしょうか。また，スポーツビジネスの観点から，マイナーリーグに来場するようなお客様が，よい試合や，よい選手を求めているのでしょうか。
　スポーツビジネスにおいては，お金を払って試合を楽しみにご来場いただくお客様と，同様にお金を払って試合以外の部分も楽しむ「観戦体験」に来ているお客様の2つの層があることを意識する必要があります。豊富な売店があって，見やすい座席があって，美味しいご飯が用意されている。チアリーダーやマスコットキャラクターがいて，ハーフタイムショーがある。試合後には，選

手のサイン会があって，お土産をたくさん貰えて帰宅の途につく。

　野球や，アメリカンフットボール，バスケットボールなどの試合会場では，観客があまり試合を観てないことに気が付くと思います。私も野球観戦に行きますと，自分の前の席の人が試合そっちのけでずっと話していたり，立ったり座ったりして，試合観戦に集中できないことが多々あります。試合時間も長いため，ファンの方々もピッチ上のみを観ている感じではありません。イニングごとに飲食物を買いに席を立ち，ビールを飲んで，雰囲気を楽しんでいるのです。個人的には，アメリカ発祥のスポーツは，試合だけを注視するようにはできていないという特性があるのではないか，と考えています。

　全くの余談ですが，野球場には「野球場の匂い」というものがあります。ポップコーンのあの香ばしい匂いです。あるマイナーリーグの球団職員の方は，スポンサー獲得のための営業に行く際，プレゼンテーションに際してスポンサーの前でポップコーンをつくり，「野球場の匂い」をつくり出し，嗅覚的にも野球場のよさをアピールすると言っていました。

3
Fan Cost Index（FCI）という考え方

　例えば，2000円するチケットにおいて，あるお客様に「この2000円，皆さん何のために支払っていますか？」と聞いたとしましょう。もし，そのお客様が，「試合を観るための入場券」と答えたら…，それは非常にもったいないことです。なぜなら，「では，観るに堪えない悪い試合だったら返金しなくてはならないのでしょうか？」と問われると，答えられなくなってしまうのです。

　さらに経営側の立場で考えると，チケット代2000円で入場し，「試合を観て終わり」ではなく，飲食その他に4000円分お客様が支払えば，1人当たりの単価は6000円となります。ここにお土産代や，プログラム代，駐車場代なども加わっていきます。2万人来場いただいて皆チケット代の2000円しか使

わなければ，4000万円の売上のみです。これが1人につき6000円使うと1億2000万円の売り上げとなります（もちろんこんな単純計算にはなりませんが）。2000円で入って試合だけ観るということだと，経営者としては最大限の営業ができていないと言えるのです。むしろ，席を立ってコンコース（人々が集まる場所・広場）に行ってもらうための戦略を練る必要があるのです。

マイナーリーグの試合会場では，コンコースが広いところが多くて驚きます。お客様は，託児所に子どもを預け，コンコースで飲食をしながら立ち見で試合を観戦しています。地元の親しい家族同士で500円で入場し，飲食して，4時間団らんしてグッズなども買って5000円くらい使うという人が多いような気がします。最も私が驚かされたのは，スタジアム内にバーが作られており，そのバーの席からは一切試合が観ることができないのに，その席は常に完売していたことです。

このような意味で，最近では客単価ではなく，家族単価「Fan Cost Index（FCI）」と言われています。

■チームマーケティングレポート社のFCIの定義
[4人家族で来場した際]：チケット代（大人2名，子供2名），小ビール代（2杯），小ソフトドリンク代（4杯），ホットドッグ代（4本），駐車場代，公式プログラム代（2冊），キャップ代（2つ）
・2014年度NFLのFCI：約4万8000円
・2015年度MLBのFCI：約2万2000円
・2014−15年度NBAのFCI：約3万4000円
・2014−15年度NHLのFCI：約3万6000円
・2012年度マイナーリーグベースボールのFCI：約6100円

この観点から更に言うと，サッカーでゴール裏の1面に陣取っているサポーターズグループの方々は，ピッチ上で起きていることを目的に来場していると

SECTION 4
ピッチ内の選手よりも「ピッチ外の選手」

言えます。勝つ，負ける，スター選手，良いプレー，悪いプレーに一喜一憂する大事なコアなお客様たちです。残りの3面に来場する方々はカジュアルなファンで，試合にあまり興味がない人も多く混在していますし，中には初めて来場する人もいるでしょう。

　MLSでは，このゴール裏のサポーターグループには「能動的で熱心な人たち」と定義し，チームに専任の担当者をつけています。しかし，チームはスタジアムを埋めることを目的として経営しているので，残りの3面にもお客様が入ってくれなければ困ります。そのためには，「サッカーだけ」を売るのではなく，チームの勝敗に関係のない人たちにも「楽しかった」と感じてもらわないといけません。ハーフタイムショーを行ったり，チアリーダーが踊って観客を盛り上げたり，マスコットキャラクターがコミカルな動きをして子どもを楽しませたりと，様々なことを企画していきます。これが時としてサッカーだけを見に来ている方々には不人気な場合がありますが，全てバランスの取り方になるかと思います。バスケットボールのように試合が止まる都度，コート上で出し物を催すのは1つのスタイルですが，サッカーにはサッカーなりの雰囲気があり，それを損なわないようにバランスを取りつつ，皆に楽しんでもらえるようにする必要があるのです。

　一部の熱心なファンだけが喜ぶチームで終わるのではなく，高価な席に払ってくださるお客様がいるなら，彼らのためにその金額以上のサービスを提供しなくてはいけないですし，一度会場に入ったら，皆が最後まで楽しめるよう，会場から出たくなくなるような工夫が必要になるでしょう。どこのスタジアムも，開門時間は早くに設定しています。また，試合後もバーなどの施設は空けており，試合後も皆が残って飲食できるようになっています。そのねらいの1つには，混雑する電車や渋滞が収まるまでそこでゆっくりできるような場を提供する，といった配慮があるのです。

CHAPTER 5
「人」に対する投資について

4
拡大していく MLS フロントスタッフ

これまで述べてきたスタジアムにおけるイベントを実施するためには，それ相応の数のスタッフが事業部内にいないと実行できないということが感覚的に理解できるのではないかと思います。誰が出店する店舗の管理をするのか，誰がハーフタイムショーを企画・運営するのか，誰がマスコットの管理をするのか，誰が試合以外の部分でお客様に満足いただける「観戦体験」を考案し，プロデュースするのか。そして，誰がそれを統括するのか。これだけ多種多様な事業を試合中に実施するためには，相当数のスタッフが必要になります。

選手たちが最大限ピッチ上で成果を求めて頑張るのと同様に，ピッチ外のスタッフたちも最大限ピッチ外で成果を求めて頑張る必要があり，チームはこの両輪で回らなくてはならないのです。MLS はスポーツマネジメントという概念が育ったアメリカのリーグであり，そのメソッドや概念，価値観に則って人材への投資を地道に行ってきました。

私が MLS に勤務をしていた 2004 年から 2009 年，そしてアジア事業のコンサルタントを務めている今日までの間でも，リーグオフィスにおける人材への投資，そして拡大について，その変遷を見て取ることができます。インターンとして入ったばかりのときは，ニューヨークのグランドセントラル駅前のビルで，名門イタリアンレストラン・チプリアーニの上に居を構えていました。スタッフの数は数十名とかなり小規模でした。エグゼクティブ用の個室オフィスも 10 室前後だったと思います。それはさながらスタートアップ企業のような雰囲気で，小規模故に階層もそれほどなく，フラットに皆がお互いにいろいろと自由に意見を言い合っていました。

そこから徐々に成長していく中で，MLS のフロントスタッフへの投資，増員は加速していき，オフィスも手狭になったことにより新オフィスに引っ越しをしました。次の場所は，今でも本社として構えるブライアント・パークや

SECTION 4
ピッチ内の選手よりも「ピッチ外の選手」

ニューヨーク図書館の並びとなる五番街への進出でした。当時はそのビル内の7階をフロアごと借り、真っ白にリノベーションされた環境により社員も皆自分たちの拡張を感じ、高揚したことを今でも覚えています。しかし、倍以上のスペースに引っ越しをしたにもかかわらず、すぐに社員のスペースが不足し、個人用のブースに敷居を立てて2人で使用したり、エグゼクティブ用のオフィスも30室以上あったのですが、それらも複数人で使用しないといけないほどスタッフが増えていったのです。

MLSチームにおける事業部スタッフ総数

チーム（2015年8月時点）	事業部スタッフ総数（強化部は除く）
シカゴ・ファイアー	63
コロラド・ラピッズ	不明
コロンバス・クルー	79
D.C. ユナイテッド	47
FC ダラス	60
ヒューストン・ダイナモ	42
ロサンゼルス・ギャラクシー	不明
モントリオール・インパクト	62
ニューイングランド・レボリューション	51
ニューヨーク・シティ FC	61
ニューヨーク・レッドブルズ	80
オーランド・シティ SC	66
フィラデルフィア・ユニオン	48
ポートランド・ティンバーズ	70
レアル・ソルトレークシティ	57
サンノゼ・アースクエイクス	61
シアトル・サウンダーズ FC	71
スポルティング・カンザスシティ	82
トロント FC	不明
バンクーバー・ホワイトキャップス FC	不明
チーム平均	62.5

CHAPTER **5**
「人」に対する投資について

インターンの席は文字通り、「詰め込み」と言われるような環境にまで膨れていきました。現在、この原稿を執筆している時点で、MLSでは7階フロアに加えて6階フロアも借り、ロサンゼルスに駐在所を1つ、ミネソタにはチケット販売養成所を、そしてカナダにも駐在所を構えるほどになり、リーグ関係のスタッフ総人数は300名以上にまで増えたと言われています。その最中にFIFAワールドカップ招致委員会がオフィスの一部を間借りしたり、パフォーム・グループ[4]も間借りをしていたことがあります。私が途中で転職をしたFCバルセロナがニューヨーク駐在所に間借りしたりするなど、現在でもスタッフへの投資は増え続けているのです。
　もちろんこれはMLSリーグ本体のスタッフのみではなく、本書で登場した「サッカーユナイテッドマーケティング」（SUM）や、そして2010年に発足した「MLSデジタル」という部署の人員も数多くいます。MLSデジタルは、現在、専属スタッフとして80名近く存在します。特にデジタル領域への投資はここ数年重視されており、社外の提携会社のスタッフも常駐させるようになっています。分かりやすい例で言えば、世界的にも有名なイギリスのスポーツデータ会社であるオプタ社との提携により、MLSデジタルのオフィス内の一部はオプタ社の事務所となっていたこともあります。また、必要とあれば、ニューヨークに常にいなくともよいスタッフを全米各地、海外にも部署ごとに自分たちの予算で配置している点はユニークだと感じます。私が知っている限りでは、広報部ではマイアミ、ワシントンDC、ポートランド、ロサンゼルス、ラスベガスなどにもコンサルタントがいますし、選手契約部門においては、パリ、メキシコシティ、サンパウロ、ブエノスアイレスにコンサルタントを配置しています（2015年時点）。SUMのスポンサー営業部もメキシコに配置されています。

---

(4) ［Perform Group］イギリスを拠点とする、デジタルコンテンツ・メディアを展開する国際メディア企業。DAZN（ダ・ゾーン）を運営している。

5 フランスサッカー協会との提携

特に選手契約部署で言えば，アルゼンチンとフランスが非常に大きな成果を挙げています。ガジデス氏もインタビューで，「元々 MLS の職員でアルゼンチンから来ていた者が，個人的な理由で退職し帰国することになったのです。我々としてはそれであれば，サッカーにおいて多くの才能ある選手を輩出するアルゼンチンに自分たちが信用できるコンサルタントがいることにはメリットがあると考え，彼を引き続きコンサルタントとして雇用したのです。その結果，アルゼンチンより MLS に移籍をしてくる選手が安定的に増加していきました」とアルゼンチンにおける成果の理由を述べています。

また，「特にサッカー界ではもう国籍は関係なくなってきたと思います。ついこの間まではフランス人選手，あるいはイタリア人選手がイギリスでヒーローになる状況など考えられませんでした。しかし，大事なのは国籍ではなく，何をチームにもたらしてくれるかなのです。そして，それはアメリカでも同様です」と，サッカーのグローバル化に伴う MLS の対応を説明しています。

前述した通り，MLS とフランスサッカー協会は，2013 年よりアカデミーや育成の指導者に関する提携を開始しました。これもピッチ外への投資の一環と言えます。MLS では，「限られた原資の中でどうやったら試合のレベルを向上できるか」という議論がよくなされました。そのようなリーグ全体のテクニカルミーティングでは，「有名な選手を獲得して見本になってもらおう，そしてファンにも世界レベルのプレーを見てもらおう」という意見がよく出されたのですが，それではすぐに資金が尽きてしまい，事業の継続性に問題が生じることになります。喧々諤々の議論は続きましたが，「継続的に良質な選手を自分たちで育成できるように，まずは指導者を育てるためにその原資を投資しよう」という結論が出され，フランスサッカー協会と提携することになったのです。

「何故,フランスなのか?」という点も議論され,フランスサッカー協会(FFF)の既存の育成指導者向けのコース「エリート・フォーメーション・コーチング・ライセンス」に加えて,MLS専用にカスタマイズされたプログラムが共同で構築されたこと,フランスの育成を通してUEFAでプレーをするフランス人選手がスペインに次いで群を抜いて多いこと,そして実際にFFFと話し合いを重ねることなどから決められました。

ちなみに,UEFAでプレーをするアジア圏の選手数では,日本が1位となっています(2015年時点)。

UEFAでプレーをする選手国別 欧州(2015年)

1	スペイン	928人
2	フランス	868人
3	イタリア	683人
4	ポルトガル	649人
5	イングランド	634人
6	ドイツ	607人
7	ロシア	584人
8	オランダ	583人
9	スウェーデン	546人
10	トルコ	532人
11	ポーランド	493人
12	ウクライナ	492人
13	セルビア	483人
14	ベルギー	480人
15	ルーマニア	459人
16	デンマーク	452人
17	クロアチア	433人
18	ギリシャ	426人
19	スコットランド	384人
20	チェコ共和国	383人
20	スイス	383人

UEFAでプレーをする選手国別 アジア(2015年)

1	日本	28人
2	オーストラリア	23人
3	韓国	12人
4	中国	4人
5	イラン	3人
6	レバノン	2人
7	タイ	1人
8	ヨルダン	1人
9	マカオ	1人
10	ブルネイ	1人

SECTION **4**
ピッチ内の選手よりも「ピッチ外の選手」

そして，これを 2015/16UEFA チャンピオンズリーグ出場で見ますと，フランスはスペインとブラジルに次いで 3 位となります（下表参照）。

　費用は全てリーグ負担で FFF と契約し，その中身としては 16 カ月間に渡る研修で，MLS 全チームの育成担当指導者の留学費用も毎年リーグが負担をするというものです。これに加えて MLS では FFF が推挙した巡回コーチ兼 FFF との連絡窓口となるディレクターも雇用したのです。

UEFA チャンピオンズリーグでプレーをする選手国別（2015 年）

		出場選手数	出場クラブ数
1	スペイン	59 人	5
2	ブラジル	53 人	
3	フランス	42 人	3
4	ドイツ	38 人	4
5	アルゼンチン	23 人	
6	ポルトガル	22 人	3
7	ウクライナ	20 人	2
8	イタリア	19 人	3
9	オランダ	18 人	2
9	ロシア	18 人	2
10	ベルギー	17 人	2
11	イスラエル	16 人	1
12	ベラルーシ	13 人	1
12	クロアチア	13 人	1
12	セルビア	13 人	1
13	イングランド	12 人	4
14	トルコ	11 人	2
15	スウェーデン	9 人	1
16	スイス	9 人	2
17	ギリシャ	8 人	2

CHAPTER 5
「人」に対する投資について

【研修概要】
- FFFコース：8週間（320時間）の講義及び実習（クレールフォンテーヌ合宿にて実施）
- クラブ視察：2週間。パリ・サンジェルマンFC，リヨン，レアルマドリー，アトレチコビルバオ，シュツットガルト，等の中から2クラブ選択
- セッション1：クレールフォンテーヌにて実施
- クラブ視察研修#1
- セッション2，セッション3：アメリカ国内にて実施
- セッション4，セッション5：クレールフォンテーヌにて実施
- クラブ視察研修#2
- セッション6，セッション7：アメリカ国内にて実施
- セッション8：クレールフォンテーヌにて実施
- MLS各アカデミーへの導入作業開始
- MLS各アカデミーへの導入（最低350時間の実習）
- FFF指導員のアメリカ国内における巡回指導
- アメリカ国内にてFFF指導員による合宿指導

　このFFFとの契約・育成事業からも分かる通り，投資対象が常に瞬間的に通過してしまうものよりも，継続性があり，その先に大きな見返りがあることに投資を向けられることが肝要となってくることが見えてきます。しかもこの見返りは数年後といったスパンではなく，それよりも遥かに長期的な視点に則っていることも見て取れます。

　このテクニカルミーティングの場で様々な意見が出される中で興味深かったのは，アメリカ人は長期的な投資の話を軸に持論を展開するのに対して，欧州のサッカー関係者のほうが強化面の意見や選手獲得予算の増大を推す意見が強かったことです。

SECTION **4**
ピッチ内の選手よりも「ピッチ外の選手」

SECTION 5

MLSにおいて
集められた人材

1
MLSに採用された幹部人材

　MLSではいろいろな幹部が来たり，去ったりしていきました。CHAPTER4（166ページ）で紹介をしたレレベント・スポーツ社の代表であるチャーリー・スティルターノ氏も，SUMに興行ビジネスを手掛けるために招かれ，その後クリエイティブ・アーツ・エージェンシー（CAA）に転職し，現在のレレベント・スポーツ社の代表に就任しています。面白いスタッフ，スタッフ採用成功例，失敗例，全てを紹介することはできませんが，代表的な例としてはギャリー・スティーブンソン氏が挙げられるかと思います。

　彼は2013年にMLSに加入し，SUMを含む，放映権，メディアライツ，クラブサービス，マーケティング，コンシューマープロダクト，デジタル等，MLSの事業全ての統括責任者を務めています。MLS参画前は，アメリカの大学スポーツリーグであるPAC-12の放映権とマルチメディア事業会社を立ち上げ，初年度からスポーツビジネスジャーナル誌の「Best in Sports Television賞」に選出されました。それ以前は自身でMLS，アメリカンエキスプレス，PGAツアー等の大手顧客を抱えるメディアライツに関するコンサルティング会社を起業し，ワッサーマンメディアグループ（WMG）に売却。それ以前はNBAプロパティズの社長を務めたり，ゴルフチャンネル，PGAツアーなどの要職を歴任していました。

前述したドミノピザのCEOを招聘した例のように，その経歴の変遷に目がいきます。終身雇用がないので，珍しくはないのですが，何かサッカー選手のキャリアを見ているような感覚になります。

　また，MLSが中堅社員で面白い経歴の人材を採用した例としては，選手契約部門にMLBのNYヤンキースのスカウト部門より転職してきた人材がいます。MLSのリーグオフィスの抜けた穴を埋めるべく参入してきたウィル・クンズ氏ですが，大学ではバスケットボール部でプレーをした後，インターン生としてNYヤンキースに入社，そこからスカウト部門を統括するまで出世をしたのです。彼はインタビューにおいて，次のように述べています。

> 　NYヤンキースのようなハイプレッシャーな環境で揉まれたことは役に立つと思います。MLSではスタッフが十分にいるとは言えない中で，「スカウト」という大変な仕事ですが，自分はすぐに慣れると思っています。選手の評価などは専門家ではないので難しいと思いますが，自分は弁護士でもあるので，契約や労使協定に関して貢献することになると思います。
>
> 　元々サッカーは好きで，NYレッドブルズのシーズンチケットホルダーでもあります。NYヤンキースの仕事を辞めてまで選ぶ仕事は，今のこのMLSでのポジションしかないと思っています。いや，MLB球団のGM職ならば考えますが，NFLやNBAではなく，MLSの未来が明るいと思いますし，ここにできるだけ長くいたいと思っています。

　最近のMLSでは，異色な経歴を持つ人材が見受けられるようになってきました。そして，そのクンズ氏も2018年にMLSに新規参入したロサンゼルスFCのアシスタント・ゼネラル・マネジャーとしてヘッドハントされていきました。

2 「チケット販売専門家」の育成

　最近の MLS の収益源を支えているのは「チケット収入」です。放映権は，2015 年より年間約 90 億円と急上昇したものの，欧州で見受けられるレベルの大型放映権収入があるわけではありません。このチケット収入増大のために，MLS はあるユニークな投資を行っています。それは「チケット販売専門家」の育成です。選手育成のためにクラブがアカデミーを持つのと同様に，チケットを販売するスタッフを育成するアカデミーと呼べるものをつくったのです。

　2009 年に NBA のミネソタ・ティンバーウルブズからチケット販売のプロであるブライアン・ファイファー氏（現在はミネソタ・ユナイテッド FC の CRO［最高リスク管理責任者］に就任）を MLS に招き，ミネソタ州ブレイン市に「MLS ナショナルセールスセンター（NSC）」というチケット販売要員養成所を彼の発案・主導のもとリーグが設立しました。キャンパスは，600 エーカーという広大な敷地に，50 ものサッカー場などを持つ全米最大の総合スポーツ施設であるナショナル・スポーツ・センターの中にあり，ここに実際にチケットを販売する際のオフィスに見立てた教室をつくり，全米中から若者を募っています。

　ここでは年間 4 コースに分けられ，コースごとに 20 名弱を募集。学生は全米中から集まり，住み込みで朝から晩までチケットセールスの訓練を受けます。学生は何も負担はせず，リーグが全てを負担することになります。

　募集方法もユニークで，答えなくてはならない質問は 2 つ，「何故 MLS なのか」と「何故セールスなのか」。この質問に対して，自ら YouTube 上に自分が回答をする姿を録画し，アップロードしたものを送る，という方法を採用しています（YouTube 上で，「NSC MLS」と検索すると学生たちの動画が出てきますので，是非ご覧ください）。応募人数が多いので，全員と面接ができないこともありますが，YouTube に自身の動画をアップロードする作業は手間暇がか

かるもので，それだけの熱意があるかどうかが分かります。また，決められた時間内にどれだけメッセージを伝えるかを見るだけでも，応募者のパーソナリティやプレゼンテーション能力などが伝わってくるものです。

　ここで販売するのは実際のMLSのチケットであり，今週はLAギャラクシーの3試合パッケージ，来週はシアトル・サウンダーズFCの一般席，再来週はコロンバス・クルーの来年度シーズンチケットを，というように学生の身でありながらリアルな営業を経験し，指導者からチケットセールスの極意を習得していきます。このセンターが設立されてから，卒業して実際にMLSで職を得たのは約300名（2018年時点）です。みなMLSのクラブに就職を果たし，他のチケットセールススタッフよりも70％もよい成績を残しています。すでに50名は各チーム内で幹部へと出世しています。チームも優秀な学生がいれば指名をしてきて，卒業と同時に選手のようにチームに「入団」することになります。加えて，NSCの卒業生たちは離職率も低く，チームにとっても人材の入れ替わりの都度，新しく教え込んだりする手間が軽減されています。卒業生たちも各チームに散らばって働いていますが，NSCにおける横のつながりは強く，リーグとしてそれが強みになっています。

　私がMLSに来たとき，全てのチームにチケットスタッフに関する調査を実施しました。そこで分かったことが，各チームともきちんとしたチケット販売のメソッドもなく，スタッフがすぐに辞めてしまうことが問題点として挙げられていました。それをどのように解消できるのかを考えたのがNSCの始まりです。自分自身ずっとチケット販売畑を歩いてきたので，リーグ内でこの養成所の案を提案しました。もちろん，学校のようなものを設立するので，リーグに初期投資がかかるものの，出資元のMLSはNSCからの見返りは見込んでいません。その代わりNSCが毎年優秀なチケット販売員を輩出し，卒業生が各クラブに就職していくことでリーグ全体のチケット収入が増加し，スタジアムが埋まれば，その先にはテレビ放映権という大きな契約が待っています。そこで回

SECTION 5
MLSにおいて集められた人材

収するという長期的な視点に立った人材への投資，そして事業土台への投資と位置付けられています。

　ファイファー氏はこのように述べ，さらにこのような職業訓練所を自前の投資で設立したのは MLS が初であり，他のプロスポーツリーグでも見られないユニークな MLS の取組であると解説してくれました。
　この NSC は，MLS のリーグオフィスの「クラブサービス部」という部署の管轄下に位置付けられています。この部署は，NBA でいうところの Team Marketing & Business Operations（TMBO）と同じ役割を担っています。TMBO は，2000 年より存在し，40 名ほどのスタッフが勤務する部署です。リーグが全チームと定期的にコミュニケーションを図り，様々な情報収集，情報解析，企画立案，そしてベストプラクティスなどを共有し，NBA 所属全チームを各方面から支援をするリーグのコンサルティング機能としての役割を果たす部署です。MLS でも約 10 名ほどのスタッフが「クラブサービス部」におり，チケット販売員の養成は，チームのために提供しているサービスのうちの 1 つとなります。

3
チケットセールスの重要性

　MLS がこの NSC から投資を回収するつもりはないとはいえ，NSC 自身もこの 8 年間で累計数億円以上ものチケットを売っています。実はチケットセールスの重要性は MLS に始まったことではなく，アメリカのプロスポーツにおいてはどの競技でも最優先事項となっています。4 大メジャースポーツともなればチケット販売員だけで 40〜50 名雇用しており，MLS も各クラブ平均 20〜30 名はチケットセールスにのみ注力しているフルタイムスタッフを雇用しているのです。

彼らが実際にどのようなことをしているのかと言えば、顧客のニーズに合わせたチケットの各種カテゴリの分け方やパッケージの組み方から始まり、基本的には電話営業を何度も繰り返します。NSCは法人への訪問販売に際してのアドバイスや、営業マンとしての基礎を教え込みます。ファイファー氏いわく、「ゴルフのスイングだって、録画してコマ送りにして振り返って修正していきますよね。それと同様に、教室内の全てのコールセンターの会話内容を指導員がリアルタイムで聴けるようになっており、適宜チャットで支援をしたり、会話全てが録音されているので、講義として皆でその録音された会話内容を振り返ってディスカッションをしたりしています」と、このセンターの面白い取組に関して解説してくれました。

最近では海外も含む、他のプロスポーツリーグや、チームからも問い合わせが多く、実際に視察に来る例も年々増えているそうです。元々はMLSのためだけに設立されたセンターでしたが、アメリカ国内のプロ女子サッカーリーグ（NWSL）にもスタッフを送り込む契約を締結しています。

他には、現在チームでチケット販売部を統括している管理職のスタッフもこのセンターを訪れ、実際にNSCではどのようにチケット販売スタッフを育成しているのかを学びに来るケースも増えているそうです。私もこのセンターを日本のスポーツ関係者と訪れたことがあるのですが、何よりもポジティブな雰囲気づくりに腐心していることが印象的でした。おおよそ100件の電話営業をしてチケットを買ってもらえるのは「3％程度」と言われています。やはり、失敗することが多いのです。それでも、皆でいかによい雰囲気を醸成して売り続けるのかが鍵であり、雰囲気づくりは皆が大切にしていることの1つなのです。あるNSCの学生が、「この雰囲気づくりは、チームでも同様で、チームが勝てなくて雰囲気が悪くなりがちなときに自分たちが盛り上げることにもなる」と述べていたことも強く印象に残っています。

ファイファー氏は、今後はNSCを拡大させ、チケットに留まらず、スポンサーシップセールスなども行っていく予定だそうです。この養成所を卒業する

人への投資価値：
各チームにおけるチケット販売関連スタッフ総数及びシーズンチケット販売数

チーム名（2015年8月時点）	チケット販売関連スタッフ総数	事業部スタッフ総数（強化部は除く）に占める割合	シーズンチケット販売数 年間平均観客動員数（2015年8月）		年度
シカゴ・ファイアー	28	44%	15,476	6,300	2013
コロラド・ラピッズ	不明	不明	15,819	5,500	2015
コロンバス・クルー	33	42%	15,262	7,500	2014
D.C. ユナイテッド	15	32%	15,035	5,200	2013
FCダラス	15	25%	15,425		
ヒューストン・ダイナモ	11	27%	20,875	12,000	2014
ロサンゼルス・ギャラクシー	不明	不明	22,282	7,500	2014
モントリオール・インパクト	17	27%	16,355	5,000	2015
ニューイングランド・レボリューション	28	55%	17,771	5,000	2015
ニューヨーク・シティFC	26	43%	28,961	13,000	2015
ニューヨーク・レッドブルズ	34	43%	19,521	10,400	2015
オーランド・シティSC	26	39%	32,973	14,000	2015
フィラデルフィア・ユニオン	18	38%	17,714	12,000	2014
ポートランド・ティンバーズ	20	29%	21,144	15,300	2015
レアル・ソルトレイク	15	26%	20,122	16,000	2015
サンノゼ・アースクエイクス	28	46%	23,627	12,000	2015
シアトル・サウンダーズFC	22	31%	41,324	34,000	2014
スポルティング・カンザスシティ	20	24%	19,925	14,000	2015
トロントFC	不明	不明	24,313	17,000	2014
バンクーバー・ホワイトキャップスFC	不明	不明	20,700	13,000	2014
チーム平均	22.25	36%	21,231	11,826	

CHAPTER 5
「人」に対する投資について

学生は，はじめこそはチケットセールス部門に配置されるものの，養成所において「MLSを売る」という原点を学んでいるので，そこから先，他の部署や営業部隊に進む学生も当然のようにいるのです。現時点でMLS各チームの総収入の約4割〜5割がチケットセールスで賄われている中で，今後，このようなスタッフへの投資と育成は注目すべき点であると考えられます。

　前ページの表に，MLSにおいて各チームがどれほどチケット販売に力を入れているか，チケット販売関連のスタッフ数をまとめています。その中では，最少でヒューストン・ダイナモの11名，最大でニューヨーク・レッドブルズの34名，リーグ平均で22.25名，事業部スタッフに占める割合のリーグ平均は36％と出ました（2015年）。

　このように，ビッグな人材を外部から獲得したり，MLSへの想いを深く持つ若手を育てるスタッフ用のアカデミーを設立したりするなど，スタッフもまさに選手と同等の扱いになっている点が非常に興味深いところです。

　現在のMLSの人材やインフラへの投資に関して，フィラデルフィア・ユニオンのオーナーであるニック・サケヴィッチ氏が，スポーツビジネスジャーナル誌上で的確なコメントをしていますので，紹介したいと思います。

> 　皆にきちんと理解してもらわなくてはならないのは，「我々はまだ19年目（2014年時の談話）のリーグである」ということです。リーグがまだ黒字転換できていないのは，フロントスタッフ，スタジアム，練習場，そしてアカデミーと莫大な先行投資をしてきているので，未だに回収できていないということです。MLSはまだ発達期で，成熟していません。リーグは自分たちが存続するために，土台をまだつくっているところです。何十年か先にそれが完成したときに，この投資は回収されることになるでしょう。

　まずは人材やインフラ，設備への投資が大事であり，そして，それが今後何十年と続くための重要な土台となることを端的に話しています。

SECTION 6
ベッカムに投資していくら儲けたか

1
ベッカム入団による混乱

　本書においても，2007年にデビッド・ベッカム氏がMLSに移籍をしてきた際のエピソードから始まっています。「人への投資」という本章において，やはり彼について述べなくてはならないでしょう。

　ベッカム氏の移籍はMLSのみならず，世界中に衝撃をもって伝えられました。このときにMLSとLAギャラクシーの名が世界中のメディアに伝えられたバリュー，そしてそれによる認知度向上だけでも彼に支払われたと言われる「年俸約6.5億円」は十分すぎるほど回収できたのです。

　彼がMLSに移籍をしてきたとき，多くの報道では「ベッカムとMLSが5年で約250億円の契約をした」と報じられましたが，これはあくまでも彼がアメリカで5年間を通して稼ぐであろうと言われた推定であり，アディダス，H&M，ジャガー，ブライトリング，サムスン…等，スポンサーフィーなど，年俸以外の収入も全て合算したものでした。2007年に公式に選手会が発表したベッカム氏の年俸は$6,500,000となっており，ここにその他のインセンティブやボーナス条項が含まれていたと言われています。

　2012年フォーブス誌調べでは，ベッカム氏は現役プロスポーツ選手収入ランキングでは8位（年間約46億円）とされ，彼がMLSにてプレーをした6年間で得た収入（年俸，レベニューシェア，スポンサー収入，アピアランス，

そしてライセンシング）は総額で約255億円と推定しています。ちなみに，下の表がMLSの年代別歴代最高年俸ランキングとなります。

ベッカム氏獲得のためにMLS及びLAギャラクシーがそれを「投資」として捉え，回収方法をいろいろと計算し，その結果リターンとして得られたものは具体的にどのようなものがあったのでしょうか。この効果を題材とした学術的な論文も存在しますので，本項では，それらの結果も交えて整理したいと思います。

MLSは2006年まで堅調な経営をしてきたものの，「コアなファン以外のファンとの関連性や親近感も構築しないといけない」という頭打ち感もありました。そこでベッカム氏を獲得すべく，サラリーキャップ内に例外を作る特別指定選手枠，俗に言う「ベッカムルール」導入のため，LAギャラクシーのオーナーたちは他のリーグオーナーたちに働きかけましたが，最初はリーグが目指す「地道でも堅実な経営方針」と反することから却下されました。スター

MLSにおける年代別歴代年俸トップランキング

	選手名	年俸（$）
2007年	デビッド・ベッカム	6.5M
2008年	デビッド・ベッカム	6.5M
2009年	デビッド・ベッカム	6.5M
2010年	デビッド・ベッカム	6.5M
2011年	デビッド・ベッカム	6.5M
2012年	ティエリ・アンリ	5.6M
2013年	クリント・デンプシー	5M
2014年	クリント・デンプシー	6.7M
2015年	カカ	7.2M
2016年	カカ	7.2M
2017年	カカ	7.2M
2018年	セバスティアン・ジョビンコ	7.1M

出典：http://www.philly.com/philly/blogs/thegoalkeeper/A-different-way-of-looking-at-MLS-salary-data.html

SECTION **6**
ベッカムに投資していくら儲けたか

選手への投資へは，MLS としても時期尚早として積極的とは言えませんでした。もし，これを承認してしまうとその先，ここまで守ってきた出費マネジメントが破綻してしまうのではないか，スター選手を用いたマーケティングフェーズに移行できるほど，土台となる経営基盤が盤石になったのか，という恐れがあったからです。

　ここで，まずは彼が MLS に移籍をしてきたときの大混乱に触れておく必要があるかと思います。MLS としても，これまでにないメガスター，そしてそれに付随する大波となって押し寄せてきたメディアとファンの注目を受け入れた実績・経験もありませんでした。そのため，その反響等，どれほど凄いことになるのかについての予測は甘いものでした。私自身も MLS のリーグオフィスにおいて，緘口令が敷かれたり，情報コントロールが一気に厳しくなったことを今でも覚えています。

　当時のことを克明にドキュメンタリー化した『The Beckham Experiment』（著 Grant Wahl，出版：Crown Publishing Company）という本が 2009 年に出版されています。残念ながら和書ではないのですが，非常に興味深いので機会があれば手に取って読んでみてください。

　当時 LA ギャラクシーの監督は，英国生まれのカナダ人であるフランク・ヤロップ氏でした。MLS の最優秀監督賞を 2 度受賞した経験があり，LA ギャラクシーの監督に就任をする前年度までカナダ代表監督を務め，カナダサッカー協会において殿堂入りをした人物です。選手としてもカナダ代表キャップ数 52 を数え，イギリスのイプスウィッチ・タウン FC で 300 試合以上プレーするなど，経験豊富な監督でした。上記の本でも当時の彼の苦悩が出てきます。「正直言うと難しかったね。デビッドは負傷したままチームに合流し，あれだけ騒がれて 100% でプレーできなかった状況もよくなかった。でも，こちら側も誰一人として十分な受け入れ準備ができていなかった。チームは準備できていなかったし，私自身もできていなかった。ぶっちゃけ，リーグも彼の影響力の大きさを予想しきれていなかったと思うし，それがピッチ上に出た。『ベッ

CHAPTER **5**
「人」に対する投資について

カムハリケーン』だったね」と当時の衝撃を語っています。

また，ヤロップ監督のもとでプレーをしたアラン・ゴードン選手も当時を回想し，次のように述べています。

> 監督には何も責任はないと思う。数カ月の間に11人もの選手が入れ替わったんだ。チームのまとまりはなかった。各々がそれぞれ何とかできる限りのことをしようとしていた。

その後，ヤロップ監督は1年で解任となり，その後ベッカム氏サイドからの介入でやってきた新監督ルート・フリット氏が就任しましたが，その後も多くの解任劇を生みました。ヤロップ監督はその後サンノゼ・アースクエイクスの監督として5年半指揮を執り，2012年にはリーグ年間王者に輝き，同チームの最多勝利監督として結果を残したのでした。

この本には暴露的な箇所もありました。それは，それまでLAギャラクシーの主将を務め，アメリカサッカー界の顔として君臨してきたランドン・ドノバン氏とベッカム氏の確執です。

ドノバン氏は，10代からドイツ・ブンデスリーガのレバークーゼンと契約し，MLSに移籍後，ブンデスリーガのバイエルン・ミュンヘン，英プレミアリーグのエバートンなどにローン移籍をし，アメリカ代表キャップ数が2位でもある名選手です。最多得点数をはじめ，多くの記録をアメリカ国内に持ち，引退後はMLS最優秀選手賞にその名前が付帯されているのですが，その彼もLAギャラクシー主将の座を奪われることになります。ドノバン氏も，当然相手がベッカム氏であっても不愉快な気持ちを隠すことなく公言し，大きな確執問題にまで発展したほどです（後に和解していきます）。

年俸の格差，待遇の差，ありとあらゆる場面で同じチーム内における歪（いびつ）な関係もMLSとしては初めて体験することでした。今でこそスター選手への扱いに慣れてきたMLSですが，当時はベッカム氏サイドの事務所などからの影

SECTION **6**
ベッカムに投資していくら儲けたか

響力が目立つ場面も多かったことは事実です。ベッカム氏も当時を振り返り，「最初の1年は皆動揺した年だった。あまり居心地がよくなかった」と認めているほどで，ベッカム氏が加入した初年度は皆がその物凄い流れに飲まれ，激動と化した1年であったのです。サポーターたちも同様にこの波に飲まれました。ベッカム氏が当時MLSのオフシーズンを利用してイタリアのACミランにローン移籍をし，MLSのシーズン開幕後もローン移籍を延長したことで，サポーターたちもスター選手と言えど，この裏切りとも言える行為に対して自分たちのチームを守るべく行動を起こしたのです。

　本書執筆時点では，特別指定選手枠で獲得された選手総数は50名強になっています（ベッカム氏が移籍をしてきた当時は9名）。世界的なスーパースターであるディディエ・ドログバ氏の「試合後のメディア対応は自分のPR会社を通してでないと実施しない」というわがままにも公平に罰金を科し，例外を認めることなく，MLSのルールに従って行動することを厳しく言えるまでになりました。

　このように大金を投じて獲得した選手ですので，その選手に最大限活躍をしてもらうための受け入れ体制や，投資回収体制にもそれなりの投資をしなくてはなりません。分かりやすいもので言えば「通訳」です。本来であれば外国人選手が移籍先の国の言語を覚えるのが本筋です。ただ，外国人が英語をあまり使っていない中で，異国の地に来ることは予想以上の大きなストレスとなります。続いてスター選手の家族や生活順応を整える体制，世界中からの問い合わせに対応するため広報部の英語力とスタッフ数の増員，選手の肖像権を利用したマーケティング部隊のセットアップと回収目標設定と管理，メディア出演から海外遠征などです。何よりも選手本人や，交渉では百戦錬磨の代理人と対等に話ができるGMやクラブ社長を採用しなければなりません。選手を大金を叩いて獲得するのは，コネクションと大金があればできます。しかし，スポーツビジネスはトータルを考えてのビジネス行為なので，そこまで準備ができていないと非常に残念な結果になってしまいます。

CHAPTER 5

「人」に対する投資について

2
ベッカム移籍によるメリット

　さて、ベッカムルールが長い検討を経て承認されましたが、ベッカム氏獲得によるリターンに対して、ガーバーコミッショナーは、「どの測定項目においても期待以上の結果を出した」と述べています。

　具体的には、以下のような分野でMLSはリターンを得ることができたのではないかと整理できます。

①メディア露出

　MLSというリーグの認知度がグローバルなものへと押し上げられました。MLSの広報部のバイスプレジデント、ダン・コートマンチ氏がインタビューにて「議論の余地はあるかもしれないが、今やLAギャラクシーのことを知らないサッカーファンはいないと思う。ベッカム氏は北米サッカーに前例がないブレークスルーを起こした選手であり、彼のグローバルな人気を以て世界中にMLS及びLAギャラクシーに脚光を浴びせてくれた。グローバルなメディアバリューを部内でも換算しようと試みたが、グローバル過ぎて不可能でした。彼のもたらしたインパクトは計りしれません。彼がMLSに来た当時は『引退前のお遊び』と揶揄されることもありましたが、現実はMLS在籍中に2度もACミランなどの国際的な強豪クラブにローン移籍をするほどのグローバルな選手であり続け、結果的にMLSのレベルの高さを実証することになりました」と称賛している通り、金銭換算できないほどのメディアバリューをMLSにもたらしました。

　北米スポーツマネジメント学会で2014年に発表されたティモシー・デシュライバー教授の論文によると、MLSの公式サイト上のアクセス数も、ベッカム氏がLAギャラクシーの試合に出場した最初の月だけで117%増加したと発表されています。

②新規投資家

　注目が高まったことで，2007年以降，MLSは毎年のように新規フランチャイズを加入させることに成功します。ただし，この功績は果たしてベッカム氏一人のものか，と言われればそうとは言い切れないと思います。ただ，彼がMLSというリーグへの興味を喚起し，より多くの注目が集まったことは間違いありません。ベッカム氏の移籍以降，海外からもレッドブルのような投資する企業・団体が出現し，フランチャイズ価値も急激に高騰していき，2018年より参画したロサンゼルスFCが支払ったフランチャイズ費は約110億円とも言われています（リーグの価値の上昇と投資家が集まるようになった）。

③マーチャンダイジング

　MLSマーチャンダイジングの売り上げは，ベッカム氏がMLSに移籍をして

MLSのフランチャイズ価値上昇

年	フランチャイズ費（$）/チーム	既存チーム数	新加入チーム数
1995	$5,000,000	0	10
1998	$20,000,000	10	2
2005	$7,500,000	10	2
2007	$10,000,000	12	1
2008	$20,000,000	13	1
2009	$30,000,000	14	1
2010	$30,000,000	15	1
2011	$35,000,000	16	2
2012	$40,000,000	18	1
2015	$100,000,000	18	2
2017	$110,000,000	20	2
2018	$150,000,000	22	1

出典：http://www.forbes.com/sites/mikeozanian/2013/05/21/david-beckham-to-earn-huge-windfall-from-new-yorks-mls-expansion/#12ac3afc31b8
http://www.socceramerica.com/article/48759/mls-owner-paulson-predicts-franchise-fees-will-ris.html

から 2012 年の間に 231% 上昇します。北米スポーツマネジメント学会で 2014 年に発表されたティモシー・デシュライバー教授の論文によると，2007 年だけで MLS 全体のレプリカユニフォームの売り上げは 700％増，LA ギャラクシーのユニフォームだけを見ると 5210% 増加したと言われています。また，ザ・エコノミスト誌によると，移籍初年度だけでベッカム氏のレプリカユニフォームが 60 万枚販売されたと発表されています。

④ チケット販売

　ベッカム氏の移籍報道後，数日間で 7000 枚のシーズンチケットを LA ギャラクシーは販売し，彼の加入後 MLS の平均観客動員数が 1 万 6000 人を割ることは今シーズンまでありません。LA ギャラクシーも平均観客動員数が 1 年で 3000 人という最高の上昇幅も記録しました。

　当時，MLS のリーグオフィスで LA ギャラクシーの幹部と話をしたときに「LA ギャラクシーはもちろんベッカムの恩恵を受けているのだが，アウェー戦で試合をする際，対戦相手のチームのチケットも大体売り切れるんだ。だか

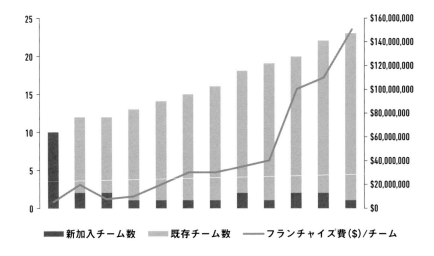

SECTION **6**
ベッカムに投資していくら儲けたか

ら，ベッカムへの年俸の一部を負担してほしいくらいだよ」と冗談交じりに話していたこともありました。もちろん，観客動員数が増加したことがベッカム氏の力だけのはずはありません。この時期，各地では新スタジアムが建設され，観戦環境が格段に改善された事実も見逃せませんし，試合のレベルも上昇しています。テレビへの露出も増え，認知度も向上してきていました。

これらを踏まえ，北米スポーツマネジメント学会で2014年に発表された

MLS 平均観客動員数

年	リーグ平均	LA ギャラクシー平均	
1996 年	17,406	28,916	ローズボウル（収容人数 92,542 人）
1997 年	14,619	20,626	
1998 年	14,312	21,784	
1999 年	14,282	17,632	
2000 年	13,756	20,400	
2001 年	14,961	17,387	
2002 年	15,822	19,047	
2003 年	14,898	21,983	スタブハブセンターに移転（収容人数 27,000 人）
2004 年	15,559	23,809	
2005 年	15,108	24,204	
2006 年	15,504	20,814	
2007 年	16,770	24,252	ベッカム加入
2008 年	16,460	26,009	
2009 年	16,037	20,827	
2010 年	16,675	21,437	
2011 年	17,872	23,335	
2012 年	18,807	23,136	
2013 年	18,608	22,152	
2014 年	19,148	21,258	
2015 年	21,574	23,392	
2016 年	21,692	25,138	
2017 年	22,113	22,246	

CHAPTER 5
「人」に対する投資について

ティモシー・デシュライバー教授の論文の数値を抜粋した上で，ざっくりと，分かりやすい計算をしてみます。

2007年のLAギャラクシーのアウェーゲームの平均観客動員数は2万8035人，リーグ平均が1万6770人でその差は1万1265人。1試合の平均チケット単価が約3000円とした場合（15アウェーゲーム），約5億円程度リーグとしては増収があったと言えるのです。

⑤ MLSの信頼度

名だたる世界的なスター選手たちがMLSを視野に入れるようになり，実際に移籍を開始します。もちろん，アメリカという国でのライフスタイルも魅力ではありましたが，それはベッカム氏が移籍をしてくる以前からもそうであり，実際元フランス代表のユーリ・ジョルカエフ氏や，元ドイツ代表のローター・マテウス氏などもMLSへ移籍をしてきましたが，それにより大きなうねりを起こしたわけではありませんでした。MLSでプレーをすることへの抵抗を下げたのは，ベッカム氏の影響が多分にあると言えます。LAギャラクシー主将のロビー・キーン氏も英ガーディアン紙のインタビューにおいて，次

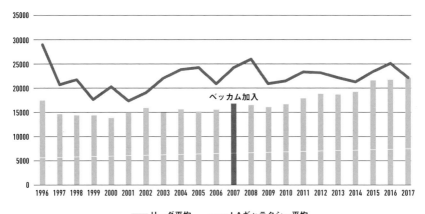

のようにコメントしています。

> 皆に聞いてもらえれば分かるけど，皆がMLSに移籍を決断した背景にはベッカムの影響が多大にあるよ。彼がここでのスタンダードを設定し，皆の条件も整えてくれた。彼がMLSを皆の視野に入れたと確実に言える。僕が例えるなら，ゴルフにおけるタイガー・ウッズかな。それほどの影響を彼はもたらしたし，皆感謝すべきだ。

英デイリーメール紙でも，ロビー・キーン氏は，「MLSこそがプレーするべきリーグだ。急成長している。これは続くよ。方々からMLSに興味があると電話を受けるよ。数年前は他のリーグだった。皆スペインに行きたかったのに，今はそれが変わった。皆MLSに来たいんだよ」と熱弁しています。

当時のLAギャラクシー監督のブルース・アリーナ氏も口を揃え，「電話がひっきりなしにかかってくるよ。世界的な選手たちと彼らがMLSに来ることに関して話すんだ。誰とは言えないけど，ここ数か月で話をした選手の名前を聞いたら皆驚くと思うよ。彼らの方から電話してくるわけだからね。すごいことだよ。選手のことをコメントできない立場だけど，クリスティアーノ・ロナウドがアメリカに高級マンションを購入したニュースを見たけど，彼なんかロサンゼルスが合うのではないかな。アメリカ国内においてサッカーは驚くべきスピードで成長している。MLSが開幕をした当時に自分が指揮をしていた時代とは隔世の感があるよ。この盛り上がりはスタートしたばかりだ，10年後にはMLSは凄いことになっていると思うよ」と，MLSへの関心の高まりを説明しています。

⑥新しいターゲットマーケット

今までMLSに興味がなかった層が，ベッカムの移籍でMLSの試合に足を運ぶようになったり，テレビで視聴するようになったりしたことで，MLS人気

が底上げされました。MLB サンフランシスコ・ジャイアンツの筆頭株主であり，元 D.C. ユナイテッドオーナーのウィルチャン氏もザ・エコノミスト誌のインタビューにて、「デビッドは，アメリカにおいてサッカーがかっこいいものとしての地位を獲得させたパラダイムシフト最大のカタリストだ。今まではサッカーをプレーしていても，優秀なアスリートは富と名声のためにアメリカンフットボールのように他のスポーツに転向していたのが，今ではデビッドは，アメリカンフットボールのスター選手トム・ブレイディと変わらない年俸を手にしているし，ブレイディのように綺麗な女性とも結婚しているし，パパラッチにも追いかけられている。子供たちがサッカーを継続する要因の 1 つとなっている」と述べています。

　北米サッカーリーグ時代にもペレ氏や，ベッケンバウアー氏，ヨハン・クライフ氏など多くのグローバルなスター選手がアメリカに来てプレーをしました。ここで異なったのは，ベッカム氏は「セックスアピール」も持ち込み，ハンサムで，セレブリティな奥様で，プロモーションが上手だったことです。そのため，人気トークショーなどのテレビ出演，有名雑誌のカバーを飾ります。そして，通常であれば NFL や NBA のスター選手が招かれるようなスポーツ番組のゲストとして呼ばれるようになります。LA ギャラクシーとハリウッドというこれ以上ないロケーション。全てが，パーフェクトマッチであり，サッカーや MLS を知らない層への認知度向上に大きく貢献しました。サッカーと MLS を一気に国際的なポップカルチャーへと引き上げたのです。

　元アメリカ代表及び元 LA ギャラクシーのドノバン氏は，「ひと昔前，ロサンゼルスの道端で誰かに『俺 LA ギャラクシーの選手なんだ』と言っても，『何そのチーム？』と言われたのが，今では『すごい！』と言われる」と，その認知度向上を面白く表現するほどです。

　ちなみに AP 通信によると，ベッカム氏の LA ギャラクシーでのデビュー戦となった英チェルシーとの親善試合では，18 分しか出場しなかったにもかかわらず，94 万 7000 世帯が視聴したとのデータが出ていました。これは通常の

SECTION **6**

ベッカムに投資していくら儲けたか

MLS の視聴世帯数の数倍となる数値でした（ちなみに全米最大のスポーツイベントと言われる NFL スーパーボウルは，1 億人以上が視聴します）。

3 今後の MLS とベッカムとの関係

　ガーバーコミッショナーは，「ベッカム氏を 1996 年の開幕時に契約することはできなかった。正しいサッカースタジアムもなければ，正しい放映権契約もなければ，我々のパートナーとなる正しいブランドも揃っていなかった。我々は正しくビジネスを構築する方法を心得ているのです」とスポーツイラストレイテッドのインタビューに回答しています。当時 AEG 社の社長であり，ベッカム氏契約の立役者であったティム・ライウィキ氏は，「デビッドと契約した 3 か月後にはスカイボックスの完売，そして胸スポンサーのハーバライフ社との 5 年契約でその代金をもう回収できた」と分析しているように，時期を見極めての経営判断があったことが分かります。ベッカム氏も，ペレ選手が所属していた当時のニューヨーク・コスモスのドキュメンタリーを観て，ジャイアンツ・スタジアムが満員になる様を観て驚くと同時に「ペレの功績は非常に大きかったと思う。でも，今の MLS の構造の方が盤石だと思う。1 つのチームに資金の全てをつぎ込むのは危険だ」と MLS の土台となっているシングルエンテティシステムの重要性を述べています。

　ベッカム氏の加入による金銭的なメリットの享受や利益等についてインターネットで検索すると，数えきれないほど様々な資料や論文，そして記事が出てきます。いくつか列挙しましたが，明確に彼 1 人のおかげであるということは数値化できないでしょう。

　そんな中で私が MLS にいて一番感じことは，ドノバン氏のコメントにあるように，今まで MLS に興味を持っていなかった人々を振り向かせることができたことが，彼の一番大きな効果だったのではないかと考えています。MLS

CHAPTER **5**
「人」に対する投資について

の信頼度，そしてそれにより続いてきた多くのスター選手たちの集結もその1つではあります。

　MLSのアジア地域のスカウトを受け持つ中で，2016年には初めて工藤壮人選手のような，20代の若い代表経験のある選手が移籍をする時代になりました。トロントFCのジョヴィンコ選手などは，約7億円という年俸により，世界で最も高給取りなイタリア人選手の1人となりました。

　アメリカのスポーツはマッチョ文化のもの，アメリカンフットボールに代表される屈強なアスリートがかっこいいと一般的に言われる中で，サッカーはフィットな選手が多く，中々男性を惹きつけにくかったのですが，ベッカム氏は華奢でルックスもよく，オシャレにも気を配り，セレブリティな女性と結婚し，華やかな生活をしつつ，ピッチ上では激しくプレーをする新型のかっこいい男性アスリートとなったのです。

　また，ベッカム氏との契約で非常に賢く，珍しい条項としては，彼が引退後にMLSのフランチャイズを購入したい場合（リーグの共同オーナーになる，自分のチームを持てる），通常の市場価格よりも大きく割引した値段でその権利を得ることができるようになっていた点です。アスリートである限り，いつか現役を引退するときがきます。ベッカム氏も例外なく引退をするのですが，MLSとしては彼との関係を引退後も発展させていきたいですし，彼としても自分がここまで成長に寄与したリーグの投資家になることで（割引で），継続して積極的にMLSをプロモートしていくことになるわけです。

　2018年9月に紆余曲折を経て，遂に「クラブ・インテルナシオナル・デ・フットボル・マイアミ」を発表したのです。MLSには正式に2020年より参加する予定です。

SECTION **6**
ベッカムに投資していくら儲けたか

SECTION 7 育成投資のエピソード

1 移籍金の用途と資金の流れ

　本書では、「投資」という言葉が、何度も登場してきますが、MLS幹部のコメントからも「Invest」という単語がよく出てきています。それは、彼らの頭の中に、「MLSは設立20年のベンチャー企業、スタートアップ企業である」という意識が強く広く行き渡っているためです。

　特にMLSは、複数のオーナーが共同で出資をして立ち上げ、運営されている会社なので、「いくら投資して、いくら返ってくるのか」という会話が日常的になされています。

　例えば、出資者がいる自動車会社を新しく起業したとしましょう。売上も順調に増えて、新しい機械・設備を導入したいと考えたとき、出資者に事業計画について説明することになるかと思います。自動車業界の現状を鑑み、新しい機械・設備を購入するのにいくらかかって、その結果、売上がどのように増加するのか、と具体的な計画の目的や採算についての説明ができないと、追加出資は取り付けられないでしょう。MLSはフランスサッカー協会に投資をし、「育成」のノウハウを仕入れ、オーナーたちも継続性を持って若手選手を育成する計画に賛同したのでした。

　また、MLSの選手を海外に移籍させた際に移籍金が発生すると、クラブとリーグで分配することになります。リーグが手にしたお金は全オーナーに配当

され，クラブが手にした移籍金は，アロケーションマネーというサラリーキャップ内で融通を利かせるための資金として使用するか，環境整備，新しいテクノロジーの導入，育成コーチの雇用など，強化に関連した投資をしないといけないルールになっています。つまり，移籍金で得たお金は，ピッチ上の商品向上のために使用しなくてはいけないのです。

MLSにおける移籍選手に関する資金の流れは，以下のような仕組みになっています。

チームAの選手が海外チームZに移籍した際のお金の流れ

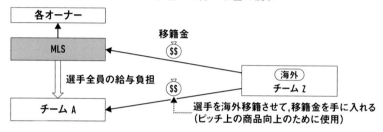

これが育成選手の移籍であっても，同様の仕組みになります。

アカデミーシステムで育てられたチームBの選手が海外チームZに移籍した際のお金の流れ

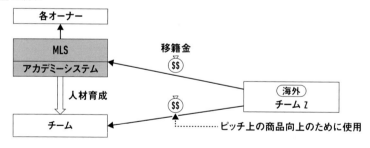

このように，全オーナーにもリターンがあり，成果を出したチームにはより多めのリターンが出るわけです。

2
アカデミーが果たす移籍の役割

　続いて、ここ最近における MLS から海外に移籍をした主な選手の一覧を 236 ページの表に示します。

　この表から分かることとしては、MLS のアカデミーが創設されていなかった 2000 年代初頭は、日本の JFA アカデミーに類似したアメリカサッカー協会がフロリダに管轄するレジデンシープログラムのアカデミー出身の選手（4 名）が中心であったこと（※ MLS を経由せずにこのアカデミーから直接ドイツのレバークーゼンに 17 歳時で移籍をしたランドン・ドノバン氏も含めれば 5 名）。2007 年に MLS にてアカデミーが義務付けられてからは、徐々にその人数が増えてきた、ということです。MLS 各クラブがそれぞれアカデミーを保有して以降、5 名の選手が移籍金を伴う海外移籍を果たしました。その推定移籍金総額は 4450 万ドルとなり、単純に計算をしてみると、

①4450 万ドル（500 万ドル＋300 万ドル＋650 万ドル＋800 万ドル＋2200 万ドル）×30％（リーグが受け取る金額）＝1335 万ドル
②2018 年－2008 年＝11 年
③1335 万ドル÷11 年＝年間約 121 万ドル

という仮説が成り立ち、アカデミーにいくら投資しているのかは定かではありませんが、MLS のリーグとしてのアカデミーは、年間約 121 万ドルの事業であると考えられるでしょう。

　2018 年だけでも、モントリオール・インパクトの 18 歳バロウ・タプラ選手が FC バルセロナに移籍し、バンクーバー・ホワイトキャップスの 17 歳アルフォンソ・デイビス選手が、MLS 最高となる 2200 万ドルの移籍金でバイエルン・ミュンヘンへの移籍が決まりました。

CHAPTER 5
「人」に対する投資について

アメリカ人選手移籍の歴史（2000年代のアメリカ国籍選手の移籍金が発生した主な海外移籍に限定）

年	選手名	ポジション	移籍時の年齢	所属元
2018年	Alphonso Davies	ウィング	17	バンクーバー・ホワイトキャップスFC
	Ballou Tabla	サイドMF	18	モントリオール・インパクト
2016年	Matt Miazga	センターDF	20	ニューヨーク・レッドブルズ
2015年	Omar Gonzalez	センターDF	26	LAギャラクシー
	Jorge Villafaña	サイドDF	26	ポートランド・ティンバーズ
2014年	DeAndre Yedlin	サイドDF	21	シアトル・サウンダーズFC
2012年	Geoff Cameron	センターDF	27	ヒューストン・ダイナモ
	Brek Shea	サイドMF	22	FCダラス
2011年	Tim Ream	センターDF	24	ニューヨーク・レッドブルズ
2010年	Sasha Kljestan	センターMF	24	ニューヨーク・レッドブルズ
2009年	Kenny Cooper	センターFW	24	FCダラス
2008年	Jozy Altidore	センターFW	18	ニューヨーク・レッドブルズ
	Maurice Edu	ボランチ	22	トロントFC
	Brad Guzan	ゴールキーパー	23	チバスUSA
2007年	Eddie Johnson	センターFW	23	カンザスシティ・ウィザーズ
	Freddy Adu	ウィング	18	D.C.ユナイテッド
2006年	Clint Dempsey	センターFW	23	ニューイングランド・レボリューション
2004年	Cory Gibbs	サイドDF	25	FCダラス
	Bobby Convey	サイドMF	21	D.C.ユナイテッド
	DaMarcus Beasley	サイドMF	22	シカゴ・ファイアー
2003年	Tim Haward	ゴールキーパー	24	メトロスターズ
		平均年齢	22.3	

　単純に計算した金額ですが，アカデミー設置に際してのオーナーたちに説明をしたROIの観点で考えると，一部は大幅な赤字となってしまいます。ただ，アカデミーも11年間で資金を回収すると考えているわけではありません。

　MLSの公式facebook上で，本書内でも登場しているトッド・ダービン氏が，選手への投資について解説している動画がありましたので，紹介したいと思います。いかに，育成が大事なポイントとなるか熱弁しています。

出典：http://www.transfermarkt.com/major-league-soccer/transferrekorde/wettbewerb/MLS1

移籍先	推定移籍金	アカデミー
独・バイエルン・ミュンヘン	2200万ドル	バンクーバー・ホワイトキャップスアカデミー
スペイン・FCバルセロナ	800万ドル	モントリオール・インパクトアカデミー
英・チェルシーFC	500万ドル	ニューヨーク・レッドブルズアカデミー
メキシコ・パチューカ	不明	大学
メキシコ・サントス・ラグナ	100万ドル	
英・トッテナム・ホットスパーズ	300万ドル	シアトル・サウンダーズFCアカデミー
英・ストークシティ	280万ドル	大学
英・ストークシティ	350万ドル	USSF*
英・ボルトン・ワンダラーズFC	350万ドル	大学
蘭・RSCアンデルレヒト	450万ドル	大学
独・1860ミュンヘン	60万ドル	マンチェスター・ユナイテッドアカデミー
スペイン・ビジャレアルCF	650万ドル	ニューヨーク・レッドブルズアカデミー
スコットランド・レンジャーズ	450万ドル	大学
英・アストン・ヴィラFC	120万ドル	大学
英・フラム	120万ドル	USSF
ポルトガル・ベンフィカ	180万ドル	
英・フラム	350万ドル	大学
蘭・フェイエノールト	100万ドル	大学
英・レディング	150万ドル	USSF
蘭・PSVアイントホーフェン	240万ドル	USSF
英・マンチェスター・ユナイテッド	350万ドル	

平均推定移籍金 385.71万ドル　　　　* USSF：アメリカサッカー協会アカデミー

> 　私が管轄する分野の1つに育成があります。これは我々の投資を最大化させるためにも，今後よりフォーカスを当てていく分野となり，各チームと協力して正しいガイドラインや規制，環境整備などをしていくことになります。
> 　選手周り，強化回りにいろいろと投資をしてきましたが，今後一番成長すると思っているのはやはり，ユースの部分だということです。MLSのチームは，この分野に巨額の投資をしはじめています。若い選手に限りません。インフラ，

コーチ，スカウトなど育成に関連する全てに投資しています。

　数年前，アカデミーからトップチームに上がった選手たちのシーズンを通して総プレー時間はおよそ 12000 分程度でした．それが今では，4 倍以上となる 50000 分を超えました．これは各チームがどうすれば自分のチームをよりよくできるだろうと考えたとき，自分たちで選手をきちんと育てることができれば，外から法外な値段を払って選手を獲得するよりも効果的な強化ができる，ということを理解しはじめたからです．

　最近，「若手選手が欧州に獲得されることが増えてきたが心配か？」とよく言われます．でも私は逆です，見向きもされないリーグである方がよほど心配なので，よいことだと思っています．マット・ミアズガ選手がチェルシーのようなクラブに引き抜かれることは MLS が育成を着実にしてきていることの証明だとも思っています．私の仕事は，これらへの投資を回収するために戦略的に全てが機能しているか，そのためのルールやフレームワークが機能しているか，していなければ調整が必要かなどのコミュニケーションをテクニカル委員会，そしてプロダクトストラテジー・グループというオーナーたちで構成される委員会とも図ることになります．我々は常にプロダクトの品質を精査しますし，必要相応な投資がされているかも常に検討します．数年前と比較するとアカデミーすら存在しないチームもあったのです．それが今では全チーム準備ができた状況に置かれていると思いますし，今約 2000 人の選手がアカデミー傘下でプレーをしています．

　我々はチームが必要とする投資，そしてフレームワークがリーグとして提供できているかということに細心の注意を払い，各チームがよりよい選手を育成できるようにサポートしていきたいと思っています．

SECTION 7
育成投資のエピソード

3
ジョーダン・モリスと育成への投資

　2018年7月時点でのアカデミー卒のホームグロウンプレーヤー（HGP）総数は、109名となっており、平均すると1チーム約5名です。目玉は何と言っても、シアトル・サウンダーズFCのジョーダン・モリス選手でしょう。サウンダーズのアカデミーの2012−13年シーズンでは、32試合で28ゴールをあげ、すぐにでもトップ契約と言われましたが、名門スタンフォード大学より奨学金を受けての入学が決まっており、進学を選びました。しかし、そこでもすぐに頭角を現し、アメリカ代表U20に選出。その後2014年、アメリカ代表がスタンフォード大学相手に調整試合をした際、モリス選手のプレーは当時のアメリカ代表監督のユルゲン・クリンスマンの目に留まり、その試合でゴールを決めたのでした。その後、クリンスマン監督は、モリス選手をフル代表に招集、出場する機会はなかったものの、現役大学生がフル代表に招集されたのは、1999年以来、実に15年振りでした。

　モリス選手の代表デビューは、アメリカの永遠のライバル、メキシコ代表との親善試合において、フォワードで初先発という形で巡ってきたのでした。しかも、後半には劇的な決勝ゴールまで叩き込み、一躍時の人となったのです。しかし、サウンダーズからの再度の契約オファーも固辞し、大学に戻ります。アメリカ代表U23での活躍、そして大学サッカーでの優勝と、得られるタイトルはほとんど獲得しました。その後、独ブンデスリーガのヴェルダー・ブレーメンの練習に招待され、そのままブレーメンと契約かと思われた最中、本人は長年の夢であったというサウンダーズとの契約を発表し、サウンダーズ関係者を歓喜させたのでした。

　MLS内で2位となる平均観客動員数約4万3000人を誇るサウンダーズにて、当時アメリカを代表するストライカー、クリント・デンプシー（2018年に引退を発表）と組む2トップは、大きな期待を背負うこととなりました。モ

リス選手はサウンダーズのアカデミーでプレーをしていましたが，国土の広いアメリカ故にアカデミーが近くになく，発掘されていないタレントも数多く存在します。ボルシア・ドルトムントで活躍をする19歳のアメリカ代表クリスチャン・プリシッチ選手などは代表格です。また，大勢の関係者が注目をしていたジョシュ・サージェント選手も同様です。MLSのアカデミーに所属しているわけではないものの，2017年アメリカヤング（男性）プレーヤーオブザイヤーに輝いたこの逸材は，18歳になると同時にドイツのウェルダー・ブレーメンと契約したのです。

モリス選手との契約に少し関わる話で，CHAPTER2でも少し触れましたが，海外への流出を避けるため，ここ数年MLSではサラリーキャップとは別に，各種アロケーションマネーを投入し始めます。

この目的は「各チームの中堅選手にもっとインパクトある選手を雇用できるようにするため，そして自分で育てた優秀な若手選手と契約するため」と，されています。そのため，サウンダーズがまさにこの新予算をフルに活用してモリス選手との契約にこぎつけたとも言われています。

- **General Allocation Money（GAM）**：サラリーキャップ以外に各クラブが各種戦績や，選手の移籍金発生に際して受け取る追加予算。このお金は選手獲得・契約更新時に使用してよい。
- **Targeted Allocation Money（TAM）**：チームにインパクトを与える選手獲得・契約更新時に使用してよいお金。これはリーグから受け取る予算で，特別指定枠選手ではないが，サラリーキャップの個人が受け取れる50万ドルという上限を超えないといけないときに限って使用できるものである。

この予算は，現行存在するMLSのサラリーキャップ外で，上記の目的にのみ使用できる予算として存在します。元々このGAM／TAMは，128ページで

紹介した「Retention Fund」の流れを汲んでいます。MLS の公式リリースによると，「GAM / TAM は，特別指定枠選手と，上限の約 45 万ドルの一般選手間のギャップを埋めるため，そして何よりもリーグとしてこのギャップに入ってくる主力選手層を厚くすることで，MLS がより魅力的になるための予算である」と謳われています。

さらにこの予算の使い方や，他のアロケーションマネーについても細かい規定が存在するのですが，ここには記載しきれないほど膨大なうえ，頻繁に制度が変更されるので，ここでは割愛させていただきます。予算の使い方のポイントとしては，常に投資としてオーナーたちが協議を重ねた上で計画的に，そして中長期的に実行されていること，そして，その判断が柔軟に，迅速にくだされているという点になるかと思います。

「育成への投資」という話に戻すと，HGP への予算の増加も大きな特徴です。モリス選手への契約にこれが用いられたことは述べましたし，ミアズガ選手の移籍金は非常に大きなものとなりました。また，LA ギャラクシーのアカデミー卒で，2013 年に LA ギャラクシーとプロ契約をし，翌年にアメリカ代表デビューを果たしたジャシー・ザルデス選手の 2018 年度の年俸は，63 万ドルと選手会が開示しています。ちなみにこの HGP の年俸も，TAM と同様にサラリーキャップには加算されません。

これは，どういう意図を持ったルールでしょうか。

私の推察も多分に含まれますが，自分が GM の立場だとするならば，自ら選手を育てたほうがサラリーキャップへの加算が減り，その分他の選手にその予算が使えるような仕組みになっていると考えます。極端な話，優良な選手を育てれば育てるほど，サラリーキャップを使わなくて済むのです。

TAM を用いた中堅インパクト選手，HGP はサラリーキャップに加算されないために導入された予算ですので，サラリーキャップを用いた一般選手に多くの予算を余らせることができれば，より層の厚い強化が可能となるわけです。もちろん，無限にこの枠を用いることはできません。GAM / TAM, HGP の予

CHAPTER 5
「人」に対する投資について

算も，獲得枠も上限があります。このような仕組みにも MLS 各チームの GM たちは適宜，検討を重ねないといけません。いかに限られた投資を最大化できるのか，この概念はどこまでもつきまとう「永遠の命題」なのです。

HGP 変遷表（2018 年時点で選手登録されている選手に限定（海外移籍や引退した選手は含まず））

チーム名	2008	2009	2010	2011	2012	2013	2014	2015	2016	2017	2018	TOTAL
アトランタ・ユナイテッド FC										2	3	5
シカゴ・ファイアー				2					1	1	1	5
コロラド・ラピッズ					2		1			2	1	6
コロンバス・クルー			1			2				1		4
D.C. ユナイテッド							1		1	1		3
FC ダラス				1		1			1	3	5	11
ヒューストン・ダイナモ		1								1		2
ロサンゼルス・ギャラクシー							1		1	1	1	4
ミネソタ・ユナイテッド FC					1			1				3
モントリオール・インパクト							1	1		1	4	8
ニューイングランド・レボリューション					1		1		1		1	4
ニューヨーク・シティ FC										1	1	2
ニューヨーク・レッドブルズ				1				2	3	1	2	9
オーランド・シティ SC				1					1		1	3
フィラデルフィア・ユニオン									2	1	3	6
ポートランド・ティンバーズ										1	2	3
レアル・ソルトレイク							3		1	1	2	7
サンノゼ・アースクエイクス							1			1	3	5
シアトル・サウンダーズ FC							2		1	2	1	6
スポルティング・カンザスシティ									1	1	2	4
トロント FC				1			2	1		1	1	6
バンクーバー・ホワイトキャップス FC				1				1	1		5	8

109

出典：http://pressbox.mlssoccer.com/http%3A//pressbox.mlssoccer.com/homegrownplayers

SECTION 8 今後求められる，スポーツ業界の人材

1 チームオーナーの苦悩と決断

　ボストングローブ紙をはじめ，2016年初旬にアメリカ国内におけるスポーツリーグのコミッショナーたちの2014年度の推定年俸が下記の通り発表され，同時にフォーブス誌調べではそれぞれの推定年俸とリーグ収入に対する比率も算出していました（MLB・ロブ・マンフレッド氏及びNBA・アダム・シルバー氏の現コミッショナーは下記フォーブス調査が行われた際には任期がまだ短く，元コミッショナーで算出されています）。

[NFL] ロジャー・グーデル氏：3400万ドル（0.26％）
[MLB] バド・セリグ氏：2600万ドル（0.33％）
[NBA] デビッド・スターン氏：2000万ドル（0.44％）
[NHL] ゲリー・ベットマン氏：1050万ドル（0.26％）
[MLS] ドン・ガーバー氏：350万ドル（0.76％）

　「人材への投資」と銘打つ本章ですが，上記はそれこそトップ中のトップへの投資です。オバマ元大統領も，「3400万ドルも得ているNFLコミッショナーの年俸は物凄い額だ」とインタビュー内でコメントを残しているほどです。一方，フォーブス誌の調査のように，全体の収入に対しての比率を算出すると，

それほど高額でもないという気持ちになります。大切なことは，オーナー陣が，選出した経営の長であるコミッショナーの働きに満足するかどうかです。

　チームを保有するオーナーは，チームを取得するために莫大な資金を投資していることを忘れてはいけません。それは寄付でもなければ掛け捨てでもなく，リターンを期待しての投資として行われる事業活動です。もちろん，チームを保有する理由は，金銭的なリターンが全てではありません。ただ，チームの価値を増加させ金銭的なリターンを得る，あるいはチームの価値を向上させ資産を増やす場合には，敏腕な人材にもお金をかけて優秀なメンバーを集めないといけません。

　私が大変お世話になっているMLSのチームのオーナーは，他のプロスポーツチームも保有しています。「自分だってスポーツの経営に100％集中できるならばしたいよ。でも，スポーツチームの経営以外にも不動産事業や，投資事業など他の複数のビジネスも自分は行っているので，スポーツチームの経営にかけられる時間は数パーセントしかない」という彼の発言が印象深く私の中には残っています。チームのオーナーは，「利益をあげなくてはいけない」というビジネスサイドのプレッシャーに常にさらされていることが分かります。

　2011年に成績が振るわなかったMLBシカゴ・カブスのオーナー，トム・リケッツ氏が断行したことは，約2000万ドルをフロントオフィスに投資することでした。ボストン・レッドソックスでGMを務めたテオ・エプスタイン氏にオファーを出し，5年契約で球団社長に据え，彼に人事を任せました。「投資以上の価値がある」と判断したのです。

2
ヘッドハンティングビジネスの急成長

　これまで（そして今でも）一部のチームでは，選手に破格の契約を提示する一方で，フロントオフィスの職員は真っ先にコスト削減の対象になっていまし

た。スター選手との契約を打ち切ることで起こるファンの怒り，観客動員数への影響を考えると，誰も知らない職員を解雇した方が楽だったのです。

しかし，これも近年変化の兆しがあります。USAトゥディ紙のインタビューでも「優秀なフロント陣が5000万ドルの選手契約による損失を回避できる判断を下せるのであれば，十分にもとを回収できることになるんだよ」と，MLB・NYメッツのGMであるサンディ・アルダーソン氏は，フロントスタッフの業務を高く評価するコメントをしています。

MLSのチケット販売要員養成所も，同じような発想に基づいていることに気が付きます。優秀な販売要員には複数のチームから選手のようにオファーが届き，入団を決めた際には，そのチームのマフラーを首に巻いて，上司と握手をしている構図の写真を撮ります。さながら選手の入団会見です。

2000年以降，スポーツチームでもチーム経営におけるエラーを最小限に抑えることが求められており，ビジネスサイドの人材への投資の重要性が日々高まっていることを示しています。

また，それとともに，スポーツ界における「ヘッドハンティングビジネス」も急成長しています。驚くべきことに，ヘッドハンティング企業において，スポーツ業界に特化したエージェントがここ数年で急増しているのです。

ヘッドハンティング企業としては，ハイドリック＆ストラグルズ社，コーン／フェリー社，スペンサースチュアート社，ラッセル・レイノルズアソシエーツ社などが挙げられますが，これらの会社は年俸が最低でも10万ドルの幹部をヘッドハンティングすることに特化していると言われています（NFLの元コミッショナーであったポール・タグリアブー氏もヘッドハンティング会社であるハイドリック＆ストラグルズ社が仲介）。

スポーツ界でも有名なチームワークコンサルティングでは，大体7万5000ドル〜15万ドルの年俸の人材のヘッドハントを手掛け，初年度の年俸の約30％をコミッションとして得ているようです。

このヘッドハンティングビジネスの拡大からも分かるように，「人材への投

資」の重要性は，今後ますます増していくことでしょう。

3 スポーツ業界の給与水準は？

　スポーツビジネスジャーナルは，オレゴン大学・ワルシャワスポーツマーケティングセンターMBAのポール・スワンガード教授に対して行ったインタビューにおいて，いかにスポーツビジネス業界に入ることが大変で，その上，就労初期段階における給与が安いかを解説しています。スポーツビジネス業界は人気が高いため，恐らく世界中どの国でも同様な話だと思います。しかし，この特集を読み進めると，アメリカと他国の状況が少し異なることが見えてきます。

　この特集では，米国内126のチームに就業している540名の従業員たち（NFLチーム職員137名，MLBチーム職員128名，NHLチーム職員123名，NBAチーム職員97名，MLSチーム職員55名。65％はマネジャーとディレクターレベル，35％はバイスプレジデント以上の役職）を対象にしたアンケート結果を紹介し，スポーツ界における人材への投資に関して解説をしています。

　スポーツ界における初年度の年俸はおおよそ2万ドルから3万5000ドルという非常に低いものですが，マネジャーレベルを通過するあたりから年俸の中央値は6万5000ドルに上昇します。ディレクターレベルでこの中央値は10万5000ドルに伸び，バイスプレジデントレベルで16万5000ドル，シニアバイスプレジデントやエグゼクティブバイスプレジデントで34万ドルです。

　本アンケート内にあった選択肢の最大額「40万ドル以上」を選択したのは29名で，このアンケートを受けた幹部中14名にも（内10名のCEO中9名）上ったのです。何よりも上昇幅は非常に大きく，マネジャーレベルからディレクターレベルへの昇進で62％近い昇給で，ディレクターからバイスプレジデ

ントへの昇進時も同様な昇給となります。

　オレゴン大学の学生が,「MBA を取得後, 他の業界に行けば初任給がよりよいことは理解しています。はじめは厳しいことは承知の上です。重要なのは, 成果を出せば昇進できるということです」と述べていることからも分かるように, スポーツ界においても成果主義が当然敷かれていることになります。この

役職別年俸調査

業界年俸調査

役職	中央値	平均値
代表取締役／CEO／COO レベル	$425,000	$409,000
その他 C レベル（CFO, CMO 等）	$355,000	$335,526
エグゼクティヴ・シニア VP レベル	$340,000	$325,000
VP レベル	$165,000	$194,697
ディレクターレベル（シニアディレクター, アソシエイトディレクター）	$105,000	$115,125
マネジャーレベル（シニアマネジャー, アソシエイトマネジャー）	$65,000	$69,821

出典：http://www.sportsbusinessdaily.com/Journal/Issues/2012/08/13/In-Depth/Salary-survey.aspx

年齢別年俸調査

業界年俸調査

年齢	中央値	平均値
18〜29 歳	$55,000	$58,476
30〜39 歳	$85,000	$111,959
40〜49 歳	$135,000	$184,407
50 歳以上	$190,000	$230,800

在籍年数	中央値	平均値
0〜2 年	$95,000	$149,459
3〜5 年	$85,000	$120,613
6〜8 年	$85,000	$103,211
9〜11 年	$115,000	$159,516
12〜14 年	$125,000	$147,000
15 年以上	$135,000	$174,153

出典：https://www.sportsbusinessdaily.com/Journal/Issues/2012/08/13/In-Depth/Salary-survey.aspx

調査では，年齢別での結果に加え，更に在籍年数ではどうなるのかという側面からも調べており，前ページの表の通りとなりました。2つの表をあわせて分かることは，いくら長いこと在籍しても15万ドルの年俸を超えるにはバイスプレジデントレベルまで昇進しないと到達しないということです。

同時にこの調査から見て取れることは，在籍年数0～2年の中央値の高さです。これは3年～8年在籍している従業員の中央値よりも高いのです。このことは，近年スポーツチームの雇用も，上位レベルにお金をかけて人材を登用しているということを示しています。本章内ではMLSの幹部の一部を紹介しましたが，この上位職に対してお金をかけて外部から「補強」をしてきているということになります。

ターンキースポーツ＆エンターテインメント社の代表取締役レン・パーナ氏は，この状況を「各チームは，人事部に送られてくる大量の履歴書の中から，『どれにしようかな』と探すよりも，実績のある人間を引っ張ってこれるように，人材に投資する額，そしてポジションを増やしてきています。ここ2年間は，過去15年と比べて，業界の外にも目を向けて優秀な人材を探してきてくれという依頼が急増しました。そして，そのような人材を引っ張ってくるため

部署別年俸調査

業界年俸調査

部署	中央値	平均値
ファイナンス・事務・人事	$125,000	$167,286
マーケティング・放送・広報	$65,000	$79,510
スポンサー営業・スポンサーサービス	$125,000	$148,130
テクノロジー	$125,000	$116,000
チケット営業・ボックス席営業・クラブシート営業	$95,000	$110,524
ベニューオペレーション	$100,000	$122,000
複数の部署の管理職	$350,000	$309,318
その他	$65,000	$119,621

出典：http://www.sportsbusinessdaily.com/Journal/Issues/2012/08/13/In-Depth/Salary-survey.aspx

SECTION **8**

今後求められる，スポーツ業界の人材

には，ある程度の投資が必要となるのです」と，スポーツ界の人材への投資に関して証言しています。当然，部署ごとにも年俸に差はあり，部署によっては成果主義が強かったり，在籍年数を重視したりと違いが存在します。

　ここで，スポーツ別にこの年俸を比較してみます。組織のトップにレポートをする幹部年俸の中央値1位はNBAで24万5000ドル，続いてMLBの20万5000ドル，NHLが17万5000ドル，NFLが16万ドル，そしてMLSが12万ドルという結果でした。

　この結果に対してパーナ氏は，「NBAは全てのオーナーたちに対して，もう少し人材に投資することで優秀な人材を確保し，よりリーグ全体の品質が上がるという提案をしたからです」という興味深いコメントも見受けられます。

　スポーツ界における門の狭さは，単純にスポーツチームやリーグが唯一無二であることに起因します。例えば，銀行に勤務したい場合，銀行という会社はたくさん存在するので，人材側にとっての選択肢と交渉の余地が存在します。しかし，これが「FC新宿」というサッカーチームに勤務したい場合を仮定しましょう。「FC新宿」というチームは世界に1つしか存在しないので，採用をしてもらう人材側ではなく，雇用をする側にレバレッジが働くこととなり，非常に低い賃金などで採用できるようになっているのです。

4
スポーツ業界の人材確保は激化する

　私がMLSでインターンをしていたとき，同じオフィスにはハーバード大学卒の優秀な年下のインターンや，弁護士の卵などが普通に働いていました。彼らが積極的に企画書を作成しては社内でアピールをしているのを目の当たりにし，敗北感と危機感を覚えたことを今でも覚えています。スポーツ業界には，本当に優秀な人材がたくさん集まっていることを肌で感じました。

　しかし，フォーブス誌の調べによると，最近ではスポーツ業界における変動

により，この採用にも変化が見えてきたようです。特に昨今のデジタル技術の進展や，システムエンジニア，データ解析などの分野の事業が新たに求められていることにより，今までになかった業務が生まれてきています。

　同時に民間投資資金の流入により，スポーツビジネスジャーナルの調査が示すように，スポーツ業界もきちんと対価を支払って優秀な人材を採用したり，優秀な人材の引き留めに対価を支払うようになってきたりしました。優秀な監督やコーチの入れ替わりが早いように，アメリカのスポーツビジネスシーンでも職員幹部の人事往来も早くなってきています。名将監督があちこちから声がかかるように，優秀な幹部職員も複数のチームからオファーが届くようになっています。

　もはや「スポーツ業界で働けるのだから，お給料が多少安くとも優秀な人材が来る」という時代ではなく，重要なポストにはスポーツ業界以外と同等の条件提示をしないといけなくなってきているのです。

　ターンキースポーツ＆エンターテインメント社のように，アメリカにはスポーツ業界に特化したヘッドハンティング人材会社が無数にあります。そこでエグゼクティブ・リクルーティングを手掛けるシニアバイスプレジデントのキャロリン・サビーニ氏も，フロントオフィススポーツのインタビューで，次のように述べています。

　現在，スポーツ業界への就職の王道はデータ分野です。顧客情報，顧客データ，リサーチ，アナリティクス，これらの分野が今の時代非常に大きな可能性を占めています。かつては営業職や，チケットセールスがスポーツ業界への就職の第一歩でしたが，データ関連の業種に業界内でもシフトしてきました。もちろん今でも最初の一歩は営業職やチケットセールスですが，このデータ分野におけるスポーツ業界のニーズは急伸してきており，これは数年前には見られなかったトレンドです。

SECTION **8**

今後求められる，スポーツ業界の人材

彼女は，スポーツ界の変遷，そして人材確保の競争，それに伴う投資が増大してきていることを語っています。同時に，「ここ最近のサッカー界でのトレンドとしては，特に海外のサッカーチームがアメリカで実績を積んだ人間を採用することが新しいトレンドとして見られます」と，シティ・フットボールグループ，インテル・ミラノ，リバプール等に代表されるようなグローバルなサッカーチームの台頭も，新しい潮流として見ているようです。現在，原稿執筆時には，ガジデス氏にACミランがオファーを出したと報道されています。

CHAPTER 5
「人」に対する投資について

CHAPTER 6

「組織・マーケティング」に対する
投資について

SECTION 1
組織，マーケティングに投資する理由

1
スポーツビジネスの新たな展開

　スポーツを通じた社会の発展を目指し，関係省庁の中核となってスポーツ行政を総合的・一体的に行うことを使命として，2015年10月1日にスポーツ庁が発足されました。鈴木大地スポーツ庁長官が標榜するスポーツ政策の課題の1つに，「スポーツビジネスの拡大」が挙げられたことは私自身にとっても非常に感慨深いものがあります。私がスポーツビジネス発祥の地アメリカに来たのが2002年のことですから，それから約15年。Jリーグ，Bリーグ，プロ野球など日本のプロスポーツはここまで飛躍的な成長を見せてきました。2020年には東京オリンピック・パラリンピックが開催されます。スポーツ産業が成長するためには，言うまでもなくそこに従事する人材が必要であり，日本ではまだそこまで手が回っていない状態でした。鈴木長官がスポーツ庁の「1周年記者会見」にて，「スポーツ庁では，スポーツ市場規模を現在の5.5兆円から2025年までに15兆円にすべく，経済産業省と共同で，今年2月にスポーツ未来開拓会議を立ち上げ，スポーツ産業の活性化の方策について議論を行い，6月に中間報告を公表しました。また，政府の成長戦略にも，スポーツの成長産業化を位置付けました」と発表し，さらには「私がこれまで訴えてきたのは，スポーツにはビジネスとしての潜在力があり，スポーツ市場を拡大し，その収益をスポーツ団体や環境の充実に再投資するという好循環を生み出し，国民の

健康増進や地域の活性化を図ることができる，ということです」と述べたのです。

そのような中，Ｊリーグが日本でのスポーツビジネスの先鋭的な立場から村井満チェアマン主導の下，2015 年より立命館大学と連携してスポーツクラブの経営人材育成プログラム「Ｊリーグ・立命館『JHC 教育・研修コース』」（Ｊリーグ・ヒューマン・キャピタル（JHC））を開講したことは周知の事実です。スポーツマネジメントを大学の学科として備えることは一般的になっていますが，プロスポーツ団体が自らのノウハウ等を用いてこのようなプログラムを始めたのは，恐らくアジアで初めてのことでしょう。世界に目を向けると，国際サッカー連盟（FIFA）が同様のコンセプトで通称「FIFA マスタープログラム」というものを 2000 年に設立しています。同様に，エウロペア大学とレアル・マドリーが提携し，「レアル・マドリー MBA」を開講しています。

JHC はこれまでＪリーグを中心に運営されてきましたが，スポーツ庁との関係が深まる中で，Ｂリーグやプロ野球などとも連携し，2016 年より競技の枠を超えた形で将来のスポーツ経営を担う人材の開発と育成を行い，社会に大きく貢献していく公益財団法人スポーツ・ヒューマン・キャピタル（SHC）として独立しました。これは 2017 年 5 月より開講しています。また 2018 年からは，日本プロ野球のパリーグ 6 球団の共同事業であるパシフィックリーグマーケティング（PLM）がビジネススクールを開設しています。

また最近では，Ｊリーグの鹿島アントラーズなどの「Non-Football Business」が脚光を浴びてきています。主な事業は，鹿島スタジアムを活用したスタジアム事業，チームドクターなどが活躍する医療事業，スタジアムで使用する独自の芝生を開発するスタジアム事業などです。チーム自体は国内 19 冠を達成するなどピッチ上でも成功していますが，このようにサッカーの勝敗以外の部分における事業も多角的に展開しているのです。2016 年 12 月には，「スポーツ×経営×人材　世界のスポーツビジネスを仕事にする」（主催：日経 BP 社，協力：TIAS アソシエーション）というフォーラムも開催されました。

2
若い世代の顧客を獲得するためのマーケティング戦略

　チームを強化するためにはよりよい選手を獲得する必要があり，そのためには「強化費」と呼ばれる予算が必要になります。選手30名弱，監督，練習場，ジム，コーチングスタッフなど，ピッチ上において様々な投資がなされます。それと同様に，チームの事業も強化する必要があります。より多くの収益源の創出・確保は健全な経営のため必要不可欠であり，それを実行するために投資を行うということは，強化への投資と何ら変わりません。チームを強くするために目を付けた選手を獲得する際，「君にはあまり投資できないけど，うちのチームに来てくれない？」とは言わないでしょう。多くのフロントスタッフ，優秀なビジネスマン，オフィス・設備，研修などへの投資も同じことです。

　強化に関連する話として，MLBのNYメッツでは「人材のスカウト」とも言われる担当者が存在します。チケットセールス兼人事採用の担当者で，肩書は「Director, Inside Sales」となっています。主な仕事は，普段から国中を駆け回って優秀な人を集めてくることです。例えば，大学で新卒採用セミナーがあると聞けば，そこに駆けつけ優秀そうな学生に声を掛けていくのです。また，チームの中での育成担当も兼務しています。セールスにおける新規開拓もしくは更新作業のスタッフを9カ月から1年かけて育てるのが彼の責任になります。最終的にメッツで雇うことができなかったとしても，他のスポーツ団体に就職を斡旋することを専任の仕事としているスタッフもいます。

　2016年NBA王者に輝いたクリーブランド・キャバリアーズの筆頭株主であるダン・ギルバート氏は優勝を記念したチャンピオン・リングを選手のみならず，フルタイム，パートタイム問わず，キャバリアーズそして本拠地であるクイッケン・ローンズ・アリーナの全スタッフに渡したことで話題になりました。パートタイムスタッフも含むので，Cleveland.comによるとチャンピオン・

SECTION 1
組織，マーケティングに投資する理由

リング総数は1000を超えるだろうと予測しました（かかる費用は1億円超という試算でした）。チケットスタッフ，セキュリティスタッフも含め全員で優勝を勝ち得たという気持ちを共有したいという代表的な例でしょう。

次ページの表はLAギャラクシーのスタッフ一覧表です（2017年3月時点）。社長以下，総勢104名となっています。そのうち，強化関連は合計34名。残りの70名はフロントスタッフとなります。注目はこの70名中，42名はスポンサーやチケットの営業に関わるスタッフであり，その内チケット営業に関わるスタッフは37名となっている点です。選手はトップチームで27名，リザーブチームで13名となっており，合わせると40名。選手の数と，チケット営業に関わるスタッフの数がほぼ同人数であることは興味深いものです。

マーケティングへの投資からの観点では，MLSの近年の大きな成功は「若者たちへのリーチに成功したから」と言われています。その代名詞が「MLSデジタル」です。シニアバイスプレジデント兼ゼネラルマネジャーのクリス・スローシャー氏はMLSのマーケティングについて次のように解説しています。

> 観客動員数は毎年伸び続け，新スタジアムも建設され続けています。世界的に有名なスターも移籍し続けてきています。この爆発的な成長を牽引しているのはMLSデジタルです。我々はモバイル優先で，ソーシャルに精通していて，多文化で，ミレニアルという北米のファンと深い結び付きを持つコンテンツや経験を提供しています。昨シーズン，動画ビュー数400％増，ユニークユーザー数30％増，ソーシャルリーチ87％増，スペイン語トラフィック1000％増という前代未聞の人気を得ました。デジタルコンテンツでは記録となる通算600時間を超える動画を制作，1万超のオリジナル記事の制作などを達成しました。公式サイトに限定せず，Twitter，Periscope，Instagram，facebook，Snapchatなどとも多様な連携をしてきました。モバイル上でいつでもどこでもMLSの試合が観戦できるMLS Liveアプリは多種多様な機能を備えています。単なるストリーミングではなく，ファンがそれぞれ何を観たいかに対応してお

LA ギャラクシーのフロントオフィス概要

President	1	[HUMAN RESOURCES/FINANCE]	
GM and Vice President, Soccer Operations	1	Manager, Human Resources	1
Vice President, Business Operations	1	Director, Finance	1
Executive Assistant to President	1	[MARKETING/DIGITAL/VIDEO]	
[SOCCER OPERATIONS]		Director, Digital Media & Marketing	1
Technical Director	1	Manager, Digital Media	1
Director, Soccer Operations	1	Sr. Manager, Video Production	1
Video Analyst	1	Senior Graphic Designer	1
[COACHES]		Supervisor, Marketing	2
Head Coach, LA Galaxy	1	Producer, Video & Content	1
Assistant Coach, LA Galaxy	2	[PARTNERSHIP ACTIVATION]	
Head Coach, LA Galaxy II	1	Director, Marketing & Partnership Activation	1
Assistant Coach, LA Galaxy II	2	Partnership Activation	3
Coach, LA Galaxy Academy	6	[PARTNERSHIP SALES]	
[SOCCER ADMINISTRATION]		Partnership Sales	3
Associate Manager, Team Administration	1	[TICKET SALES AND SERVICES]	
Associate Manager, Team Administration, LA Galaxy II	1	Vice President, Ticket Sales and Service	1
Manager, LA Galaxy Academy	1	Ticket Sales	2
Manager, Academic Program	1	[TICKET SERVICES]	
Lead Learning Coach	1	Supervisor, Premium Client Relations	1
[TRAINING STAFF]		Premium Service Executive	1
Director, Sports Medicine	1	Service Executive	6
Assistant Athletic Trainer	1	[TICKET SALES]	
Sports Dietitian	1	Supervisor, Premium Sales	1
Trainer, LA Galaxy II	1	Supervisor, Ticket Sales	1
Trainer, LA Galaxy Academy	1	Premium Sales	2
[EQUIPMENT STAFF]		Ticket Sales	8
Equipment Manager	5	[FAN DEVELOPMENT & AMATEUR SOCCER SALES]	
[CAMPS/CLINICS]		Supervisor, Amateur Soccer and Group Sales	1
Camps & Clinics and Fan Development	2	Amateur Soccer and Group Sales	4
Brand and Fan Development	1	[GROUP SALES]	
Technical Consultant, Alliance Clubs	1	Group Sales	4
[COMMUNICATIONS/PUBLIC RELATIONS]		[SUPPORTER RELATIONS AND BUSINESS DEVELOPMENT]	
Vice President, Marketing, Communications and Digital	1	Senior Manager, Supporter Relations & Fan Development	1
Manager, Communications	2	Manager, Business Development, LA Galaxy II	1
LA Galaxy Insider	1	[DATABASE MARKETING & ANALYTICS]	
Communications and Digital Specialist	1	Director, Analytics & Research	1
[COMMUNITY RELATIONS]		Database Marketing	2
Director, Community Relations & LA Galaxy Foundation	1	[TICKET OPERATIONS]	
Community Relations & LA Galaxy Foundation	2	Ticket Operations	2
[GAME ENTERTAINMENT & EVENTS]			
Game Presentation & Events	3		

SECTION 1
組織，マーケティングに投資する理由

り，毎年登録者数が 60 ％上昇しています。

　リーグレベルに限定されず，クラブレベルのデジタル戦略ともリーグは密接に連携しており，同時にスポンサーを上手にこのデジタルプラットフォームに組みこんでいくことで，若い世代のファンたちに的確にマーケティングができています。
　MLS デジタルのスタッフは，次のように話しています。

> 　昔はいかにして自分たちの公式サイトにファンを誘導し，公式サイト上に全ての情報を集約することが大事でした。しかし，今はファンに対して自分たちのサイトに来てくださいとお願いをするのではなく，こちらからファンがいるところに出向くマーケティング手法に変化したのです。今のファンがいるところは「モバイル」であり，「ソーシャル」なのです。ここに我々の方からコンテンツや情報をいかにして届けるのか，ということが肝要です。

　自分たちの所に来てもらうのではなく，こちらからファンがいるところに出向く。非常に端的な言葉でありつつも，ドラスティックな変化です。MLS デジタルは 2010 年に新しい部署として 20 人程度で始まりました。今では 80 名ほどの大所帯になっているのですが，設立当初に話をした際，「どこから人材を雇うのか」という私の疑問に対し，「通常のテレビ局や映画制作会社からは雇わない」と答えたのです。その理由を次のように話してくれました。

> 　テレビや映画は決まった時間にテレビの前に座ったり，映画館に出向いたりして観るもの。つまり，こちら側に来てもらうスタイルです。しかし，今のファン（消費者）は自分の好きなときに，短時間でぱっと観たいものだけ観て，面白ければそれを拡散・共有するため，彼らが求めるコンテンツを企画し，動画を制作できる人材でないといけないのです。

CHAPTER **6**
「組織・マーケティング」に対する投資について

言い換えると，ファンの立場や視線に立つことができ，ファンに届かせるコンテンツづくりが肝になるということです。動画の時間を考慮し，どれだけ集中して観ているか等も気を付けて動画を作っているそうです。テレビなどとの差別化を図るために，試合のハイライトはもちろんですが，そのクラブのみでしかアクセスができないもの，テレビ局やその他の人が入手できない映像をつくることも心掛けているとのことでした。

　例えば，MLSで若い世代を取り込む方策として，人気サッカーゲームである『FIFA 17』(EA SPORTS)を活用したり，ソーシャルネットワークのプラットフォームを利用したり，その世代が読むような記事構成を心がけているのです。MLSの観客層は18歳〜35歳が多いため，MLSデジタルのスタッフも同一言語でコミュニケーションが図れる同年代のスタッフを揃えています。若い世代の活躍も，MLSの成長を支えているのです。

　余談ですが，MLBの関連子会社で，MLBのデジタル戦略を一括で担うMLB Advanced Media（MLBAM）があります。この会社内でデジタルを専門とするスタッフ総数は800名にものぼります。あるスタッフは，「テレビと比較するとデジタルの方がマーケティングしやすい」と話していました。MLBAMのCTO（最高技術責任者）であるジョセフ・インゼリーロ氏も次のように語っています。

> 　テレビでは視聴率を測定する機械があって，視聴時間を掛け合わせると，「おおよそこれくらいの人が観てます」という視聴者数が算出できたかと思うのですが，視聴率などの数字はおおよその数字なので正確に何人が観ているというところまでは出しにくかったのです。これがデジタルになると正確に何人単位までアクセスしていたかが分かるので，テレビよりもマーケティング効果が大きくなることがあるでしょう。もちろん，ライブであるテレビの広告効果が大きい場合もあると思います。
> 　デジタルの場合，デジタルコンテンツ用に動画を流している下に広告掲出数

を制限できるので，それだけ価値が増大します。もしかしたら下がる可能性もありますが，値段の付け方などもテレビに比べるとあやふやだったものが明確になるというのは違いとして挙げられます。

　もう1つテレビとの大きな違いとして，テレビでコマーシャルを流しても，購入のためにはお客さんが興味を持ってお店に行ったり，サイトにアクセスしたりしなければなりませんが，デジタルの場合は興味を喚起する動画をつくり，そのままクリックすると商品購入サイトにアクセスできることが可能なので，そこもOTT（オーバーザトップ：インターネットを通して動画配信，SNS等を提供するサービスの総称）とテレビとの大きな違いになるでしょう。そこでは，スポンサー用の動画をつくってそのままクリックして購入に持っていくということも可能になります。テレビやラジオの場合は，分かっているようで誰が観たり聞いたりしているか分からないものです。宣伝広告も誰に届いているか実は本当は分からない。デジタルの強みは誰がどこまでどのように観ているかについてトラッキングもできること，その後にチケットや販売につなげることが可能なことだと思うのです。

　今後，デジタルやマーケティングへの投資はますます重要な要素になっていきます。一方で「何が何でもデジタル化がいいのか？」「マーケティング＝デジタルなのか？」というと必ずしもそうではないでしょう。ラジオがいつまでもなくならないのと同じで，新聞もテレビも残っていきます。

　ただ，今後捉えたいファン，新世代のファンはデジタルなので，そこへの投資が大きくなることは間違いありません。そこを疎かにするとどんどん若い世代へのマーケティングが遅れますし，見てくれる人がいなくなってしまうので，いつの時代でも「ベストミックス」で取り組む必要があるのです。

3 ファンはチームから生まれる

　ここまで人材への投資とマーケティングへの投資を切り離して解説してきましたが，先に述べたMLBAMの成り立ちを踏まえても双方が重なり合うことがあります。MLBAMが2000年に始まったときは，全体のチーム数の3分の1のチームに1人公式サイト担当者がいた程度だったそうです。その当時，リーグとしては，チームが存在する現地の人材を見つけてはソーシャル担当，ウェブ担当という形でチームに出向させる形をとっていました。今では業務内容や組織形態などが複雑化しすぎているので，各MLB球団がデジタル・ソーシャルチームを持ち，およそ3〜5人で担当しています。

　デジタル関連の人材を雇用する際，一般的には「デジタルに総合的に精通した人物を探す」ということをイメージするかと思います。しかし，MLBAMでは，自チームのファンの中から，ソーシャルやネット上にサイトを開設しているような人材を発掘し，雇用していくのです。すでにTwitterやfacebook，Instagramで贔屓のチームの情報を一生懸命に発信しているファンがいるのですから，そういう人たちの中で信用ができる人材を雇用します。その人に「自分たちの社員にならないか」とオファー出せば，本人も喜ぶし，共に頑張ってくれるという考えを持っているのです。

　私がリバプールFCとアジア出張に出向いた際も同様の話を聞きました。アジアにおいて，リバプールFCがゼロから公式サイトなどを作るのではなく，すでにファンサイトを作っている熱心なファンを見つけ出して，その人を雇用したそうです。すでにその人がつくったサイトには，現地のリバプールファンも多く付いていたので，採用に踏み切ったそうです。コンテンツ制作においては，採用したい人材が「信用できるか」「共に働きたいと思える人なのか」が重要なのです。一度，社員として雇うことになれば，チーム内での事情やルールなど，ある程度の縛りを加える必要が出てきますが，そこを共通理解し，お

互いにうまくやっていけさえすれば,「よい人材を雇うことができた」と判断しているそうです。

MLBAM のスタッフは,マーケティングに関して,次のような考えを持って投資を行っているとのことでした。

> リーグの仕事というのは,全てのチームが健全にどう発展していくかということを考えることです。リーグにしかできないこと,権限があります。
> 例えば,私たち MLBAM のような会社をつくり出すなど,大きな方針を掲げ実現していくことがリーグの仕事です。ただリーグの仕事は,ファンをつくることではありません。ファンをつくれるのはチームであって,そのチームレベルでデジタルというものを活用することで,次世代のファンを取り込むことに注力しなければいけません。ファンはチームから生まれるので,いくらリーグが頑張ってもファンには響きません。紙のチケットだけでつながってるファンや,テレビだけでつながってるファンはデジタルを観ていません。そのため,チームの仕事としては,「自分たちのファンにどうやってデジタルでつながれるか」ということを考えることが重要なのです。デジタルに慣れ親しんでいるファンは,自分の両親などに次のように話しているのではないでしょうか。
> 「お父さん,このアプリはこうやって使うんだよ。そうすればオンラインで観れるんだよ」。
> このように,各チームが自分たちの全てのファンとつながることがリーグの繁栄にもつながるのではないでしょうか。

ここまで,デジタル分野を中心に,マーケティングの投資,それを操る人材への投資について述べてきました。これからスポーツビジネスを発展させていく視点として,技術革新も含め,時流やトレンドに敏感でいる力も求められていると強く感じています。

SECTION 2
7.5億円が100億円に

1
NHLに追いついた？

　2016年12月に合計28クラブとなるべく，4つの新規加入クラブを募集するMLSの発表に対して，実に12ものクラブが入札に参加しました。12という数字は，MLSが創設当時に始まった10都市を上回る数の都市が入札に参加したことを意味します。それを上回る数の都市が手を挙げていることは，MLSにとって重要なことなのです。

　本書でも紹介しましたが，MLSでは新規加入チームを決定するための3つのチェックポイントがあります。

> 1　オーナーシップグループの財政力，中長期的観点からのMLSへの投資意欲
> 2　自前のスタジアムの有無及び建設計画
> 3　都市が持つマーケット力

　ガーバーコミッショナーは「昔であれば，この3つを精査する上で3つとも揃っているには運が必要でしたし，偶発的な出会いが多かったのですが，今回は12都市とも3つのポイントを兼ね備えています。そのため，消去法ではなく，放映権的に，地域的に競合するものの存在など，リーグの経営戦略とど

れが最も合致するのか，という観点から議論ができるようになったことが大きく異なります」と，12 ものクラブが入札に参加したメリットを語っています。

また，「今我々が居る地点はまだまだ発展途上です。全国区にファンがいるわけではありません。ファン向けのマーケティング戦略も完成していません。マーチャンダイジングも成長途上です。ただ言えることとして，リーグ拡大は成長の証です。今我々は成長しているのです。そして，その成長を促すには更に多くの都市においてファンとの接点を持つことなのです」と，まだこれからも伸びしろがあることを強調しています。

一部では MLS に加入するためのフランチャイズフィーは，今や 200 億円を超えたとも言われています。2010 年にトロント FC が約 10 億円で加入できたことを考えると，たったの 10 年弱で MLS フランチャイズ価値が 20 倍にも跳ね上がったことになります。放映権料もまだ少なく，赤字のチームもいくつかある中でこのような高額な値段はどうしてつくのでしょうか。その答えは単純で，「それでも加入したい」というオーナーがたくさんいるからです。

毎年フォーブス誌は，MLS フランチャイズの資産価値を算出し発表しています。価値のある MLS クラブは約 200 億円強であるのに対して，NHL においては，資産価値が低い 5 チームの額も約 180 億円から約 250 億円の間で推移しています。フランチャイズの資産価値だけに着目すると，NHL と同等のチームも出てきたということになります（フォーブス誌の 2017 年調べによると，MLS フランチャイズで最も高いチームは LA ギャラクシーの約 315 億円。MLS フランチャイズの平均資産価値は約 222 億円）。

赤字を出している MLS チームであっても，市場では投資対象としていると理解できます。つまり，約 200 億円で購入できる MLS フランチャイズは北米に存在するメジャープロスポーツリーグと比較すると，今は「買い」の物件と見なされています。アメリカにおいて，サッカー自体が他のスポーツと比較をした場合，今後成長していくスポーツと見なされているのです。

MLS フランチャイズフィーの一覧

	フランチャイズ	年	フランチャイズフィー（億円）
1	アトランタ・ユナイテッド FC	2017	70
2	シカゴ・ファイアー	1998	5
3	チバス USA	2005	7.5
4	コロラド・ラピッズ	1996	5
5	コロンバス・クルー	1996	5
6	D.C. ユナイテッド	1996	5
7	ヒューストン・ダイナモ	1996	5
8	ロサンゼルス FC	2018	110
9	ロサンゼルス・ギャラクシー	1996	5
10	インテル・マイアミ	2018	25
11	ミネソタ・ユナイテッド FC	2017	100
12	モントリオール・インパクト	2012	40
13	ニューイングランド・レボリューション	1996	5
14	ニューヨーク・レッドブルズ	1996	5
15	ニューヨーク・シティ FC	2015	100
16	オーランド・シティ SC	2015	70
17	フィラデルフィア・ユニオン	2010	30
18	ポートランド・ティンバーズ	2011	35
19	レアル・ソルトレイク	2005	7.5
20	サンノゼ・アースクエイクス	2006	20
21	シアトル・サウンダーズ FC	2009	30
22	スポルティング・カンザスシティ	1996	5
23	トロント FC	2007	10
24	バンクーバー・ホワイトキャップス FC	2011	35

http://www.espnfc.us/major-league-soccer/story/2921608/mls-expansion-fee-could-go-as-high-as-$200-million

http://www.businessofsoccer.com/2013/06/11/franchise-fees-in-mls-increasing-at-a-rate-of-18-since-inaugural-season/

SECTION 2
7.5 億円が 100 億円に

2
インナー・サークル・スポーツ社の資産算出の視点

　ロサンゼルスを本拠地とするナショナル・バスケットボール・アソシエーション（NBA）のロサンゼルス・クリッパーズが約「2000億円」で新しいオーナーの手に移る買収が成立した際，私はプロスポーツチームがここまでの値段をつけることに驚きを感じずにはいられませんでした。当初フォーブス誌では，クリッパーズの市場価格は約575億円と言われていただけに，その驚きは更に大きなものとなりました。

　そもそもプロチームのフランチャイズの価値や，値段はどのように算出されるものなのでしょうか。アメリカのスポーツ界では，この価格を算出する専門の会社がいくつか存在します。有名なのは，イタリアセリエAのインターミラノの売買や，英プレミアリーグのリバプールFCの売買などを手掛けた「インナー・サークル・スポーツ社」があります。彼らの方法としては，価値を算出しようとするスポーツチームの財務状況や売上の他，いくつかの要素を加味して算出をするそうです。加味される要素は，以下の5つになります。

① **チームが所属しているリーグの今後の成長見込み**（衰退をしていくリーグに所属するチームでは，いくら人気チームであっても，それ以上チームも成長拡大しないため）
② **そのスポーツ自身の国内及び世界における人気や成長拡大の展望**（そのスポーツ自体がどれほどの人気があるかで，価値算出に大きな影響を与えることになります）
③ **そのチームの「ブランド力」**（スポーツ故に勝っているときは人気や価値が出ますが，負けているときは価値が下がってしまい投資しにくい状況が生まれます。スポーツビジネスで重要とされる勝敗に左右されない「ブランド力」というものは，スポーツチームにとって非常に大事なも

のとなります）

④ **スタジアムや施設の有無**（当該チームを買収しようと考えた際にスタジアムなどがないのであれば，チーム買収後に投資を更にしてスタジアム建設を行うオーナーもいます。チームとしてスタジアムを保有していない場合にはスケジュール管理ができないうえ，賃料が必要になり，スポンサーも限られたイベントのときしか広告を掲出できないので，価値の最大化ができません）

⑤ **チームの経営陣**（誰でも赤字を何年にも渡って垂れ流しているチームのオーナーになろうとすることはためらうことでしょう。むしろ自分がオーナーになっても安心して経営を継続してくれる経営陣を持つチームに魅力があるのは明白ですし，だからこそ，オーナーはまずは経営陣に有能な人材を連れてきて，その後に選手にお金を使うものです）

　フランチャイズの価値というものは，このようにいろいろな要素が入り混じり，単純にチームの売上や純利益，財務諸表上に出てくるものだけで算出できるものではないのです。とはいえ，冒頭で述べたクリッパーズのような法外な値段になるのは何故でしょうか。それは，そのチームを欲しいと思うオーナーが，他の競合チームに取られないように安全と思われる高値を付けることで，最後の最後に他のオーナーに出し抜かれることを防ぎたがる心理によるものなのです。この結果，高値がついていきます。これが高いか安いかは，本当にオーナー次第と言えるでしょう。例えば，マンチェスター・ユナイテッドのオーナーは英国の王室を自チームの試合の貴賓席に招待することができ，そのような特典が金額以上の価値となると言われています。

　繰り返しになりますが，このような投資対象として価値を算出することに北米のスポーツが向いているのは，「1部リーグと2部リーグの入れ替え戦がないから」とも言われています。入れ替え戦があると当然ファンの間では盛り上がりますが，投資対象としては考えるとどうでしょうか。コントロールできな

い勝敗のせいで2部に降格をしてチームの価値が半減してしまうのであれば，なかなか投資する勇気が出にくくなるのも事実です。いくら大富豪でも勝敗はコントロールできないので，入れ替え戦というものがないアメリカのプロスポーツは中長期的な収益計算がしやすく，投資家を惹きつける利点があることは覚えておかないといけません。

　北米のほとんどのプロスポーツでは「サラリーキャップ」や，選手会との「団体協約」があることで，人件費の予測がつく仕組みとなっています。リスクとリターンの関係から見ても北米プロスポーツではリスクを極力回避し，コストをコントロールしているのです。

　また，これも北米スポーツの特異な点と言えるかと思いますが，スポーツフランチャイズが存在することの意義が大きいという文化に支えられ，行政に対してフランチャイズの立場の方が強いことが多く，スタジアム建設やその他の点において有利な条件を引き出しやすいと言われています。MLSに関して言うと，MLSへの投資のみならず，CHAPTER4で紹介をしたSUMへの投資も付随するので，プロサッカーリーグへの投資のみならず，広告代理店兼興行会社のオーナーにもなる仕組みになっています。

　現在，約200億円と言われるMLSのフランチャイズフィーですが，間もなくMLSのチーム数を増やす終着地点に来ることでしょう。北米のプロスポーツを見渡したとき，MLSも他のリーグに倣って30チームほどになるのではないかと言われています。今後，これ以上はチーム数が増えないと予想される中，フランチャイズフィーはどうなるのでしょうか。もう新しいチームは参入できないので，すでに存在するチームの価値が前述したLAクリッパーズのケースと同様に上昇していくことが考えられます。そうなると，現在，赤字を毎年数億円計上しているチームであっても，MLS創設当時に約5億円でフランチャイズを購入したオーナーは，いとも簡単に全ての赤字を回収できることになるのです。

CHAPTER **6**
「組織・マーケティング」に対する投資について

MLS フランチャイズフィー歴史的推移

	フランチャイズ	年	フランチャイズフィー（億円）
1	コロラド・ラピッズ	1996	5
2	コロンバス・クルー	1996	5
3	D.C. ユナイテッド	1996	5
4	ヒューストン・ダイナモ	1996	5
5	ロサンゼルス・ギャラクシー	1996	5
6	ニューイングランド・レボリューション	1996	5
7	ニューヨーク・レッドブルズ	1996	5
8	スポルティング・カンザスシティ	1996	5
9	シカゴ・ファイアー	1998	5
10	チバス USA	2005	7.5
11	レアル・ソルトレーク	2005	7.5
12	サンノゼ・アースクエイクス	2006	20
13	トロント FC	2007	10
14	シアトル・サウンダーズ FC	2009	30

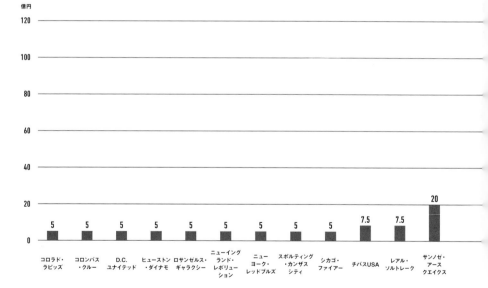

SECTION 2

7.5 億円が 100 億円に

	フランチャイズ	年	フランチャイズフィー（億円）
15	フィラデルフィア・ユニオン	2010	30
16	ポートランド・ティンバーズ	2011	35
17	バンクーバー・ホワイトキャップス FC	2011	35
18	モントリオール・インパクト	2012	40
19	ニューヨーク・シティ FC	2015	100
20	オーランド・シティ SC	2015	70
21	アトランタ・ユナイテッド FC	2017	70
22	ミネソタ・ユナイテッド FC	2017	100
23	ロサンゼルス FC	2018	110
24	インテル・マイアミ	2018	25

http://www.espnfc.us/major-league-soccer/story/2921608/mls-expansion-fee-could-go-as-high-as-$200-million

http://www.businessofsoccer.com/2013/06/11/franchise-fees-in-mls-increasing-at-a-rate-of-18-since-inaugural-season/

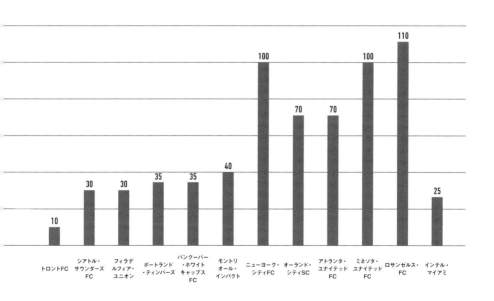

CHAPTER **6**

「組織・マーケティング」に対する投資について

SECTION 3
600億円の時価総額

1
総合プロデューサーとしてのSUM

　MLS, そしてアメリカにおける4大メジャースポーツリーグのオーナーは, ピッチ以外の場では, リーグとチームの発展を切り離せないものと考え, ビジネスパートナーとして協業して成り立っています。リーグ全体の仕事は, 「いかに不公平をなくすか」です。つまり, 都市間格差や経済格差をいかになくして試合を開催するかについて, そのシステムの整備を業務としています。チームが等しく勝てるチャンスがなければ, ファンの興味はなくなります。ファンなくしてチームは存在せず, チームなくしてリーグは存在できません。逆も然りでリーグなくしてチームも存在しません。

　ビジネスサイドを全てオーナー同士で管理しているので, 外部の広告代理店などに委ねるのではなく, マーケティング活動も自分たちで管理運営をしています。理由はシンプルで, 「自分たちのことは自分たちが一番よく理解しており, 一番熱心に売れるから」。そのために2002年にSUMが設立されたのです。資本関係は, MLSのチームを保有するオーナー全員となっています。今でもMLSに新規加入するオーナーは, SUMにも出資することが求められています。

　SUMはMLSの各チームのオーナーが出資するサッカー専用のマーケティング会社ですが, 「MLSマーケティング」という名称にしなかったのには理由

があります。それは，CHAPTER4でも述べた通り，MLS以外のサッカービジネスも手掛けるためです。SUMはアメリカ国内における2002年のワールドカップの放映権及び2003年女子ワールドカップの放映権を約40億円で購入し，それをABCとESPNに販売する代理店的な活動など，MLS以外のサッカービジネスも手掛けていきました。

　アメリカ国内においてのサッカー人気は非常に高く，MLS以外のサッカービジネスで利益をあげている興行主も多く存在していたのです。これを見ていたMLSのオーナーたちは，「何故，アメリカ国内最高峰のプロサッカーリーグの我々は苦しんでいるのに，時折興行を打つ他のサッカーイベントだけがよい思いをしているのか。しかもマーケティングや，運営などマネジメントスキルを比較すると我々のレベルにないことも多いのに」と感じていたのでした。

　自ら国際試合や他のサッカービジネスを手掛けたら更に質を高めることができるし，リソースやネットワークはMLSにはあるため，MLSに限定することなく，アメリカ国内におけるサッカービジネスを一手に引き受けるサッカービジネス専門のマーケティング会社となるSUMを設立したのでした。その当時も人気コンテンツであったメキシコ代表のアメリカ国内におけるフレンドリーマッチの権利についても，メキシコサッカー協会とSUMの間で交渉がされ，これまで時期及び場所も散在していたこのフレンドリーマッチたちを独占的にSUMが興行主として実施する権利を結んだのでした。これにより，戦略的に開催地や，価格，スポンサーや放映権の交渉も一括管理でき，同じ規格で試合の運営やチケット販売も可能となったのです。メキシコサッカー協会にとっても試合毎に異なる興行主とその都度交渉をし，興行主によって質が変わることが回避でき，数年間にわたり試合の出演料，スケジュール管理を行うことが可能となり，安定的な収入が得られるようになったのでした。特にメキシコ国内で，メキシコサッカー協会が自分たちで親善試合を行うよりも，アメリカ国内において開催される親善試合の方が大きな利益を得ることができるようになったと私自身がSUM勤務時代に関係者からよく言われたものです。

CHAPTER **6**

「組織・マーケティング」に対する投資について

2
MLS・SUM協業のメリット

次に，MLSのオーナーがSUMのオーナーであることでのマーケティング上のメリットを解説していきます。

①海外からクラブを招聘する際の価格の抑制できる

今まではアメリカ国内において，複数の興行主が海外のクラブと別個に交渉を行っていたため，競り合いの結果，招聘費が高騰してしまい，国際試合を開催することが安定した事業になりにくいという状況でした。SUMは全MLSクラブを代表しているため，MLSのクラブやその他の海外クラブとアメリカ国内の質の高いスタジアムで親善試合を行うためには，必ずSUMを通さなくてはならず，それ故競り合いも起きないので国際試合の市場価格がコントロールできるようになったのです。逆に，他の興行主が高い招聘料を払うと言っても，MLSのスタジアムやリソースは使えないので，きちんとした運営，きちんとしたマーケティングなどができるのかなど，不安が残ることになるのです。

②お金以外のメリットが数多くある

SUMが交渉して招聘をした海外クラブとの親善試合が決定すると，これによりMLSの各チームも多くのメリットを得ることになります。MLSクラブの関わり方は大きく分けて2通りあります。1つ目は単純にMLSのチームと海外クラブが親善試合を行うこと。2つ目は海外クラブともう1つの海外クラブが親善試合をするのをMLSチームが運営，マーケティング，チケット販売をすることになるということです。

有名クラブと自分たちのチームの試合であれば自チームの試合を観てもらえ，また海外クラブ同士の試合であっても少なくともホームスタジアムまで足を運んでもらえ，自分たちがどのようなチームなのかを紹介できます。そし

て，その顧客情報を活用できるので，地元のサッカーファンに関する様々なデータを拡充できるのです。

また，マーケティングにおいても，今まで地元の MLS チームだけでは中々交渉まで至らなかった大手のメディアアウトレットも，「海外の有名クラブが地元に来る」ということで話を聞いてくれたり，コネクションを構築することが可能となりました。国際親善試合の後にも，MLS チームと地元の有力メディアとのパイプが構築されるようになっていきました。当然海外クラブ同士の親善試合においては，SUM からも MLS チームにマーケティング予算が付与されるので，普段とは異なる予算規模での取引も可能となりました。

スポンサー営業も同様です。今までは地元 MLS チームには興味を示してくれなかった企業でも，この海外クラブの親善試合をきっかけに地元 MLS チームの存在を知ってもらう機会ができ，海外クラブとの親善試合の後もスポンサー営業ができる環境を構築していくことができました。

さらに，普段自分たちの MLS チームの運営にしか携わっていなかったスタッフも，海外クラブの国際試合が開催されることで，海外クラブの受け入れノウハウや，運営経験を積むことができます。もちろん，MLS のチームに対して SUM から運営費も付与されます。同時に MLS のスタジアムでは入りきらないような観客動員数が見込まれる際には，地元のアメリカンフットボールのスタジアムを借りることもあったので，地元の MLS スタッフと，地元の NFL スタッフの協業イベントとなり，同じ地域におけるフランチャイズ同士の連携も深まるようになりました。

③コンテンツをパッケージ化して販売できる

CHAPTER 4 でも少し述べましたが，SUM では市場価格のコントロール，MLS クラブへの還元というメリットがあると同時に，スポンサー営業をする際にも，「パッケージ化」して販売することが可能となりました。今までは MLS だけをリーグとして営業していたのが，SUM がメキシコ代表，FC バル

セロナ，その他のプロパティのライツを保有することで，スポンサー営業をする際，スポンサーのターゲットやニーズをヒアリングした上で，適切なパッケージを構築することができるようになったのです。

④ SUM の収益をリーグに還元できる

　MLS としても，SUM に自身の営業マーケティング機能を移管したので，競技・運営・選手管理などのリーグ運営に集中することが可能となりました。引き換えに SUM が MLS のスポンサー営業のみならず，放映権やメディアライツの営業も手掛けています。ちなみに，国際部の業務は国際試合の興行で，およそ下記のようなことを行っていました。

・国際試合や大会の企画立案	・トレーニング器具などの準備・交渉
・国際試合や大会の事業計画の構築	・ホテル，食事，移動などの交渉
・国際試合招聘チームの選定	・オペレーションチームの構築
・各種協会申請業務	・チケット販売
・チケットの値付け案，売上予測，小売り選定・交渉など	・チーム受入れ
・マーケティング戦略の立案・実行	・試合運営
・マッチメーキング：招聘チームとの折衝	・チーム送り出し
・スタジアムや練習場の賃貸交渉	・支払い・精算業務

　話がそれてしまいましたが，この SUM は 2012 年初旬にプライベート・エクイティ投資で約 50 兆円もの投資を行っているプロヴィデンス・エクイティ・パートナーズに株式の一部を売却しました。その額などは公表されていませんが，SUM の 25 % を約 150 億円相当で売却したと言われています。単純計算をすると，SUM のそのときの時価総額は約 600 億円ということになり，2002 年に創設してから約 10 年で 600 億円の価値のある会社に成長したことになります。これで得た資金を MLS は本書内でも述べてきた「① MLS デジタル」「②

育成（アカデミー及び，アカデミー指導者）」に投資したのです。
　その後，SUM そして MLS の急伸に伴い，2016 年には SUM がプロヴィデンス・エクイティ・パートナーズから株式の買い戻しを申し込むにまで至りました。プロヴィデンス・エクイティ・パートナーズは，投資をしている間，MLS の経営会議にも参加し，その間に MLS は下記のような成長を遂げました。

> ① 放映権・メディアライツの海外展開
> ② 6 つの新しいクラブの加入
> ③ さらに 4 クラブを拡大し合計 28 クラブとするに当たって，12 もの投資家グループが入札をするまでの人気に成長

　2017 年 6 月に，SUM とプロヴィデンス・エクイティ・パートナーズは共同で，SUM が自身の株式を買い戻したことを発表しました。このときの価格は公表されていませんが，SUM としては，今のこの急成長を受けて「自分たちで全てをコントロールしたほうがよい」という経営判断を下したと言えます。
　「MLS のここ数年の目を見張る躍進と共に歩んできたことを誇りに思います。世界で一番人気のあるスポーツと，世界最大のメディア市場の組み合わせは MLS にとってユニークな機会ですし，MLS が拡大すること疑ったことはありません。チーム数，観客動員数，視聴率，そしてスポンサーの全てにおいて成長拡大をし，同時に品質の向上，ファンの観戦体験向上への投資もし，私たちの期待を全て上回る結果を出してくれました。この盤石な経営基盤と，成長の継続をもってすれば引き続き皆の期待に応えることと確信しています」と，プロヴィデンス・エクイティ・パートナーズ創始者であるジョナサン・ネルソン氏は最大級の賛辞を送ったのです。
　非常にビジネス色が強いと言われる MLS は，SUM からの収益により支えられてるとも言えるのです。

CHAPTER 7

「設備」に対する投資について

SECTION 1
設備に投資する理由

1
ベッカムが直面したスタジアム保有の壁

　MLSに加入する条件の1つとして，自前のスタジアムを保有しないといけないことはすでに触れました。これはMLSに限ったことではなく，他の4大メジャースポーツでも同様のことが言えます。

　この問題では，2020年にマイアミで加入を予定しているデビッド・ベッカム氏は大変な苦労をしました。繰り返しになってしまいますが，現在MLSフランチャイズ新規加入の権利は約2億ドルと言われています。もちろん，これはオーナー同士の交渉事であり，スーパーの品物のように定価が貼り付けてあるわけではありません。また，本拠地となる都市の経済力なども大きく加味されてきます。

　しかし10年前，ベッカム氏がMLSに移籍をしてくる際に結んだ契約書の中には，「MLSで5年間プレーを続けた場合，『約2500万ドル』でMLSフランチャイズのオーナーになることができる」というオプションが含まれていたのです。プレーヤーとしてのみならず，彼の持つ影響力の大きさは計り知れません。彼が引退したら「そこで関係が終わり」ということではなく，フランチャイズフィーを下げてでもMLSの経営陣に参画してもらうほうが，明らかに多くのものを得られるのです。

　ベッカム氏は，自身を中心とした投資グループ「マイアミ・ベッカム・ユナ

イテッド」(MBU)を設立し，MLS参入プロジェクトを立ち上げたのでした。2014年2月にオーナーとしてMLS加入に向けた宣言を出し，2020年の加入を目指しスタジアム建設へ動き始めるのですが，そこにはいくつかの困難が待ち構えていました。その問題は，建設予定地の変更，地元住民の反対，行政との折衝，資金繰りの問題，リーグからのプレッシャー等，多岐にわたりました。4度にわたるスタジアム予定地の変更は，ベッカム氏がチーム設立を進める上で大きな障壁となりました。

MBUには，携帯電話事業のスプリント・コーポレーションのCEOであるマルセロ・クラウレ氏，加えてスパイス・ガールズやアメリカンアイドルのプロデューサーであるサイモン・フラー氏などが名を連ねています。この他にもマイアミ出身の富豪で実業家のホルヘとホセマス兄弟，そしてソフトバンクグループの創業者でもある孫正義氏も加わっています。選手獲得等のチーム編成はMLS加入決定後となりますが，あるメディアからは，当時，レアルマドリーに所属していたクリスティアーノ・ロナウドも獲得候補に挙がっていると報じられるなど，注目度はかなり高いものでした。

このようにいくらベッカム氏であっても，スタジアムを持たないことにはMLSに加入することができません。それは何故でしょうか？

例えば，スタジアムを保有せずにリーグに参加したと仮定してみましょう。まず最初に頭に浮かぶのは，スタジアムの賃料を支払わないといけないことです。ホーム戦の数だけ賃料を支払わないといけない上に，他のイベントを自ら実施するとしたならば，そのときも賃料を支払わないといけません。また，スタジアムを借りるため自分の好きなように配置を変えたり内装工事をすることも自由にできませんし，来場してくれるファンのために工夫を凝らすこともままなりません。スタジアムが他のスポーツイベントも実施するように設計されていれば，なおさら自分のサッカーチームの応援に即したデザインにすることはできません。もちろん大きな収益源となるスカイボックス席やその他の特別な座席を勝手に作ることもできませんし，売ることすらできない場合も多々あ

CHAPTER **7**

「設備」に対する投資について

ります。スポンサーに営業をしても，すでにスタジアムスポンサーとしてスタジアムに看板などを常設しているものを外すことができず，すでにでき上がっている看板の中でやりくりをしないといけないことが生じるので，大きな商機を逃してしまうことも考えられます。

　逆にスタジアムを保有していたらどうなるでしょうか。もちろん，賃料は不要になります。逆に1年を通して，他の企業・団体に賃料を請求することができるようになります。座席の配置も自分たちのファンが見やすいようにしたり，導線を分かりやすくしたりできます。飲食店もスタジアム内に設置できるので，ファン対してより良い観戦体験を提供できることになります。飲食店での売上もスタジアムを稼働させる度に自分たちの売上となります。仮にイベントの数が増えるのであれば，スタジアム内での飲食店も売上が上がるので，スタジアム内に出店をする飲食店とより良い条件で交渉することが可能となります。駐車場の利用料も，スタジアムを稼働した分だけ自分たちの売上になります。自チームのグッズ専門ショップも自分のスタジアムですから，常設することになります。スタジアムを借りる場合，仮設の販売所をつくることが多いですが，より拡張性を持つ専門ショップを経営することができるようになります。

　ネーミングライツ（命名権）を販売する際には，スタジアムの設計段階から該当するスポンサーにも話し合いに参加してもらえると望ましいと言われます。例えば，「ここの柱の窪みを車の展示スペースにしたい」など，よりスポンサーの満足度を上げることにつながるのです。ネーミングライツについては，通常複数年契約をしますし，その金額でスタジアムの建設費の大半を充当することが可能となります。1年間で多くのイベントをこのスタジアムで開催するということは，それだけスタジアムの露出がメディアやSNS等を通して増加することとなり，アクティベーションの回数や濃度も高まるのでネーミングライツの価値もそれに比例して上昇することになります。このことは，ネーミングライツに限定した話ではなく，その他のスタジアム内における様々なス

SECTION 1
設備に投資する理由

ポンサーの資産も価値が高まることになります。年間18回しか来場者の目に触れない看板と，年間200回近く来場者の目に触れる看板では，その広告価値が大きく変わるということは誰もが理解できると思います。

　ここで補足しないといけないのは，「ただ，スタジアムを持てば良い」というわけではないということです。スタジアムを保有した際には，スタジアムを利用してもらうためにイベント誘致営業が必要になります。そのため，スタジアムにてイベントを実施するための事業計画書が必要になりますし，人員を雇用する必要性も出てきます。例えば，イベントを誘致する部署，イベントを運営する部署，スタジアムを管理する部署，スポンサー営業をする部署，スタジアム内に出店をしてもらうための営業部署などが挙げられます。

　また，スタジアムを建設する際には，スポーツイベントやスポーツビジネスを理解した人間が設計段階から参画する必要があります。ただ単純にスタジアムを作ればよいというものではないので，スタジアム内のコンテンツを理解した人たちとの協業があることで，「活きるスタジアム」ができ上がっていくことになります。

　FCバルセロナの本拠地である「カンプノウ」も改修工事に着工しました。1957年から使用開始されたと言われる歴史あるスタジアムですが，改修の理由はいくつかあり，その中の1つが，「フットボール以外の収益を増やすため」というものでした。私自身，欧州のクラブのスタッフと話をするとき，「魅力的なフットボールを見せればいい」「勝つことでお客さんが来る」「アメリカ流のスポーツビジネスは欧州では中々受け入れられない」「フットボールビジネスではなく，ミッキーマウスビジネスでは？」という方が多かったのですが，「カンプノウに観戦に来る60％の人は，初めてFCバルセロナの試合を観る」という，ある意味では特殊なクラブチームだからこそ，そういうファンをも取り込もうとしている意見を聞き，改修の意図について納得できました。

　2016年にはカンプノウにあるミュージアムだけで，年間3500万ユーロ（45億円）を売り上げるそうです。彼らは「ミュージアムは，場所さえあればあと

は元手はかからないのだよ。毎年の記念品をきちんと陳列しておけばよいのだから」と簡単に言っていましたが，観る人たちが興味をひくような仕掛けは数多く施されています。レアル・マドリードのミュージアムは最新鋭のテクノロジーがたくさん駆使されています。ミュージアムを訪れる人たちが交流できるような工夫が施されていましたし，何よりも出口がオフィシャル・マーチャンダイジング・ショップになっているところは感心しました。ディズニーランドに行くと，思わずお土産を買ってしまうのと同じような心理状態を作り上げているのです。

2
スタジアムがクラブの価値を高める

　さて，ここまでスタジアムを保有することでいかに新たな収益源を創出することができるかを解説してきました。スポーツビジネスにおいて，主な収益源は「チケット販売，スポンサー販売，放送権料，スタジアム収入」と言われていることも本書内で解説してきました。

　スタジアムを保有する目的として，上記の収益源創出と同等に重要なのが「スケジュール管理の自由が利く」という点です。仮にスタジアムを借りているとして，他の団体と共有していたとしましょう。特にMLSの設立初期にはアメリカンフットボールや，大学のスタジアムを借りるMLSクラブが大半でした（MLS最初のサッカー専用スタジアムは，1999年に建設されたコロンバス・クルーの本拠地である「コロンバス・クルー・スタジアム（現：マフレ・スタジアム）」）。

　自分たちの立場が他の利用団体よりも弱いとき，希望通りの日程でスタジアムを利用できないと，どのような弊害があるでしょうか。まず第一に，試合間隔が一定ではないことでチームのリズムが崩れたり，希望通りに週末に利用できないことで，平日開催となりチケットの売れ行きが落ちてくる事態が発生す

SECTION 1
設備に投資する理由

ることは容易に想像できます。さらにもっと大きな視点で考えると，リーグが放映権を放送局に販売をしようと交渉をする際，理想的な放送時間に編成することが難しく，さらに他の団体の日程が決まるまで待たされるといったことも起きます。それにより放映権料が低下し，各クラブへの分配金も減ってしまうという事態になってしまうのです。アメリカにおいてMLS設立した当初は，今よりも絶対的な地位にいるNFLの施設を借りるので，全てにおいてNFLが優先されていたのです。

「スタジアムがどれほど人を惹きつけたか」という例として，MLSに2017年度より加入したアトランタ・ユナイテッドFCの話を紹介したいと思います。MLSの新規加入チームは，初年度は成績が振るわないものです。下表にMLS新規クラブがリーグ加入時の本拠地状況をまとめてみました。

アトランタ・ユナイテッドFCは，世間を騒がせた屋根が開閉式のメルセデス・ベンツ・アリーナを開設すると同時に，MLS記録となる7万人を超える

MLS新規加入チーム時の本拠地状況

年	チーム名	加入年本拠地	順位	プレーオフ進出
2005	チバスUSA	賃貸	東地区最下位	×
	レアル・ソルトレイク	賃貸	東地区5位	×
2006	ヒューストン・ダイナモ	保有	優勝	○
2007	トロントFC	保有	東地区最下位	×
2009	シアトル・サウンダーズFC	保有	西地区3位	○
2010	フィラデルフィア・ユニオン	保有	東地区7位	×
2011	ポートランド・ティンバーズ	保有	西地区6位	×
	バンクーバー・ホワイトキャップスFC	賃貸	西地区最下位	×
2012	モントリオール・インパクト	保有	東地区7位	×
2015	ニューヨーク・シティFC	賃貸	東地区8位	×
	オーランド・シティSC	賃貸	東地区7位	×
2017	アトランタ・ユナイテッドFC	保有	東地区4位	○
	ミネソタ・ユナイテッドFC	賃貸	西地区9位	×

観客動員数を成し遂げました。これに後押しをされてか、チームも初年度としては異例の東地区4位と浮上し、プレーオフにも進出を果たしました。スタジアムの有無が成績を決定付けると断言できませんが、その一因には間違いなくなっていると言えるのではないでしょうか。スタジアムが新しくできると、スタジアム見たさにお客さんも来場しますし、「観戦体験」を売ることにもつながっていくのです。

ニューヨーク・レッドブルスの本拠地であるレッドブル・アリーナは、JDパワー[5]・ファン観戦体験調査の「総合ランキング」において、調査対象となった11地区67チーム内で、2016年、2017年の2年連続で1位に輝きました。ニューヨークだけでもメジャープロスポーツチームが10チーム存在し（ヤンキース、メッツ、ジャイアンツ、ジェッツ、ネッツ、ニックス、レンジャーズ、アイランダーズ、ニューヨーク・シティFC、ニューヨーク・レッドブルズ）、この評価を得たということは並大抵のことではありません。レッドブル・アリーナは、ニューヨーク内でも7つのカテゴリのうち、5つで1位に輝いたのです（チケット購入、セキュリティ、座席及び雰囲気、飲食、そして会場へのアクセスのしやすさ）。

スタジアムを建設することは容易なことではありません。ベッカム氏の例のように、多くのハードルを乗り越えないといけません。莫大な費用がかかります。しかし、然るべき投資をした後に回収される方策がいくつかあるということも事実です。

本書内で、スタジアム保有の目的について「投資」という表現を用いましたが、スタジアムを保有するもう1つの理由がアメリカのスポーツにおいて存在します。それは「クラブの価値を高める」というものです。MLSに限らず、アメリカの4大スポーツでは「クラブが黒字か赤字か」ということよりも、「クラブの資産価値はいくらなのか？」というところに重きを置いています。

---

(5) アメリカ・カリフォルニア州を拠点とする、市場調査及びコンサルティング会社。

SECTION 1
設備に投資する理由

損益計算書よりも，貸借対照表を重視する傾向がスポーツビジネスにおいては見て取れるのです。

例えば，アメリカの首都を本拠地とするMLSの名門クラブであるD.C.ユナイテッドは，その土地柄，スタジアムを建設するための土地がなかなか見つからず2016年まで経過していました。2016年時点のフォーブス誌による同クラブの評価額は，約175億円となっていました。ところが，D.C.ユナイテッドが自前のスタジアムである「アウディ・フィールド」及び，クラブ専用のトレーニング施設の建設が発表され，着工が始まり現実化するにつれ，フォーブス誌のD.C.ユナイテッドの評価額も約260億円にまで上昇したのです。パーセンテージで示すと，2016年の評価額から約46％の上昇となります。2017年度のフォーブス誌のD.C.ユナイテッドへの評価は，MLSで11位のランキングとなり，MLSのクラブ資産価値の平均額をも超えたのです。

これから分かる通り，スタジアムを建設すること，保有することは容易ではないですし，費用もかかるものです。しかし，投資と資産価値という視点で見ると，大きなプラスになる可能性があるということなのです。

SECTION 2
スタジアム保有はサッカー発展のため

1
MLSにおけるスタジアムの変遷

　スタジアムをチームが保有することのメリットを前項に列挙しましたが，MLSにおいて（あるいは他のプロスポーツにおいて）「なぜ，重要な位置を占める条件になったのか」ということについて，ここまでのMLSにおけるスタジアムのトレンドを追って解説します。

　MLSの創設時は，サッカースタジアムを保有するチームはありませんでした。他のスポーツのスタジアムを間借りしていたため，スケジュールが決まらなかったり，貸主の都合に左右されたりすることもよくありました。MLSは「後で考えればよいテナント」という位置付けだったのです。何よりもアメリカンフットボールなどの他競技のラインがひいてあるフィールド上でサッカーの試合をしないといけないことほど，選手にとって心地悪いことはありません。コミッショナー・ガーバー氏も，「MLSというビジネスが始まった当時は，スタジアムの計画は存在しませんでした。MLSは，他の団体が使用する巨大なスタジアムを借りる『2番手のテナント』としか思われていなかったのです」と，インタビュー内で語っていました。

　NFLや大学のスタジアムを間借りし，自分たちの観客動員数に全く合わない規模のスタジアムで試合をし，自分たちで収益源をコントロールすることもできず，ファンたちも自分の応援するチームの本拠地という愛着もわかず，思

い出にも残らない観戦体験をして帰るような時代でした。事実として，コミッショナーにガーバー氏が就任した最初のシーズンは，MLS平均観客動員数が最低となる1万3756人まで落ち込んだのでした。閑散としたスタジアムでは，観客も盛り上がりませんし，選手のモチベーションにも影響が出てきます。テレビ映えも悪く，スポンサーも協賛しがいがなくなるものです。ここからガーバー氏は，この「2番手テナントモデル」からの脱却を考え始めます。リーグの存続発展のためには，チーム自身が自分のスタジアムを建設する以外の方策はないと考えたのです。

余談ですが，MLS本部内はミュージアムのようにいろいろな装飾がなされているのですが，1つの回廊はスタジアムの竣工を記念してスタジアム毎に最初に土地を掘り起こした際の記念シャベルがずらっと並べられており，お客様が来社した際には，いつもそこをお見せし，「MLSビジネスの根幹にスタジアムあり」ということを強く示しています。

現在，MLSにおいて，サッカー専用スタジアム保有のステージは，3つの段階を経ていると言えます。

2
MLS初期のスタジアムとは

MLSにおいて最初に完成した自前のサッカー専用スタジアムは，コロンバス・クルーの本拠地である「マプフレ・スタジアム」でした（1999年）。スタジアムを収益源にすること，観戦体験などのデザインを自分たちの思うように設計できることから，各チーム自分たちのスタジアムを保有することのメリットに気が付き，取り組み始めた最初のフェーズと言えます。コロンバス・クルーに次いで，LAギャラクシーが2003年に「ホームデポ・センター」（現：スタブハブセンター）を建設し，周囲に専用練習場を備え，テニススタジアムに自転車競技場も併設するものでした。アメリカ代表の公式トレーニングセンター

チーム名	スタジアム名	完成年	観客収容人数
コロンバス・クルー	コロンバス・クルー・スタジアム (現：マフレ・スタジアム)	1999	18,000
ロサンゼルス・ギャラクシー	ホームデポ・センター (現：スタブハブ・センター)	2003	27,000
FC ダラス	ピザハット・パーク (現：トヨタ・スタジアム)	2005	20,500

ともなり，当時最先端のモデルとして名を馳せました。その他にも，FC ダラスが本拠地として 2005 年に「ピザハット・パーク」(現：トヨタ・スタジアム)を建設。スタブハブ・センター以上となる 17 面のサッカーフィールドを周囲に備えるものでした。

この時期は自分たちでスタジアムを保有することの重要性に着目しつつも，まだ思い切った投資とは言えず，どちらかという安価にスタジアムを建設する傾向にあり，そのためアクセスが便利な都心に建設するよりも，少し中心部から離れたところにスタジアムを建設していました。LA を本拠地と謳うギャラクシーでも，スタブハブ・センターはロサンゼルスではなく，その南に位置するカーソン市に建設されました。トヨタ・スタジアムも，ダラスではなく，北に 45 km ほどいったところにあるフリスコ市に建設されています。

3
スタジアム建設ラッシュ

続いてのフェーズは，2000 年代中頃から 2015 年までの間と言われます。この時期にほとんどのスタジアムが建設されましたが，初期に比べるともっとコミュニティからの関心も高まったものとなり，より一層観戦体験を意識した仕組みを取り込んだスタジアムを建設した時期でした。「レッドブル・アリーナ」に代表されるような歓声が反響する屋根の設計や，スタジアム内においてファンが試合前から楽しめるような仕組みを取り入れたりしました。何よりもスタ

チーム名	スタジアム名	完成年	観客収容人数
シカゴ・ファイアー	ブリッジビュー・スタジアム (現:トヨタ・パーク)	2006	20,000
コロラド・ラピッズ	ディックス・スポーティング・ グッズ・パーク	2007	18,000
トロントFC	BMOフィールド	2007	30,000 (改修後)
レアル・ソルトレーク	リオ・ティント・スタジアム	2008	20,200
モントリオール・ インパクト	サプート・スタジアム	2008	20,800
ニューヨーク・レッドブルズ	レッドブル・アリーナ	2010	25,000
フィラデルフィア・ ユニオン	PPLパーク (現:タレンエナジー・スタジアム)	2010	18,500
スポルティング・ カンザスシティ	リブストロング・スポルティング・パーク (現:チルドレンズ・マーシー・パーク)	2011	18,500
ポートランド・ ティンバーズ	プロヴィデンス・パーク (野球場を改修)	2011	21,000
ヒューストン・ダイナモ	BBVAコンパス・スタジアム	2012	22,000
サンノゼ・ アースクエイクス	アヴァヤ・スタジアム	2015	18,000

ジアムのサイズも,ちょうど満席になるためのサイズにわざと制限し,おおよそ2万5000人前後のスタジアムが建設されはじめたのです。

　最近のトレンドは,ロサンゼルスFC,そしてオーランド・シティSCなど,オーナーがスタジアム建設費の全てを負担していることです。このことは,サッカースタジアムへの関心の高まりを如実に表していると言えます。同時にサポーター専用のセクションを設置するなど,スタジアムのデザインもますます進化してきています。サッカーをするスタジアムから,ファンが楽しむスタジアムへとどんどん移行してきているのです。

　スタジアムにおいてポイントとなるエリアについて,やはりスカイボックスや,クラブシートの充実も見逃せないものとなります。NYレッドブルズのレッドブル・アリーナを例に挙げます。スカイボックスを年間を通して1席購

入すると，約1000万円かかります。自分専用のスカイボックスがもらえ（内容も自由に改装可），1席の定員は大体17名〜22名です。ここで観戦するお客さんは，専用のラウンジがあり，そこのビュッフェには各種料理が用意されており，食べ放題です。アルコールを含む飲料も専用のバーがあり，飲み放題となっています。それゆえ，試合開始3時間前にこのエリアは営業を開始し，家族や，友人，仕事の取引先などを連れ立って来場し，試合前から楽しめるようになっています。これに加えてスカイボックスへの入場は，専用のレッドカーペットが敷かれた専用入口があり，車もその前で乗り捨てることができるバレーパーキング制度となっています。試合終了後も，すぐに車に乗って帰ろうとすると渋滞につかまる可能性もある中，このバーで飲食をしてもらい，自分の車をスタジアムの前までもってきてもらい，快適に帰宅できる仕組みになっています。

　年間ホームゲーム以外に，代表の試合や，コンサートなど，アリーナで開催される他のイベントにも利用することができます。仮に年間約25イベントに観戦に出かけたと計算をすると，1イベントあたり約40万円（1000万円÷25イベント）。20名で割ると，1人当たり1イベント2万円程度となるので，非常にお買い得になります。レッドブル・アリーナにはこのスカイボックスが約30室あり，年間約3億円を売り上げています。

　これに加え，クラブシートという席もあります。これはスカイボックスをスケールダウンしたもので，1試合ごとに150ドル程度です。このクラブシートを購入すると，観戦する座席は屋外になるものの，メインスタンドにてクッションの入った座り心地の良い座席で観戦することができます。座席の後ろのコンコースには，クラブシート購入者専用の大型ラウンジがあり，自由に出入りができます(空港のラウンジのようなイメージ)。ここでも食べ放題のビュッフェに，バーがあり，アルコール以外は飲み放題となっています。出入口も同じレッドカーペットのVIP専用出入口となっています。スカイボックスのような完全なプライベートな個室で年間通して何試合も観戦しなくても，スポッ

SECTION 2
スタジアム保有はサッカー発展のため

ト観戦をしにいきたいときには，ずいぶんとお得なチケットとなります。

　スタジアムの重要性とは少し話がそれますが，スポーツビジネスを手掛ける者としては，来場いただいたお客様にはなるべくスタジアムでお金を使っていただけるようにしたいものです。

4
メルセデスベンツ・スタジアムの完成

　ここ最近，「MLSのスタジアムを保有する」という方針に大きな変化が2つありました。第3のフェーズに突入したのです。1つ目は，観客収容人数の拡大です。これまでは観客動員数に合わせた約2万5000人規模のスタジアムが主流でした。ところが，MLS人気が加速するにつれ，その規模も徐々に大きくなってきたのです。2つ目は，スタジアムが大きくてもお客さんが入るチー

2018年にはメルセデスベンツ・スタジアムでオールスターが行われた

ムが出てきたことで，アメリカンフットボールのスタジアムを兼用することができるようになってきたことです。

2017年にオープンしたメルセデスベンツ・スタジアムは，MLSにその大きな気付きを与えたスタジアムの1つで，MLS史上最高観客動員数7万人を超える試合も開催したのです。このメルセデスベンツ・スタジアムは，アメリカンフットボールのアトランタ・ファルコンズの本拠地でもありつつ，アトランタ・ユナイテッドFCを強く意識した今までにない構造になっています。例えば，サッカーの試合時には座席が可動し，サッカーのピッチに合わせたものに変化したり，観客席の上部のカーテンを閉めたりすることで，サッカーの観客動員数サイズにカスタマイズすることも可能となるものです。ひと昔前の

チーム名	スタジアム名	完成年	観客収容人数
オーランド・シティSC	オーランド・シティSC・スタジアム	2017	25,500
アトランタ・ユナイテッドFC	メルセデスベンツ・スタジアム	2017	45,000 (拡張する場合 71,000人)
D.C.ユナイテッド	アウディ・フィールド	2018 (予定)	20,000
ロサンゼルスFC	バンク・オブ・カリフォルニア・スタジアム	2018 (予定)	22,000
ミネソタ・ユナイテッドFC	アリアンツ・フィールド	2019 (予定)	19,600

【その他スタジアム】

チーム名	スタジアム名	観客収容人数
バンクーバー・ホワイトキャップスFC	BCプレイス (カナディアンフットボールと共用)	22,000 (拡張する場合 55,000人)
シアトル・サウンダーズFC	センチュリーリンク・フィールド (NFLシアトル・シーホクスと共用)	39,000 (拡張する場合 69,000人)
ニューイングランド・レボリューション	ジレット・スタジアム（NFLニューイングランド・ペイトリオッツと共用)	20,000 (拡張する場合 67,000人)
ニューヨーク・シティFC	ヤンキースタジアム (MLBニューヨーク・ヤンキースと共用)	29,000 (拡張する場合 47,000人)

SECTION 2
スタジアム保有はサッカー発展のため

「サッカーは2番手のテナント」という立場から大きな変化が起きたのです。これは今後，他のチームでも真似ができるようなケースと言われており，実際アトランタ・ユナイテッドFCは2017年度シーズンを通して，通算80万人以上の来場者数で，平均観客動員数が4万8200人という驚異的な数字を打ち出しました。

ガーバー氏も「アトランタにサッカー専用スタジアムを要求しましたが，ファルコンズのオーナーでもあるアーサー・ブランク氏は，『大丈夫。両チームとも満員になるような世界規模のスタジアムを建設するから』と言ったのです」と，アトランタ・ユナイテッドFCの大成功に驚きを隠していませんし，自前のサッカー専用スタジアムを必要条件の1つとしつつも，「必須条件」ではなくなってきていることが見て取れます。

MLSの近年の成功は，明らかにこの自前のサッカー専用スタジアムを建設することに則っています。ファンが自分たちの応援するチームの本拠地として捉え，観戦体験をいかに素晴らしいものにするのかについて考えつくされた構

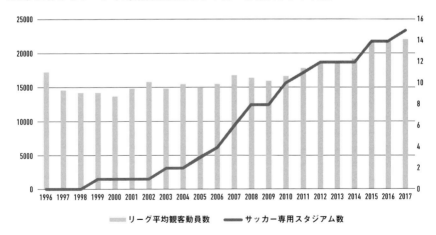

MLSにおけるリーグ平均観客動員数とサッカー専用スタジアム数

造になっているのです。その中で、シアトル・サウンダーズFCやアトランタ・ユナイテッドFCのように4万人を超える平均観客動員数を恒常的に記録するチームが出現してきたことは、非常にポジティブなサインと言えるでしょう。MLSにおいて自前のスタジアム持つことは、「究極的にはサッカーそのものを育てるため」という考えになっているとも言えます。MLSに限らず、アメリカでは「スタジアムを維持するためのコンテンツの1つとしてチームを持つ」という考えを持っており、実際にスタジアムを保有している人たちがスポーツチームのオーナーとなっています。「チームのためにスタジアムが存在している」という考え方とは、発想が逆転したものになっているのです。

その昔、日本からの視察のコーディネーションをさせていただいた際、あるチームを訪問をしました。そのチームの観客動員数は明らかに低いのに、社長は自信満々にチームは儲かっているというアピールをしていました。そのとき、日本の視察団の中の1人が「観客動員数が明らかに他のチームと比べても低いのに、どうして儲かっているのですか？」と質問をしました。するとその社長は、「チームだけを見たら赤字です。でも、我々のスタジアムや周辺のフィールドを他のテナントに貸すのはフル稼働で、スタジアムビジネスとしては儲かっているのです。このお金をまたチームに投資していくことで、チームもいずれ黒字になる見込みです」と回答をしていました。

日本でも最近はそのような例が見られ始めています。特に鹿島アントラーズは、サッカーの試合以外にもアントラーズのチームドクターが中心となって整形外科医療とリハビリテーションを提供する「アントラーズ・スポーツクリニック」や、最新のトレーニングマシンを導入したフィットネスクラブ「カシマ・ウェルネスプラザ」を展開したりしています。さらに、ロッククライミング事業を展開したり、ジョギングコースを設置したりと、常勝軍団を支えるために、周辺ビジネスを拡充しています。地域住民に愛されるスタジアムをつくるとともに、それがアントラーズに還元されるという、まさにスタジアムビジネスの模範と言えることを行っているのです。

SECTION 2
スタジアム保有はサッカー発展のため

SECTION 3
地域に根ざしたアメリカのスタジアム

1
フィリップ・アンシュッツ氏の功績

　ここまで，スタジアムを保有することの重要性について解説してきました。これに伴い，MLSにおいて触れておかないといけない人物がいます。それはフィリップ・アンシュッツ氏です。

　ロサンゼルスに本部を置くアンシュッツ・エンターテインメント・グループ（AEG）のオーナーであり，フォーブス誌が発表する個人資産額が約1.3兆円以上と言われます。エンターテインメントビジネス以外では，石油事業，鉄道事業，通信事業，そして不動産業など多岐に渡り，スポーツではNHLのロサンゼルス・キングス，NBAのロサンゼルス・レイカーズの3分の1，そして彼らがプレーをするステイプルズ・センターのオーナーでもあります。AEGは世界で100以上のアリーナ及びコンサート会場を保有し，年間1万以上もの興行を開催する巨大企業です。

　MLS創世記にはLAギャラクシーを筆頭に，シカゴ・ファイアー，コロラド・ラピッズ，ヒューストン・ダイナモ，サンノゼ・アースクエイクス，D.C.ユナイテッド，そしてニューヨーク・メトロスターズ7つのクラブのオーナーでもあったのです。MLSが赤字を出し続けたときも「必ずMLSは成功する」と語り，継続して投資をしてきたことで今では「MLSを救った男」と評されるほどです。コミッショナー・ガーバー氏も「アンシュッツ氏なくして今

のMLSは存在しない。そして，MLSなくして今のアメリカ国内におけるサッカーの成長はなかった」と述べ，「彼には我々には見えない未来を見ることができる。将来の隠れた価値への扉を開けることができる。個人的な興味とか，サッカーが好きだからとかではなく，先見の明がある。長期的で戦略的な投資機会をしっかりと捉えている」と評するほどです。アンシュッツ氏は他の人間には見えない機会やアイディアを見つけ出す才能を持ち，それが成功すると信じ投資することに秀でた真のビジネスマンなのだと感じます。

彼は，前項で述べたLAギャラクシー本拠地であるスタブ・ハブ・センターの共同オーナーでもあり，MLSの成功には各チームがサッカー専用スタジアムを保有することの重要性を唱え，推進したことで知られています。最初にスタジアムを建設したのはコロンバス・クルーでしたが，そのコンセプトを拡大したのが2003年に完成したホームデポ・センターであり，LAギャラクシーを最初に利益を出すことに成功したチームに押し上げたのでした。

皆スタジアムの重要性を認識しつつも中々実行に移せない中で，アンシュッツ氏は実際に実行して成果を出したのでした。そのアンシュッツ氏に見いだされ，AEGの社長を務めてきたティム・ライウィキ氏は，次のように語っています。

> この国におけるサッカーの歴史の本が書かれることがあれば，そのときにはサッカーがアメリカ国内の4大プロスポーツの仲間入りをしていることになっており，サッカー専用スタジアムが成功への分岐点であったと記されることになるだろう。

スタジアムがビジネスとして重要だということを解説してきた中で，アンシュッツ氏の功績がどれほど大きいものかお分かりいただけたかと思います。

SECTION 3
地域に根ざしたアメリカのスタジアム

2 地域のマーケットに合わせたスタジアム

　現在，MLSのチームのほとんどがサッカー専用スタジアムを保有していますが，全てが画一的にスタジアムを建設・保有しているわけではありません。ここでは，それぞれのマーケットに即してスタジアムを建設・保有している例を解説していきます。

　1つ目は，MLSでも有数のサッカー専用スタジアムと言われるスポルティング・カンザスシティの本拠地である「チルドレンズ・マーシー・パーク」を紹介したいと思います。前項で解説をした第2フェーズの特徴として挙げることができる，単なる中規模のサッカー専用スタジアムではなく，約200億円をかけて建設された，イノベーションを駆使した先進的なスタジアムです（実際このスタジアムに張り巡らされている様々なITの仕掛けは今までにないもので，この後に建設されるMLSのスタジアムたちもこれに追随するように様々なテクノロジーを盛り込んでいくのです）。

　スポルティング・カンザスシティは，MLSが開幕したときからの参加チームの1つで，当時は「カンザスシティ・ウィズ」という名前でした。スタジアムも間借りをしていて，最初に借りたのがNFLのカンザスシティ・チーフスの本拠地であるアメリカンフットボールのアローヘッド・スタジアムです。続いて，独立リーグの野球チームの本拠地であったコミュニティ・アメリカ・ボールパークに移ります。

　スポーツのスタジアム設計で有名なポピュラス社が手掛けたこの新スタジアムは，サッカーの試合以外ではコンサートなどを開催できるように座席が可動式となっており，座席を動かすことでステージを作り出せるなどの工夫を凝らしています。MLS初期に建設されたコロンバス・クルーやFCダラスのスタジアムもコンサート開催のために，フィールドを囲う4面に座席があるのではなく，3面のみに座席が配置されていました。しかし，1面は最初からステージ

用に座席は設置されておらず，サッカーなどのスポーツイベントに際しては移動式の仮設の座席を搬入するものでした。

これまで15年もの間，スタジアムを借りてきたチームにとって，本拠地となるスタジアムの保有は課題の1つでした。現在，フォーブス誌の試算によればMLSの中でスポルティング・カンザスシティは7番目となる約260億円と算出されていますが，これに対してチーム社長のジェイク・リード氏は，「もし自分たちのスタジアムを建設していなくて，前のスタジアムを間借りをしていたらこのような試算にはならなかったと思う。少なくとも今の評価より低かったのではないかな」と，スタジアム保有が資産価値を上げることについて述べています。

サポーターも，7万5000人収容のガランとした間借りのスタジアムで100名前後がチャントをしていたのが（当時の平均観客動員数は1万人前後），2012年4月7日の試合から2017年シーズンまでで，100試合連続チケットが完売するほどになりました。今ではサポーターが相手チームにかけるプレッシャーの凄さから，スポルティング・カンザスシティのファンたちは「Blue Hell（青い地獄）」と評されるほどになったのです。

「スタジアムをつくろう！」と決めたとき，オーナー陣から社長に最初に提示されたものが「シーズンチケットを1万枚販売する」というノルマでした。それをクリアするため，チケット営業部隊も3倍に増員されたのです。スタジアム事業に対する明確なノルマの設定があり，それに対して人材への投資をも実施している好例だと思います。

間借りしていたスタジアムでは客席から見えづらいエリアがあったり，歓声もすぐに上空に立ち消えるものでしたが，新スタジアムは観客動員数は1万8500人と立見席がある小柄なものではありつつも，音響を上手にスタジアム内に反響させるような設計にしたり，サポーターたちの専用セクションが設計されたりするなど，観戦体験に対する最大限の工夫が施されたのです。チームの共同オーナーであるクリフ・イリグ氏と，ロブ・ハイネマン氏のコメントが

SECTION 3
地域に根ざしたアメリカのスタジアム

的を得ていると思いますので紹介します。

> ファンのためのマジック・モーメント（魔法の瞬間）の創出。コンコースでのコミュニティの感覚。選手紹介など興奮を醸成する演出。スタンドで構成されるさまざまなコミュニティ，そしてそれぞれが相互に作り出す調和がスタジアム内の独特の雰囲気を作り出す。これらは全てスタジアムを通して意図的に引き出しています。いろいろなバックグランドを持つ人が同じ目的を達成することをサポートするもので，オーセンティックであり，それがカンザスシティと言えるのです。

　スタジアムの建設のみならず，カンザスシティ・ウィザーズという名前を変え，サッカーとは少しかけ離れたロゴも全てリニューアルすることで，組織自体の改変，そして持続可能で長期的な成長を目指すことに成功した好例と言えます。

　もう1つ，スタジアムにおいて紹介したいのが，ポートランド・ティンバーズの本拠地である「プロビデンス・パーク」です。真新しいものを建設したのではなく，既存の野球場を改修した珍しい例です。ポートランド・ティンバーズは2011年にMLSに加盟をした新しいチームですが，その歴史は古く，かつてNYコスモスなどが所属していた北米サッカーリーグに所属していた古豪チームです。

　MLSに加入する前の独立リーグ時代には，元日本代表の鈴木隆行氏や現水戸ホーリーホック強化部長（本書執筆時）の西村卓朗氏などもプレーをしていました。MLSへの加入は，ティンバーズの新オーナーに当時30代前半の若いメリット・ポールソン氏が就任したことで決まりました。彼の父は，1999年から証券会社ゴールドマン・サックスの会長兼最高経営責任者（CEO）を務め，2006年から2009年までジョージ・ウォーカー・ブッシュ大統領の下で財務長官を務めていたヘンリー・ポールソン氏です。

ティンバーズは，これまで独立リーグで使用をしてきた旧野球場を，自チームのスタジアムとしてアップグレードすることにしたのです。この野球場の歴史を遡ると，1800年代後半に建設された非常に古い建造物です。私も実際に2014年にここで開催されたMLSオールスター戦（対戦相手はバイエルン・ミュンヘン）に赴いた際，建物は古く通路も狭い中でも，様々な仕組みが施されているのを見て，歴史と現代とが同居していることに感心したことを覚えています。現在は，ティンバーズ以外にプロ女子サッカーリーグ（NWSL）のポートランド・ソーンズ，ポートランド州立大学のアメリカンフットボール部などが本拠地として使用しています。雨が多い土地柄に加え，同時にスタジアムを利用するテナントが多いため，天然芝ではなく，どうしても人工芝を用いないといけない点だけは一部のサポーターに不人気ですが，MLSに加入する前に様々なリノベーションが行われ，現在は2万1000人を超える観客を集めています。MLS加入以来，なんと112試合連続「満員御礼」を記録し，現在もシーズンチケットのウェイティングリストに1万3000人いるほどの人気チームとなったのです。2017年には，スタジアムの観客動員数を4000席増席し，2万5000人にまで拡張する改築案が発表されました。

　現在のスタジアムの雰囲気及び周辺地域の景観を崩さないように設計された拡張計画は，アルゼンチンのスタジアムであるボンボネーラを彷彿させるような4階建ての壁のような様相になり，VIP用のクラブ・シート，予約席，そしてグループ観戦用のスペースが設けられることになっています。ここでも普通の一般席を増席するだけでなく，より付加価値の高い，高価な席を増やすことで収益を図ることが考えられていることが分かります。先ほども述べた通り，最近のMLSでは観客動員数の増加に伴い，スタジアムの大きさも初期時代から拡大してきています。土地やスペースが限られている中で競争力を維持するためにも，スタジアムのキャパシティが拡大できないのであれば，お客様単価を高めることが重要になってきてるのです。

　続いて，2018年度シーズンよりMLSにデビューをする話題のロサンゼルス

FCのスタジアム，「バンク・オブ・カリフォルニア・スタジアム」を紹介したいと思います。ロサンゼルスは，すでにLAギャラクシーが存在するマーケットですが，その規模からニューヨークと同様に2つのフランチャイズが併存することとなります。オーナーシップグループも，総勢10名以上となり，NBAのスーパースターであったマジック・ジョンソン氏や，元サッカー女子アメリカ代表選手のミア・ハム・ガルシアパーラ氏など大物が名を並べています。

　さて，1984年のロサンゼルス五輪に際して使用されたロサンゼルス・メモリアル・コロシアムの横に建設されているこのスタジアムは，収容人数2万2000人であり，他のMLSスタジアム同様に「親密度」を意識した構造となっています。座席の角度も34度とし，最もフィールドに近い席で，3.7メートル。最も遠い席で，42メートルという設計になります。ITもいろいろと駆使され，IBM社，そしてパナソニック社の最新技術を導入する予定となっています。

　このスタジアムの特徴の1つとしては，試合の日はもちろん，試合がない日でも開店するパブをスタジアム内に併設したことです。ここ数年の間にサッカー人気がアメリカ国内で上昇し，世界的に有名な試合ともなると入場制限がかかったり，パブに入るためにカバーチャージ（席料）を払わないといけなくなってきています（私の住んでいるNYでも同様です）。ロサンゼルスFCはこのパブ文化を取り入れようと試行錯誤をしてきた中で，「パブをスタジアムの中に作ってしまおう」と考えたのでした。このスタジアムを設計したゲンスラー事務所のジョナサン・エメレット氏は，「パブは欧州の文化です。欧州のスタジアムも，クィーンズ・パーク・レンジャーズのロフタス・ロード，リバプールのアンフィールド，ボルシア・ドルトムントのウェストファーレン・スタディオンなど視察しました。でも，試合を見ながらパブで飲めるのはアメリカのスポーツ観戦文化なのです。アメリカのファンが求めるものは，バーに行って仲間と飲むときも試合から離れたくないのです」と，欧州とアメリカの

スポーツを融合させたこの設計を解説しました。ロサンゼルスFCは，チーム名やロゴ，さらにはパブの方針など，何度もサポーターグループと話し合いを重ねてきました。「自分たちのファンが何を求めているか予想することはできます。でもそれは間違った行為となります」と，ロサンゼルスFC社長のトム・ペン氏はリーグ加入に向けて徹底したマーケティング活動をしてきたことを強調しました。パブの場所は，飲食しつつ試合観戦ができるようにと，サポーターセクション付近に設計されました。サポーターは，このパブは，「LA」の文化に囲まれたところで，世界のサッカーが交わる場所になる。そして，カジュアルなサッカーファンが，ハードコアなサッカーファンと共に試合の観戦ができる場所になる。さらに言うならば，試合の前後からアウェーのサポーターも一緒に飲める場所になれたら，と表現しました。

　ピッチ上の試合観戦はもちろんのこと，反対側はロサンゼルスのきれいな景色が一望できるようになっています。また，スカイボックスエリアには，パテオにプールが造られたものが登場する仕掛けとなってるなど，アメリカ流の文化，サポーターがほしいと願うものとなっているのです。それは，自分勝手に作られたスタジアムというより，来場者たちのことを考え抜いた，観戦体験重視のスタジアムと言えるのです。

　紙面の関係上，全てのスタジアムを紹介することができないのですが，ここに列記した例を通して，地域によって背景は異なるものの，スタジアムを保有するに際して観戦体験を自分たちで設計すること，スタジアムを稼働させること，スタジアム収益をあげるための仕組みをつくること，そして継続して投資をしていくことの重要性が少しでも伝わればと思います。

SECTION 3
地域に根ざしたアメリカのスタジアム

EPILOGUE

アメリカサッカー界の
未来と展望

SECTION 1
アメリカサッカー界の未来とMLSの取組

1
本書のまとめ

　ここまでMLSの歴史，経営の特徴や，事例を紹介してきました。MLSにフォーカスを当てたスポーツビジネスモデルについて述べてきましたが，基本的な形は他の4大スポーツにおいても変わりません。

　スポーツビジネスでは，年度ごとの損益計算書はもちろん重要ですが，貸借対照表に比重が置かれており，保有資産としての捉えが大きいことが特徴です。単年において儲かった，損をしたというよりは，いかに投資をして，チームの資産を高めていくのかが肝要となってきます。そのためにも収益性の高いスタジアムへの投資は惜しまないですし，フロントスタッフへの投資も選手同様に積極的に行っています。

　MLSの創始者は弁護士，コミッショナーはNFLからのヘッドハント。チームのGMも元選手などよりもビジネススキルが重視された貴重な戦力補強とみなされていることも紹介してきました。逆にMLSは，費用対効果が見えにくいアカデミーや育成への投資にはなかなか踏み切らずに20年近く経過してきました。他の4大スポーツでは未だにドラフト制度から選手を獲得し，育成は学校で行われるものと割り切った文化があります。

　資産というからには，オーナーの視点からは投資対象としてみなされており，投資がしやすい仕組みづくりがなされていることが大切です。特にスポー

ツビジネスにおける勝敗などの不確定性の高いものを排除した結果，リーグ1部，2部，3部とつながっているのではなく，入れ替え戦はなくそれぞれ別個の独立リーグとして存在しています。これにより成績が悪くとも，下部リーグに降格することはないので，勝敗に関わる部門以外への投資がしやすくなります。

アメリカにおいては，ある一定数のチーム数に到達した時点で大体のプロスポーツリーグは新規参入チーム受け入れを締め切り，オーナーたちの間で共同事業としてリーグ経営をしていきます。これにより，チームとリーグの市場価値は急激に高まっていきます。ただでさえ，需要と供給に大きなアンバランスがあるスポーツ界をさらに突き詰めていくのです。アメリカらしくない超護送船団方式とも言えますが，それゆえ，巨額のチーム売買が成立しているのです。

オーナーたちによる共同経営事業であるリーグ経営の最も重要なミッションは，戦力の均衡であり，突出したビッグクラブの出現をできるだけ回避しようと注力します。都市ごとの商圏差や，オーナーの資金力に何かしらの規制をかけなければ単なるマネーゲームとなってしまい，いつまでもリーグの中に健全な競争が生まれません。商圏が大きく，お金持ちオーナーのチームとそうでないチームの差は開くばかりでリーグ自体の魅力が落ちてしまい，リーグを共同経営をしているオーナーたちは全員が不利益を被ることになります。

倒産をしたNYコスモスというメガクラブを擁した北米サッカーリーグを徹底的に研究して始まったMLSは，特にこのポイントにはセンシティブになっています。「ピッチ上ではライバルだが，ピッチ外ではビジネスパートナーだ」という姿勢により，ドラフト制度や，サラリーキャップ制度などが敷かれています。それにより，リーグの最大のミッションが「戦力均衡を醸成していく」ということに集約されていると言えるのです。

ファンというのはリーグのファンになるわけではありません。MLSのファンだからといってMLSのロゴを誇らしげにつけるファンはあまり存在しませ

ん。ファンを増やす仕事はチームの仕事であり，リーグはチームの魅力を増やす方法を考案し，チームを支援するポジションになります。ファンを多く持つチームがたくさん存在することでリーグとしての魅力も高まります。リーグなくしてチームはなく，チームなくしてリーグは存在しえないのです。

　スポーツビジネスにおいて最も経営を圧迫する費用は人件費であり，それが無用な競り合いによって高騰するのを抑え込む考え方も，その顕著な例です。1という価値の選手を3チームが競合することで，「うちは2出します」「ならばうちは3出します」と競ることで，1の価値の選手が3という価値に高騰するのです。ただし，誤解されがちなのは選手を搾取しようとしているわけではなく，リーグと選手としての寿命にアンバランスが存在するということです。リーグ経営としては中長期的に存在，発展しないといけません。そのためにフェーズを設けて，計画的にリーグの拡大に伴い，選手への給料も増加していきます。一方で選手の寿命は短く，今この瞬間に最大の給料をもらわないといけません。ここがリーグ経営にフェーズを設けて段階的に発展させる際には難しいポイントとなってきます。

　ただし，アメリカというプロサッカーの後発リーグ国であるが故に，海外リーグから選手が大量に引き抜かれることがないことは強みとなっています。MLSには，世界的に見たら払い過ぎという選手は存在せず，アメリカ国内のサッカー選手の市場価値をきちんと醸成していると言えるでしょう。

　スタジアムとチームの主従関係が逆転していることも，アメリカのプロスポーツの特色です。チームがスタジアムを保有し，チームのためのスタジアムというのが一般的な考え方ですが，アメリカのプロスポーツでは，スタジアムがあり，その中の1つのコンテンツとしてチームが存在しています。

　NFLのニューイングランド・ペイトリオッツのオーナーであるクラフト家は，ジレット・スタジアムのオーナーでもあり，その中のコンテンツ拡充のためにMLSのニューイングランド・レボリューションを保有する考えを持っています。また，FCダラスは観客動員数に問題を抱えていても，スタジアムを

他のイベントで活用したり，スタジアム周りのフィールドを貸し出したりしたことで，会社全体の収益を生み出し，それをFCダラスに再投資するというサイクルをつくり出していきました。屋外のスタジアムだとイベントの開催は年間30〜40回程度が平均と言われていますが，屋内のアリーナですと，年間200〜250回開催するという施設も多くあります。スタジアムを保有して，1つのサッカーチームのためだけにしか稼働させないということは，非常に贅沢であると言えるのです。だからと言ってスタジアムを間借りしようとすると，高額な賃料を支出することになるのです。

余談ですが，私がMLSに勤務をしてきたとき，自分の大きな勘違いに気付いたことがありました。試合前にフィールド上から満席の観客席を見上げて，「皆，サッカーが好きなんだな〜」と思ったのです。このように考えるのが，普通の感覚ではないかと思います。

しかし，試合が始まると，空席が目立ちはじめました。「おかしいな。途中で帰宅してしまったのだろうか？」と思い，スタジアム内を視察してみると，スタジアムの中に多くの飲食スペースがあり，そこで試合中ずっと飲食をしている人が多くいたのです。このときに感じたのは，スタジアムに足を運んでくれているからといって，そのスポーツに熱狂している来場者ばかりではないということです。それはこちらの勝手な思い込みであったのです。同僚との付き合いで来ている人もいれば，家族で何となく来た人もいます。興味本位で初めて来た人もいるでしょう。そういう方々は寒い（または暑い）屋外で興味のないスポーツをじっと見ているよりは，空調の効いた室内で飲食をしながら時間を過ごす方がよいこともあるのです。

アメリカのスタジアムには至るところにスクリーンがあり，席を外したときに試合の大事な場面を見逃さないように工夫されています。また，他のスポーツやテレビ番組を流しているのも気配りの表れなのです。興味がそれほどないスポーツ観戦に，何かしらのきっかけがあって来てくれた人なので，これを機にそのスポーツに興味をもってもらえるようなおもてなしや，工夫，エンター

EPILOGUE
アメリカサッカー界の未来と展望

テインメントを提供する必要があり，この点がスポーツビジネスの醍醐味の1つとなってきます。

　マイナーリーグの話を本書内でもしましたが，試合そのものでなくとも，スタジアムの雰囲気づくりや，催し物が好きで来てもらえるような観戦体験が，スタジアム経営において重要になってきます。前項で紹介をしたロサンゼルスFCのスタジアム内にパブをつくりこんでしまうのは，それをそのまま実行した事例になるかと思います。また，アメリカは国土が広大です。それゆえ，アウェーのサポーターというのはごく限られた近隣のチーム同士の試合でしか来場しないので，ほとんどが地元の人になります。毎試合ホームの観客だけで満員御礼をつくり出すアメリカのスポーツは，スポーツ以外のエンターテインメントを用いて皆をもてなして楽しませているのです。

2
MLSとアメリカサッカー界の未来

　現在，私自身，大学などで非常勤講師などを務めており，そこで学生たちに「週末に"自分が全く興味のないスポーツ"を観戦しに，友達を2，3人誘って出かけて下さい」と課題を出しています。「なぜつまらないのか。逆にどうしたらそのスポーツに興味がなくとも『楽しかった。行ってよかった』と言えるかを考案してレポートにまとめよ」というものです。

　私自身もこれまでずっとサッカーの仕事に従事してきています。私がサッカー好きなので，他の人もそうだろう，と錯覚してしまうことがあります。しかし，スポーツビジネスにおいては，これは非常に危険な考えであり，それを理解してもらうためにこのようなレポート課題を学生に出すようにしています。

　続いて，「試合観戦に行った際，お金を出して購入するチケットは一体何代なのか？」ということも問いかけるようにしています。例えば，スーパーでお

水を買うのであれば，お金をレジで渡してお水のボトルを手に入れます。お金を払ってお水を手に入れているわけです。しかし，スポーツ観戦に関しては，チケット売り場でお金と引き換えに受け取るチケットと言われる紙切れは一体何なのでしょう？「試合を見る権利」でしょうか。その答えの場合，スポーツビジネスに従事している者としては不十分な回答になってしまいます。その答えは「観戦体験」ということになるでしょう。

話が少々それてしまいましたが，MLSはここまでビジネスとして順調に拡大してきていると言われています。合弁会社なので，細かい数字等は公表していませんのでフォーブス誌などの推測値を用いていますが，まだまだ投資の時期と言われています。2011年よりMLSは，「2022年までに世界のトップリーグの仲間入りを果たす」と宣言しています。これはオーナーたちが皆で決めたことで，サッカーというスポーツが世界で最も人気があり，北米にいるアスリートたちも世界レベルにある，という考えに成り立っています。そもそも本書で紹介をしてきた錚々たるオーナーたちが，マイナーリーグを構築するためにここまで投資をするわけがありませんし，真剣にMLSが世界有数のプロサッカーリーグになれると信じているからこそここまで来たと言えます。

では，この目標を達成するにはどうしたらよいのでしょうか。当時MLS本部に勤務していたネルソン・ロドリゲス氏（現シカゴ・ファイアー社長兼GM）は，次のように解説しています。

> この目標から逆算していくことで，今何をしないといけないのかと考えています。私たちの日々の業務に，この目標はどういう意味を持つのか。この目標を具体性のあるものにしないといけません。道標を設け，測定可能なものにもしないといけません。そして，残り時間の中でそれら道標を1つずつ達成していかないといけません。我々には，大きな4つの測定方法があります。1つ目はプレーの質，2つ目はファンの情熱，3つ目はMLSチームの地元との密着度，4つ目がリーグとしての資産価値です。

EPILOGUE
アメリカサッカー界の未来と展望

全て主観的でありますが，アボット氏も同様に「野心的な目標がないと，今しないといけないことや日々の業務への意味付けができない」と，同様のこと述べています。さらには「この野心的なビジョンがあるからこそ，今のMLSの急成長がある。20年前，10年前と比較して，飛躍的にMLSは成長してきた」と，ビジョンの重要性を異口同音に強調するのです。

　これに対して，「2022年までの短期間では難しいであろう」というのが大半の意見です。というのも，サラリーキャップというリーグの成長に合わせた年俸のコントロールが存在し，それがMLS成長のキーポイントの1つともなっているからです。世界的な選手の年俸の高騰に張り合わないことはよいことでありつつも，スピードアップはできないことになります。ロドリゲス氏も「MLSができた当時は，マルコ・エチェベリに払っていた年俸は世界基準で見てもさほど変わらなかった。しかし，欧州に放映権のお金が流入したことで，一気に世界のスター選手への年俸は急騰した。我々はそこで張り合うのではなく，もっと中長期的に自分たちの給与水準にこだわることを選択した」と話すように，あくまでも土台づくりを優先し，北米サッカーリーグの二の舞にならないことが徹底されていると強調しました。確かに世界を見渡すと，例えばロシアリーグ，中国リーグなどでオーナーの億万長者たちが高給を支払うようになりましたが，不景気の煽りを受けて長続きしなかった事例は多く見られるものです。

　仮の話ですが，もし，欧州に流入している放映権料のバブルが弾けたらどうなるでしょうか。欧州サッカーにおけるビジネスの根幹が揺らぐことになるでしょう。MLSでは，収入の7割がチケット収入であり，ビジネスとして安定的な収益源の確保と支出のコントロールを徹底させ，世界の年俸高騰の流れにいたずらに付き合うことが得策ではないということを，改めて重要視していることが分かります。MLSの富豪オーナーたちがその気になれば払えるものですが，あえてそうしないところに，MLSを中長期的に世界のトップリーグに育て上げようとしている本気度が伝わってくると思います。

SECTION 1
アメリカサッカー界の未来とMLSの取組

コミッショナー・ガーバー氏が「欧州ほど払う必要は全くない。同時にもっと払えるように収入を増やすことに注力をしていく」と言う通り，あくまでもビジネスとしての収入と支出の観点を外さないところも MLS 及びアメリカのスポーツビジネスの肝なのではないかと考えます。

このことは，コミッショナー・ガーバー氏が，スカイスポーツとのインタビューで語ったコメントに全てが集約されています。

> 多くの人は，我々をサッカー大国ではないと思っています。我々のもともとの目標はアメリカをサッカー大国にすることでした。MLS と共に育ち，MLS のファンを育て，代表をサポートするようになってほしくてここまできて，今では平均観客動員数が 2 万 2000 人になりました。完売記録を続けるチームも出てきましたし，スタジアムも皆，保有するようになってきました。
>
> 我々は日の出前のリーグとなり，多くの人々に支援してもらっています。平均観客動員数 3 万人を超えるチームも複数出てきましたし，7 万人もの観客が入るチームもあります。同時にファン層を調べると 18 歳〜35 歳のファンが多く，しかもファン全体の 37％は女性ファンです。他の 4 大リーグと比較してもミレニアムのファン層が最も多いのは MLS です。これこそが我々の機会であり，今後 20 年間思い切ってさらなる投資を継続することができる原動力となっています。
>
> プロスポーツリーグとして 20 年後，50 年後でも我々はまだ若いリーグです。そう考えると我々の伸びしろは大きいのです。ジェラード選手が，「MLS は 10 年後には世界有数のリーグになっているだろう」とコメントしましたが，我々が言わせたことではありません。彼自身が言った言葉なのです。現時点での選手，インフラへの投資を考えてみてください。ベッカム氏以来，著名な選手たちが来たいと言って移籍してくるリーグに MLS はなっているのです。正しいことを戦略通りに継続していければ，世界と肩を並べるリーグになっていると信じています。

EPILOGUE
アメリカサッカー界の未来と展望

ロドリゲス氏が上司だったときに，「選ばれるリーグ（League of Choice）になることが大事だ」と話してくれました。「選手，監督，コーチ，スタッフ，審判，メディア，スポンサー，サッカーに関連する皆が『MLSに来たい』と思わせるようにすることが大事なんだ」と話してくれました。

　世界有数の最新鋭のスタジアムとトレーニング施設。ワールドクラスの情熱あふれる満員の観客の前でプレーできる環境。全てをプロフェッショナルとして対応，遂行できる経営。決して安くはない給与体系。例えば，いくら年俸が法外によくてもガラガラのスタジアムで，経営も不安定で，住み心地もよくないリーグであれば選ばれるリーグにはなりません。本書内で紹介したようにベッカム氏がLAギャラクシーに移籍をしてきたとき，これらが全て揃って初めて彼にオファーを出したのです。それに続いたロビー・キーン氏もコメントしていた通り，皆が来たいと思うリーグにMLSはなってきていると言えるのではないでしょうか。アメリカというあらゆる国の人々になじみのある国であるということも，もちろんプラスに働いていると言えますが，この考え方こそがとても大事なことなのです。

　2018年のロシアワールドカップ出場を逃すという悲劇を迎えたアメリカサッカーですが，MLS関係者は一定の落胆を示しながらも，これをよい機会と捉えています。むしろ，これからの4年間でこれまでの振り返りをしっかりと行い，より強いアメリカサッカーのために資金を投資すべきだという意見が大半を占めています。アメリカ人らしいポジティブさ，負けず嫌いさ，そしてビジネスとしてどんな状況でもよい方向に捉えようとする力強さが，彼らの原動力となっており，この原動力がある限り，アメリカサッカーの未来はさらに輝いていくのだろうと感じています。

SECTION 1
アメリカサッカー界の未来とMLSの取組

SECTION 2
日本サッカー界との パートナーシップの構築

1
パシフィック・リム・カップの役割

　CHAPTER4の4で紹介しました「パシフィック・リム・カップ」ですが，2月というプレシーズンの時期を利用して，気候のよいハワイに日米のプロサッカーチームが集いキャンプの仕上げとしての意味合いを持つ国際大会です。私の会社であるブルー・ユナイテッドが興行主となり，株式会社ドーム，ハワイ観光局，立命館アジア太平洋大学，株式会社プロスペクト，そしてハイアットリージェンシー・ワイキキの協賛を得て開催されました。

　この大会は，もともと私がUMASS大学院時代に書き上げた卒業論文が基礎となり，2008年MLS勤務時代に初めてパンパシフィック選手権として創設したものでした。当時はJリーグとMLSの王者，そしてオーストラリアからチームを招き，真のチャンピオンシップとして開催をしたものです。デビッド・ベッカム氏を擁するLAギャラクシーが話題を集める中，Jリーグを代表するガンバ大阪が初代王者に輝きました。観客動員数も総計で3万8000名を集め，大盛況に終わりました。この盛況を受け，翌年にはLAギャラクシーのオーナーであるAEG社がSUMより大会の興行権を買い取り，開催地をロサンゼルスに移したのですが，2月のロサンゼルスは寒く，アジアから参加するチームには移動距離が長く，また他にもいろいろとエンターテインメントが存在するロサンゼルスでは，ハワイで開催したときと同様の盛況に達することな

EPILOGUE
アメリカサッカー界の未来と展望

く終わったのでした。

　これでもう、この大会を開催することはないと思うと、それはいたたまれませんでした。卒業論文で書き上げた思い入れのあるコンセプトでしたし、「日米のサッカーにまたがる仕事に関わりたい」という気持ちは心の奥底にはあったのです。日米のサッカーが連携することで生まれる新しい化学反応を見たい気持ちが強く残り、何よりもパンパシフィック選手権は、アメリカのプロスポーツ界に名を残した初めてのプロジェクトであっただけに、この大会復活への想いを密かに持ち続けていたのです。それだけにFCバルセロナを離れ、ニューヨークにあるリードオフ・スポーツ・マーケティングに勤務した2年後に、ハワイ観光局とESPNリージョナルより、「あの大会をまた一緒に復活させないか」と声をかけてもらったときは、夢ではないかと思ったほどでした。チーフ・サッカー・オフィサー（CSO）として2012年大会はハワイアン・アイランズ・インビテーショナルという新しい名前のもと再出発し、日本からは三浦知良選手を擁する横浜FCが参加することになりました。2008年のときのように、各リーグの王者を招くことができるわけではない招待大会となり、総観客動員数も1万8000名と2008年大会時の半分に落ち込んだものの、そのときの嬉しさは今でも忘れません。ただ、残念なことに興行主であったESPNリージョナルが翌年の予算編成時に、サッカーではなく他のスポーツに移行する決定が社内でされたことで、またもや単年度開催で終了することになりました。

　その後、この大会のコンセプトをもとに方々に営業をして回りましたが、中々国際大会の興行主になってくれる方はおらず、私自身も5年半勤務したリードオフ・スポーツ・マーケティングから独立してしまうほどの年月を経てしまいました。この大会は片時も自分の心から消えることはなく、諦められないものでした。英語で「Brain Child」という表現を使いますが、自分にとっては子供のような存在で、生みの親として何とか復活させたい気持ち、そして、今度こそは複数年開催するような大会に育て上げたいという想いを持ち続けて

SECTION 2
日本サッカー界とのパートナーシップの構築

いました。

　本書内でも解説をしてきたように，大会の価値を上げていくために，「最初の数年は投資をする」という考えでアプローチをしないといけません。実績のないスポーツ興行が初年度から黒字を出すことは容易なことではなく，継続的に開催することで認知度が上昇し，それに伴い大会としての価値が上昇していくのです。2015年に起業をしたときも誰かオーナーになってくれるような企業や投資家はいないものかと時間を見つけては探しましたが，世の中そんなに甘いものではありません。2017年には開催の可能性が見えたこともありましたが，ギリギリのところで崩れ去ってしまいました。

　そこで，自分自身がそこまで思い入れがあるならば，自分の会社がオーナーになり，赤字になった際には自らそのリスクを負うくらいの気概がないと本気で支援をしてくださるパートナーは見つからないだろうと悟りました。「自分のBrain Childのためにチャレンジした」ということであれば，自分の中で一定の納得は得られます。

　何とか資金を集める方法はないものかと考え抜きました。起業したからには相当の覚悟がないといけません。その結果，やはり大会自体の強みやよさを理解していただくことが何よりも大切だという結論にたどり着きます。この大会自体の特徴として，①今までにない日米が対峙する国際大会，②サッカーを連想しないハワイという地理的にも魅力があるユニークな開催地であること，など旧来の考え方にはない新しい価値の創造を肝としています。「それならば応援をしよう」と言ってくださった株式会社ドーム取締役会長兼代表取締役CEOの安田秀一様の言葉は一生忘れることはありません。そのおかげで2018年の2月にパシフィック・リム・カップ Powered by Under Armourと銘打って復活に向けて歩み出すことができたのです。

　この環太平洋地域をターゲットマーケットとしたこの大会は，サッカー界のラストマーケットと見ています。ワールドカップや，欧州のチャンピオンズリーグ，南米のコパリベルタドーレス杯など，世界的に歴史と伝統もあるメガ

大会に今から参入することは現実的ではありません。また，これら以外にも世界中のどこを見てもサッカーマーケットは開拓されつくしています。しかし，この環太平洋地域に面する国々のサッカー市場は，Jリーグ（1993年開幕）やMLS（1996年開幕），豪Aリーグ（2005年開幕）など，新興リーグが多く存在します。この新市場をねらって，欧州のクラブたちはこぞってUSツアーやアジアツアーを繰り返し実施しています。FCバルセロナに勤務していた際には，環太平洋地域のツアーに行く際の興行主を探す営業をし，2009年USツアー，2010年中国ツアーなどをサポートしてきました。MLSのスタッフとしては，逆に欧州クラブを受け入れる側の興行主の立場として仕事をしました。それゆえ，アメリカサッカー協会推薦のFIFAマッチエージェントの資格を取得することができましたし，アメリカで人生の大半を過ごしてきた日本人として，この地域が秘めるサッカーの可能性を間近に見てきたのでした。

　この市場の未来と包含する可能性は大きいと考えるからこそ，シンボルとなる大会の創設に意義があるものと感じています。ハワイという立地的に環太平洋地域の中心にあるこの場所は，気候もよく，あまり知られていませんが実はスポーツが大変盛んな場所であり，観光客などを受け入れるホスピタリティを専門とする場所です。これまで毎年ハワイで開催されてきたNFLのオールスター戦であるプロボウルも，ハワイでの定期的な開催をやめたことで，ハワイにおけるメジャープロスポーツの観戦機会が失われていたことも，パシフィック・リム・カップ開催の追い風となりました。まだ新しい地域だけに，新しいアイディアを受け入れる土壌もありますし，そこに新しい価値の創造が可能になると信じています。

2
日本サッカーの未来を考える

　日本，アメリカのサッカーリーグは世界で急伸している状況ではあります

が、世界のサッカーは欧州を中心に回っているのは周知の通りです。私がマドリーの法科学院に留学をしたときも、講座自体が欧州中心の内容がほとんどでした。そのため、サッカービジネスに関わる者として、欧州を2回目の留学先に選びました。長い歴史のある欧州のライバルとして競うにはまだ足りない面があるでしょうが、これは時間と共に変化していくものです。日米共に単純に欧州を追いかけようとしても、欧州だって当然のことながら日々進化しているのでその差はそう簡単に埋まるものではありません。その差を少しでも早く埋め、日米共にサッカー界でトップリーグの仲間入りをするには何かしらの工夫が必要ではないかと考えてきました。

MLSは本書内でも解説をしてきたように、明らかに欧州や他の地域とは異なるアプローチをしてきて独特の地位を築いてきています。私は、このタイミングで日米が組むことで、欧州へのアプローチが加速するのではないかと思ったのです。お互いに同じ時期にプロサッカーリーグを発足させ、お互いにワールドカップでも似た成績を残しています。先進国同士でスポーツ以外でのつながりも深いものがあり、目指している先は同じです。現段階では何が具体的にとまでは見えてはいませんが、少なくとも北中米カリブ海地域のリーダー的な存在であるMLSと、アジアサッカー連盟のリーダーであるJリーグが連携することで、欧州サッカー連盟へのアプローチは変わると思っています。そのためにもパシフィック・リム・カップが新しい価値を創造し、この地域を代表する大会に発展すべく他のリーグも巻き込んでいくことが重要だと考えますし、目に見えるプラットフォームになるべくシンボルとなるような大会にしていきたいと考えています。

日本は歴史的にも海外のものを取り込んでは改善し、世界最高レベルに育て上げることに長けていると思います。自動車産業も電化製品産業もそれに当てはまるのではないかと考えます。日本人である私がアメリカや欧州のプロスポーツ業界に従事してきて感じることは、歴史や文化を輸入することはできないですし、海外でうまくいっているからといってそれをそのまま日本に持ち込

EPILOGUE
アメリカサッカー界の未来と展望

むこともできないということです。しかしながら，経営手法などを進化させることで，日本のプロスポーツ産業が世界に誇る基幹産業に成長することが起こり得るのではないかと思っています。私自身がスポーツマネジメントを学びたいと考えた 2001 年には，日本国内にこの学問を備える大学院は存在しませんでした。それがたった 17 年間で，日本国内で学べるところは飛躍的に増えてきていることからも分かります。Jリーグにおいては，選手や指導者は海外から招聘してきているので，例えば，日産がカルロス・ゴーン氏を招いたように，経営に関するフロントスタッフも海外から招聘しても面白いのではないかと考えたりします。

　SUM は，メキシコサッカー協会と非常に深い関係をここ 15 年間かけて築いてきました。それにより，双方の選手の行き来も活発化しましたし，スポンサーも行き来するようになりました。代表同士の試合は熾烈なライバル関係にありつつ，ピッチ外では SUM とメキシコサッカー協会はお互いになくてはならない最重要ビジネスパートナーとなっています。2026 年には W 杯が共催されますし，女子のプロサッカーリーグは共同で経営をしているほどに親密に

J リーグと MLS の比較

	J リーグ	MLS	
開幕	1993 年	1996 年	
開幕時のチーム数	10	10	
開幕年の平均観客動員数	17,976 人	17,406 人	
2018 年のチーム数（1 部リーグ）	18	23	
2017 年の平均観客動員数	17,968 人	22,106 人	
放映権料（年）	210 億円	101 億円	
平均年俸	2170 万円	3580 万円	特別指定枠選手含む
		1323 万円	特別指定枠選手含まず

https://web.gekisaka.jp/news/detail/?203244-203244-fl
http://www.espn.com/soccer/major-league-soccer/19/blog/post/2876311/average-mls-salary-goes-upwith-surprising-value-available-league-wide

なっており，そこからピッチ内外で受ける恩恵は非常に大きなものになっていきました。日米連携への想いという私のバイアスが多分にかかっていることは重々承知ですが，理論上，日米のサッカーが将来もっと協力していくことで，お互いに享受できるものはたくさんあるのではないかと信じています。

　何度も述べてきたように，海外での好事例をそのまま輸入しても，簡単に当てはまるものではありません。あくまでもその考え方やエッセンスを学び，それをどうローカライズするべきかが肝要となってきます。本書では，MLSの経営手法について解説してきましたが，これはあくまでもアメリカの事例です。

　例えば，「サラリーキャップ」がキーポイントだからといって，日本に導入しても上手くいかないでしょう。それこそ，売上額の割合に比例して選手年俸に使える支出を設定するなどの工夫が必要です。また，「ドラフト制度」が戦力均衡に必要だからといって単純に導入するのではなく，J2のクラブにだけ1巡のみドラフト制度を行うことで，J2にも優秀な選手が優先的にいくようにするなどの工夫が必要です。入れ替え制度を廃止して独立リーグにするという施策は乱暴すぎるので，例えばチームの予算にあわせた申請がまずは必要になります。これらの考えは，私が浅はかに思いついて綴っているだけですが，戦力均衡がポイントだと結論付けるのであれば，それに準じて自国リーグに適用できるように，いろいろな施策をカスタマイズして導入することが大切だと思います。

　そういう意味でもまだ新しく，柔軟性を持つ新しいリーグ同士，しがらみや先入観にとらわれることなく，もっと活発に人材交流やアイデアを共有し，定期的に交流をすることで，より魅力的なエンターテインメントにしていけるか，私自身もとても楽しみにしていますし，そこに微力ながら寄与していくことができればと考えています。

EPILOGUE
アメリカサッカー界の未来と展望

SECTION 3
まとめにかえて

　ここまで本書を読んでいただき，深く御礼申し上げます。実は，本書を書き上げるのに2年半近くかかりました。その間，信じてくださり，辛抱強く待って下さった東洋館出版社の錦織圭之介社長，そしてつきっきりで編集してくださった近藤智昭様には感謝してもしきれません。同時に，私自身がリードオフ・スポーツ・マーケティング勤務時代にこの執筆の話を持ってきてくれた白井孝明社長にもこの場を借りて御礼申し上げます。ここまで時間がかかってしまい本当に申し訳ございませんでした。

　書き終わってみると，非常に感慨深いものがありますし，ここまで時間，気力，体力を使うものとは思いませんでした。同時に，自分自身がスポーツビジネスというものを振り返るよいきっかけにもなりました。UMASSに入学したのが2002年。MLSに就職したのが2005年。この業界に入って気がつけば12年以上が経過していました。その間にもいろいろな気づきがありましたが，このように腰を据えてじっくりと振り返ることは中々あるものではなく，自分のこれまでの経験を整理できた貴重な機会であったと思います。

　初心に戻ることもできました。執筆自体はもう論文のようで，事実確認をしたり，資料を読んだりするだけで終わる日もありました。それ故，数時間かけて数段落しか筆が進まないこともありました。執筆は集中して書き上げるものだと指導していただいたこともありますが，自分の実力不足と，日々の仕事に感けてここまで時間を要してしまったのです。

　1つはっきりと分かったことは，リサーチができない飛行機の中では絶対に書けないということでした。また，「今日は書くぞ！」と決心出社しても次々

と舞い込んでくる業務にうやむやになり，自分を律することのできない自分にあきれることも多々ありました。執筆に締め切りを設けるべきところですし，周囲に迷惑をかけるものでもあるので，「早く書いた方がよいのでは？」と周りからも言われることもあった中で，錦織様と近藤様には本当にここまで見捨てることなく，見守っていただき，感謝の気持ちしかありません。本書執筆当初は，当時フリーランスでライターを務めていた田口和生様に編集協力をお願いしていたのですが，私が遅すぎて，その間に大宮アルディージャに就職されたことで，お仕事を途中でお願いできなくなってしまいました。この場を借りてご迷惑をお掛けしたことをお詫び申し上げます。

執筆中に，動きが速い MLS 故に次から次へと書いたものが古くなっていきました。ビジネスとしてスピード感を持って進んでいるリーグであるということも，改めて痛感しました。同時に「まだスタートアップである」という意識を強く持ち続けている MLS の推進力を目の当たりにすることもできました。

私が MLS に入社したときは，まだリーグ創設 9 年目でした。創設 10 周年によく状況も分からずに業務に取り組んだ日々，わずか 30 数名のスタッフと段ボール箱がたくさん積み上げられた狭いオフィス，新オフィスに移転した際の心の高揚，パンパシフィック選手権を終えたときの感動，FC バルセロナへ転職をするときに MLS を退社することがリアルに受け取れなかったときの複雑な気持ち，FC バルセロナという歴史と伝統にあふれた人々のシンボルとなるクラブの重厚感，「やるしかない」と考え踏み切った独立起業，寝れずに起きてはパソコンに向かった夜，パシフィック・リム・カップを復活させた瞬間とそのときの仲間たちの笑顔など，いろいろなことが走馬燈のように駆け巡りました。

1 つ思い出として強く思い出すのは，無給のインターンとして MLS の勤務が数カ月目に突入したとき，スタッフ全員の夕食時に，遅れてテーブルについた私に皆が拍手をしてくれたことがありました。それ自体はただのジョークで，皆で面白がって何かからかってやろうとしただけのことだったのですが，

EPILOGUE
アメリカサッカー界の未来と展望

私は勝手に正社員になれたのだと思い込み，それが勘違いだと気がついたときに皆の前で大きく落胆をしてしまい，逆に皆に悪いことをしてしまったなということもありました。

　MLSに入ったときは，アメリカサッカーがここまで大きなものになるとは思っていませんでした。NEC勤務時代のワシントンDCへの研修中に，たまたまお昼ご飯を食べにいくカフェにD.C.ユナイテッドの選手たちが食べにきていて，それがきっかけでD.C.ユナイテッド対カンザスシティ・ウィザーズの試合を1人で観戦したことで興味を持ち始めたのです。そのちょっとした興味が，私の土台を形成する何物にも代えがたい6年間になるとは夢にも思っていませんでした。

　現在，MLSのオフィスに定期的に通うため，そのすぐ近くに自分の会社のオフィスを借りました。知らないスタッフが増えたり，当時は想像がつかないほどオフィスが拡大していたり，人員を増強したりしているのを見ると感慨深いものがあります。

　先日MLSに行って，どこに知り合いが座っているか分からなかったので，近くにいるスタッフに聞いたところ，どこに座っているかはおろか，その担当者の名前すら知らないと言われるほどの拡大ぶりで正直驚きました。コミッショナーのオフィスにひょいと行けた時代とは別世界で，それほどにまで拡大をしたのかと感じた出来事でした。UMASSに入学するときの面接で「MLSに就職をしたい」と言った際，教授からも「MLBの間違いでは？」と言われた日が遠い昔のように思えてしまうほど隔世の感があります。

　自分のキャリアを振り返ると，海外のサッカーを日本やアジアにマーケティングする仕事に従事してきました。その際，様々な国の人と触れ合うことができたとともに，皆が自国のサッカーに対してプライドを持って取り組んでいました。このことが今，私が新しいチャレンジをしていることにつながっていると思います。FCバルセロナは，カタルーニャ地方の絶対的なシンボル。MLSは北米の誇れる新しいリーグ。アレッサンドロ・デル・ピエロはイタリアサッ

カー界の神。10年近く，日本やアジアを仕事相手としてきた中で，日本人である私は，やはりMade in Japanの日本サッカーを海外に進出させたいという気持ちが育っていったのです。海外かぶれになることが一番危険で，いかに日本であればどう展開するのがよいのかを考え続け，「和魂洋才」を常に意識しながらやっていかないと意味がないと思うようになりました。

　気が付けばアメリカに住む年数が日本に住んでいた16年間を超えてしまいました。しかし，いつかは日本に戻りたいと思っています。日本に呼ばれる日がいつ，どこで，どんなタイミングかまだ分かりませんが，そのときのためにも学び続け，経験を積み，「知は現場にあり」という格言の通り，あくまでも現場にて知見を深めていくことができればと考えていますし，それまではここニューヨークでできる限りのことをしていきたいと考えます。そういう発展途上な私にもかかわらず，このような機会を与えてもらうことができたこと，そしてここまで皆さまに読んでいただくことができたことに改めて深く感謝申し上げます。本当にありがとうございました。

中村 武彦

引用・参考文献

- Lisa P. Masteralexis, Carol A. Barr, Mary A. Hums(2015), *Principles and Practice of Sport Management, Fifth Edition*, Jones&Bartlett Learning.
- Grant Wahl(2009), *The Beckham Experiment*, Crown Publishing Company.
- 公益財団法人 日本生産性本部(2017),「レジャー白書」
- マルコム・グラッドウェル 著, 高橋啓 訳(2000),『ティッピング・ポイント——いかにして「小さな変化」が「大きな変化」を生み出すか』, 飛鳥新社
- 川井圭司 著(2003),『プロスポーツ選手の法的地位——FA・ドラフト・選手契約・労働者性を巡る米・英・EU の動向と示唆』, 成文堂
- Timothy DeSchriver, et al. (2014), "The Beckham Effect: David Beckham's Impact on Major League Soccer, 2007-2012", *2014 North American Society for Sport Management Conference*.

参考資料 URL

- http://www.espn.com/mlb/attendance/_/year/2017
- https://www.soundersfc.com/post/2015/02/12/record-breaking-tv-and-attendance-numbers-sounders-2014
- https://www.slalom.com/thinking/business-lessons-from-the-seattle-sounders-fc
- https://www.soundersfc.com/post/2015/01/06/sounders-fc-appoints-garth-lagerwey-general-manager-and-president-soccer
- https://blog.seattlepi.com/sounders/2010/01/27/sounders-explain-why-season-tickets-capped-at-32000/
- https://www.theguardian.com/sport/2015/jan/14/how-soccer-saved-the-seattle-seahawks

- http://global.espn.com/football/news/story/_/id/1740529/mls-catches-mlb-popularity-kids-says-espn-poll
- https://www.mlssoccer.com/post/2015/03/13/class-2015-47-designated-players-mls
- https://www.bostonmagazine.com/news/2014/03/25/bob-kraft-worst-owner-new-england-revolution/
- https://www.si.com/soccer/planet-futbol/2014/09/16/don-garber-bruce-arena-mls-comments-fine
- https://www.jftc.go.jp/houdou/pressrelease/h25/may/130524.html
- https://caselaw.findlaw.com/us-1st-circuit/1441684.html
- http://usatoday30.usatoday.com/sports/soccer/mls/2002-10-07-union_x.htm
- https://www.forbes.com/sites/jennagoudreau/2012/03/09/meet-the-woman-in-charge-of-selling-mls/#627ad555487f
- https://www.sportsbusinessdaily.com/Journal/Issues/2011/09/12/Leagues-and-Governing-Bodies/MLS-SUM.aspx
- https://www.sportsbusinessdaily.com/Journal/Issues/2015/04/13/Opinion/Sutton-Impact.aspx
- http://www2.philly.com/philly/blogs/thegoalkeeper/Charlie-Stillitano-rises-falls-and-returns-to-prominence-in-American-soccer.html
- https://www.mlssoccer.com/post/2010/01/23/fcbarcelona-mls-establish-partnership
- https://www.sportsbusinessdaily.com/Journal/Issues/2011/07/11/Events-and-Attractions/International-soccer.aspx?hl=MLS%20FC%20Barcelona&sc=0
- http://arxiu.fcbarcelona.cat/web/english/noticies/club/temporada09-10/06/02/n100602111343.html
- http://arxiu.fcbarcelona.cat/web/english/club/especials/miami/miami.html
- https://www.goal.com/en-us/news/1110/major-league-soccer/2009/03/03/

1137156/miami-barcelona-mls-campaign-is-dead
- https://goal.blogs.nytimes.com/2008/10/14/barcelona-to-bid-for-mls-team/
- http://reprints.longform.org/howler-miami-marcelo-claure
- http://www.latimes.com/sports/soccer/la-sp-mexico-soccer-20150328-story.html
- https://www.sportsbusinessdaily.com/Daily/Issues/2014/06/10/Marketing-and-Sponsorship/El-Tri.aspx
- https://www.sportsbusinessdaily.com/Journal/Issues/2012/11/05/Marketing-and-Sponsorship/SUM.aspx
- https://www.nytimes.com/2015/05/18/sports/soccer/growing-mexican-program-still-relies-heavily-on-players-from-us.html?_r=0
- http://america.aljazeera.com/articles/2014/6/10/us-world-cup-friendlies.html
- https://www.chron.com/sports/dynamo/article/Tigres-Rayados-face-off-as-future-of-InterLiga-1622986.php
- http://www2.philly.com/philly/blogs/thegoalkeeper/Charlie-Stillitano-rises-falls-and-returns-to-prominence-in-American-soccer.html
- https://www.sportsbusinessdaily.com/Journal/Issues/2013/10/28/Leagues-and-Governing-Bodies/MLS-web.aspx
- http://www.espn.com/los-angeles/nba/story?id=11343259&_slug_=steve-ballmer-officially-new-owner-los-angeles-clippers
- http://www.espn.com/los-angeles/nba/story?id=11343259&_slug_=steve-ballmer-officially-new-owner-los-angeles-clippers
- https://www.fifa.com/governance/news/y=2015/m=7/news=fifa-welcomes-brussels-court-s-decision-to-reject-suspension-of-tpo-ba-2668122.html
- https://www.nytimes.com/2015/01/02/sports/soccer/fifa-will-ban-third-party-ownership-in-may.html?_r=0
- http://worldsoccertalk.com/2015/05/27/nasls-ties-with-indicted-president-of-traffic-sports-usa-aaron-davidson-run-deep/

- https://www.mlssoccer.com/post/2014/09/11/mls-commissioner-don-garber-signs-five-year-extension-through-2018
- https://profootballtalk.nbcsports.com/2014/02/14/nfl-defends-explains-goodells-44-million-compensation/
- https://www.mlssoccer.com/post/2013/09/20/toronto-fc-hire-league-player-relations-pro-tim-bezbatchenko-new-gm
- https://www.sportsbusinessdaily.com/Journal/Issues/2013/12/02/People-and-Pop-Culture/The-Sit-Down.aspx
- https://www.mlive.com/wolverines/index.ssf/2015/06/report_ex-michigan_ad_dave_bra.html
- https://www.si.com/longform/2015/mls/
- https://www.forbes.com/sites/chrissmith/2012/06/08/billionaires-like-warren-buffett-profit-from-minor-league-baseball-ownership/#425d22c748a3
- https://www.milb.com/milb/news/family-can-attend-milb-game-for-61/c-29101534
- http://articles.sun-sentinel.com/2008-04-13/sports/0804120061_1_gazidis-mls-boca-juniors
- https://www.mlssoccer.com/post/2014/03/31/jeff-bradley-mls-new-director-player-relations-will-kuntz-explains-why-he-left
- https://www.sportsbusinessdaily.com/Journal/Issues/2014/02/24/In-Depth/Roundtable.aspx
- http://www2.philly.com/philly/blogs/thegoalkeeper/A-different-way-of-looking-at-MLS-salary-data.html
- https://www.theguardian.com/football/blog/2012/nov/30/david-beckham-la-galaxy-mls
- https://www.independent.co.uk/sport/football/news-and-comment/david-beckham-impact-on-mls-immeasurable-8371913.html
- http://www.latimes.com/sports/soccer/la-sp-la-soccer-stadium-20150518-story.

html
- https://www.economist.com/united-states/2011/11/19/the-becks-effect
- http://articles.latimes.com/2011/nov/15/sports/la-sp-david-beckham-mls-20111116/2
- https://www.theguardian.com/football/2013/nov/05/robbie-keane-la-third-straight-mls-cup
- https://www.dailymail.co.uk/sport/football/article-3209300/LA-Galaxy-striker-Robbie-Keane-insists-MLS-league-football-continues-grow-rapidly-USA.html
- https://www.reuters.com/article/us-soccer-mls-beckham-idUSKBN0M12KC20150305
- https://www.si.com/vault/2007/07/16/100136231/the-americanization-of-david-beckham
- https://www.facebook.com/MLS/videos/10154002339578887/
- https://www.sounderatheart.com/sounders-trades-transfers-rumors/2016/1/21/10709618/jordan-morris-signs
- https://www.mlssoccer.com/post/2015/12/09/mls-announces-37-million-investment-targeted-allocation-money-homegrown-player-funds
- https://www.bostonglobe.com/sports/2016/02/16/roger-goodell-pay-was-million-nfl-commissioner/SNyl3WyyUBd8Qri3x8nTpN/story.html
- https://www.forbes.com/sites/alexreimer/2016/02/17/roger-goodell-salary-could-be-more/#7bc217c13716
- https://infogram.com/commissioners_worth4
- https://profootballtalk.nbcsports.com/2015/11/18/obama-is-amazed-by-goodells-compensation/
- http://usatoday30.usatoday.com/sports/baseball/story/2011-12-05/mlb-front-office/51683868/1
- https://www.sportsbusinessdaily.com/Journal/Issues/2012/08/13/In-Depth/

Salary-survey.aspx
- https://www.forbes.com/sites/jasonbelzer/2015/12/17/want-a-job-in-the-sports-industry-good-news-because-its-an-employees-market/#74b46d8e3cd2
- https://www.cleveland.com/cavs/index.ssf/2016/09/cavs_owner_dan_gilbert_giving.html
- http://www.cynopsis.com/story/chris-schlosser-breaks-down-the-mls-system/
- https://www.sportsbusinessdaily.com/Journal/Issues/2017/03/06/In-Depth/Main.aspx
- https://www.sbnation.com/soccer/2016/8/9/12404638/mls-expansion-fee-number-of-teams-200-million
- https://www.forbes.com/sites/chrissmith/2016/09/07/major-league-soccers-most-valuable-teams-2016-new-york-orlando-thrive-in-first-seasons/#321ae6b0270d
- https://www.sportsbusinessdaily.com/Journal/Issues/2016/04/18/Finance/MLS-Providence.aspx
- https://www.pehub.com/2017/06/providence-equity-sells-back-stake-in/
- https://www.nytimes.com/2017/07/30/business/dealbook/dc-united-soccer-owners-potential-sale.html
- https://www.newyorkredbulls.com/post/2017/08/16/new-york-red-bulls-earn-top-spot-jd-power-fan-experience-study-second-consecutive
- https://www.blackandredunited.com/rumors-speculation/2017/8/16/16157370/dc-united-financial-value-forbes-increase-audi-field
- https://sports.yahoo.com/news/how-soccer-specific-stadiums-have-and-havent-transformed-mls-111337263.html
- https://www.orlandocitysc.com/post/2016/09/20/soccer-specific-stadiums-integral-mls-expansion-and-growth
- https://soccerstadiumdigest.com/2017/12/soccer-specific-stadiums-key-to-mls-

- past-and-future/
- https://www.forbes.com/profile/philip-anschutz/#314d4f085fdb
- https://populous.com/project/childrens-mercy-park
- https://www.forbes.com/pictures/5993e69ca7ea434bd2935891/7-sporting-kansas-city/#5bcb014a2ec0
- https://www.kansascity.com/sports/mls/sporting-kc/article168006392.html
- https://www.oregonlive.com/timbers/index.ssf/2009/12/portland_timbers_reveal_design.html
- https://www.bizjournals.com/portland/news/2017/04/26/timbers-50m-expansion-would-add-4-000-seats-to.html
- https://soccerstadiumdigest.com/2017/12/best-of-2017-9-banc-of-california-stadium/
- https://www.mlssoccer.com/post/2017/11/08/lafc-hope-bring-soccer-pub-culture-banc-california-stadium
- https://ussoccerplayers.com/2011/08/mls-has-a-bold-2022-vision.html
- https://sports.vice.com/en_us/article/wnmdw9/mls-has-a-2022-problem
- http://www.americansoccernow.com/articles/mls-in-2022-one-of-the-world-s-top-leagues
- https://www.skysports.com/football/news/12096/9984306/major-league-soccer-can-match-premier-league-la-liga-and-serie-a-in-future-says-don-garber

著者紹介

中村武彦 *Nakamura Takehiko*
Blue United Corporation President & CEO

1976年東京都町田市に生まれる。青山学院大学法学部公法学科卒業。UMASSスポーツマネジメント修士課程、及びスペインISDE法科大学院修了。NEC（日本電気株式会社）海外事業本部・北米事業部勤務を経て2005年、日本人として初めてMLS国際部入社。アジア市場開拓を担当し、世界初のパンパシフィック選手権を設立。2009年にFCバルセロナ国際部ディレクター（北米・アジア・オセアニア担当）、2010年にリードオフ・スポーツ・マーケティングGM歴任後、独立し2015年にブルー・ユナイテッド社を創設。また、スポーツヒューマンキャピタル（SHC）国際事業開発担当、鹿島アントラーズ事業部マーケティンググループ・グローバルストラテジーオフィサー（NY拠点責任者）、MLS Players and International Relationships Consultant、パシフィック・リーグ・マーケティング・スペシャルキャリアアドバイザーなども務める。2012年にはFIFAマッチエージェントライセンスも取得し、2018年にパシフィック・リム・カップを創設した。2015年よりコロンビア大学の招待講師、2017年より青山学院大学地球社会共生学部の非常勤講師を務める。

［主な受賞歴］
・2015年UMASSスポーツマネジメント「2015 Alumnion the rise賞」受賞
・2017年第5回東京ニュービジネス協議会国際アントレプレナー賞優秀賞及び一般社団法人東京ニュービジネス協議会会長賞受賞
・2018年SPIA Asia – Sports Industry Awards & Conference – Best International Sporting Event of the Year賞ファイナリスト候補選抜

LeadOff Sports Marketing

ニューヨークを拠点とするスポーツビジネスに特化したエージェンシー。スポーツを通じての豊かな社会づくりに貢献するという理念のもと、スポーツを利用した企業の課題解決および価値創造、社会問題解決、アスリートの価値を高めるスポーツマーケティング戦略、更にはアスリートのエージェントおよびファミリーアドバイザー業務に従事。

本文写真
P8：ロイター／アフロ，P71：AP／アフロ，P79：AP／アフロ，P138：US TODAY Sports／ロイター／アフロ，P296：アフロ

MLSから学ぶ
スポーツマネジメント
―躍進するアメリカサッカーを読み解く―

2018（平成30）年11月26日　初版第1刷発行

著　者　中村武彦
　　　　LeadOff Sports Marketing

発行者　錦織圭之介

発行所　株式会社　東洋館出版社
　　　　〒113-0021　東京都文京区本駒込5-16-7
　　　　営業部　TEL：03-3823-9206
　　　　　　　　FAX：03-3823-9208
　　　　編集部　TEL：03-3823-9207
　　　　　　　　FAX：03-3823-9209
　　　　振　替　00180-7-96823
　　　　U R L　http://www.toyokan.co.jp

［装　丁］水戸部功
［本文デザイン］竹内宏和（藤原印刷株式会社）
［印刷・製本］藤原印刷株式会社

ISBN978-4-491-03584-0　　Printed in Japan

JCOPY＜(社)出版者著作権管理機構　委託出版物＞
本書の無断複写は著作権法上での例外を除き禁じられています。複写される場合は、そのつど事前に、(社)出版者著作権管理機構（電話 03-3513-6969，FAX 03-3513-6979，e-mail：info@jcopy.or.jp）の許諾を得てください。